Rolf Wirhed

Anatomie et science du geste sportif

Traduit du suédois par
Jean Default (Dr.) et Jacques Audibert

VIGOT

d'après le titre original :
« Anatomie och rörelselära
inom idrotten »
de Rolf Wirhed.

Illustrateurs : Stig Salander/Gamil Gabra

Dépôt légal — Février 1998 — I.S.B.N. 2-7114-0944-9

Imprimé en France

Anatomie et science du geste sportif

Table des matières

Préface

J'enseigne, depuis un certain nombre d'années à l'Ecole Supérieure d'Education Physique, l'étude du mouvement (ou Cinésiologie). Cette science, à l'aide des lois mécaniques, explique la technique des différents exercices sportifs. Ces dernières années, l'intérêt des sportifs pour l'analyse du mouvement s'est accru, en particulier pour des sports très techniques (athlétisme, gymnastique, sports de raquettes, etc...). Dans les clubs sportifs, par exemple, on ressent maintenant la nécessité d'enseigner des mouvements corrects pour une meilleure efficacité de l'entraînement et une réduction des risques de blessures. La prévention fait maintenant partie de l'entraînement de base de tous les sportifs.

Mon intérêt pour ces sujets, vient de ma passion pour le sport et de ma formation en physique atomique : science, qui exige entre autre, des connaissances de mécanique. J'ai complété ma formation en étudiant l'anatomie à Uppsala pour mieux comprendre et décrire le fonctionnement du corps humain dans ses différents mouvements.

Le livre « Anatomie et science du geste sportif » met en valeur des principes retrouvés habituellement en biomécanique. C'est le seul livre suédois qui étudie l'anatomie du corps humain en fonction du sport. Le manque de littérature sur ce sujet n'a pas permis, aux entraîneurs, une information suffisante sur l'anatomie et la mécanique. La majorité d'entre eux a ressenti le besoin d'une littérature adaptée et les fédérations sportives ont exprimé le souhait de la voir réaliser.

J'espère que le lecteur (entraîneur, professeur d'éducation physique, kinésithérapeute...) trouvera des exemples, des idées dans ce livre qui doit être d'une « utilité pratique ». Ce livre peut servir aux futurs professeurs d'éducation physique ou éducateurs sportifs ainsi qu'à beaucoup de professions différentes. Les élèves de sciences naturelles pourront l'utiliser en complément d'information et s'en inspirer pour des travaux pratiques sur le sport. J'espère qu'après avoir lu, les notions sur la situation des muscles, le moment cinétique, le centre de gravité, le moment d'inertie seront suffisamment assimilées pour que « le pourquoi et le comment » de l'entraînement soient mieux appréciés. Je souhaite que les généralités en anatomie et en mécanique contenues dans ce livre vous aident à progresser dans le sport qui vous intéresse.

Rolf Wirhed
Lecteur d'Université en Biomécanique.

PS : Pour ceux qui ont déjà lu le précis « Force et Motricité » de la Fédération, cet ouvrage sera un complément et un moyen d'approfondir leurs connaissances.

Introduction

Ce livre traite d'abord des caractères généraux des os, des articulations et des muscles ainsi que des idées générales sur l'entraînement du mouvement et de la force.

Il décrit ensuite l'anatomie et la fonction des différentes parties du corps. L'accent a été mis sur l'analyse du mouvement, c'est-à-dire l'aspect biomécanique des exercices utilisés par les sportifs pour leur entraînement.

Dans la dernière partie, sont étudiés les différents mouvements, tels que l'extension, la rotation, le saut, la réception... : ceux-ci sont illustrés par des exemples pour les différents sports.

Les termes latins, lorsqu'ils sont utilisés, sont entre parenthèses.

Si vous lisez ce livre seul, vous devez toujours essayez les mouvements et les exercices décrits.

Sentez vos muscles ! Ils sont en vous ! Si vous étudiez ce livre en groupe, mettez en pratique autant que possible ce qui est mentionné dans cet ouvrage.

L'anatomie et la cinésiologie doivent être mises en pratique et ne pas être uniquement des notions abstraites.

Apprenez à sentir votre corps !

Vous n'en avez qu'un et il devra durer toute votre vie.

Chapitre I

ANATOMIE GÉNÉRALE

A. Les os

La vue d'ensemble des différents os du corps humain donnera au lecteur les éclaircissements nécessaires pour utiliser cet ouvrage comme bibliographie des lésions du sport et d'autre part la possibilité d'analyser l'action des différentes contraintes exercées sur le squelette.

Les os du corps se divisent en différents groupes.

On distingue :

— les os courts (mains, pieds),
— les os longs (bras, avant-bras, cuisse),
— les os plats (crâne, côtes...).

Dans les os plats, par exemple les os du crâne, le tissu conjonctif se transforme directement en tissu osseux : c'est l'*ossification directe.*

Chez les nouveaux-nés, les os du crâne ne sont pas achevés : les endroits où l'ossification n'est pas finie s'appellent les fontanelles. La plupart des os du corps se forment par *ossification indirecte.* Pendant la période fœtale se construit un modèle cartilagineux qui se transforme par la suite en os.

Un os court se forme par ossification indirecte. Les cellules du centre de ce modèle évolutif meurent. Dans l'espace ainsi formé apparaissent, via la membrane péricartilagineuse, des ostéoblastes (ostéo : os - blaste : immature). Cette transformation aboutit peu à peu aux cellules osseuses (ostéocytes). Tout le cartilage ne s'ossifie pas : il en reste sous forme de cartilage articulaire.

Fig. 1

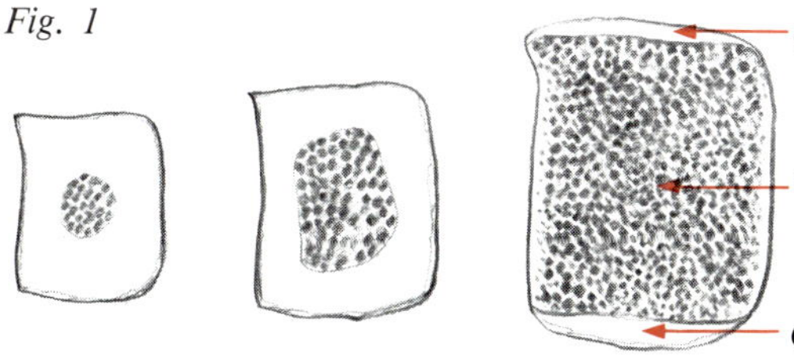

Le cartilage articulaire se nourrit essentiellement à partir du liquide qui se trouve dans l'espace interarticulaire. La nutrition se fait aussi partiellement par des vaisseaux sanguins situés dans le tissu osseux sous le cartilage. La nutrition des cellules cartilagineuses se fait par diffusion (par massage, par pression) et non par les capillaires. Une charge convenablement répartie pendant la croissance assure une bonne nutrition du cartilage : ce qui donne à son tour un cartilage épais et plus résistant aux lésions que pourrait entraîner une forte contrainte. Une articulation qui n'est pas ou pas assez sollicitée réagit inversement : le cartilage s'amincit.

Les os longs croissent aussi par ossification indirecte mais on peut avoir plusieurs points d'ossification.

La croissance s'effectue à partir de restant de cartilage articulaire et des zones de croissance (cartilage épiphysaire) qui se trouvent aux extrémités du fût osseux. Les cartilages épiphysaires s'ossifient chez le sujet en fin de croissance (20 ans). Chez l'adolescent, on peut voir, à l'aide de radiographie, la situation des cartilages épiphysaires.

Fig. 2

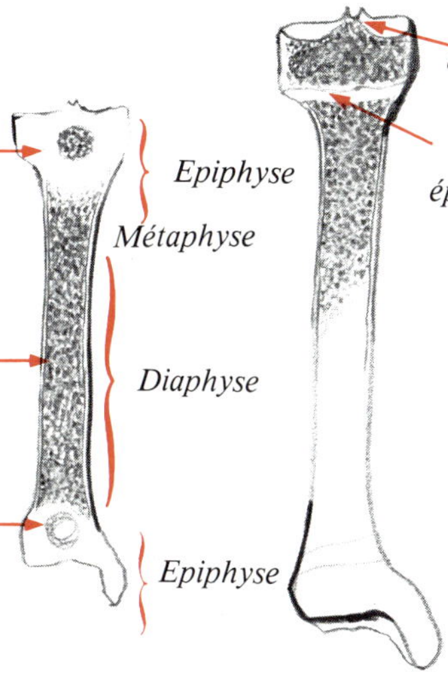

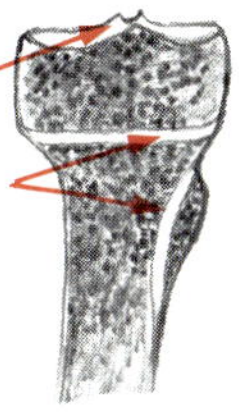

Le schéma montre la zone de croissance à une extrémité du tibia ainsi que la zone de croissance située en regard de l'insertion du muscle quadriceps.

L'image représente la zone de croissance du fût tibial et la zone de croissance au-dessous de l'insertion des muscles extenseurs du genou.

Les modifications pathologiques des zones de croissance proviennent le plus souvent de troubles hormonaux. Elles peuvent aussi venir de contraintes du squelette trop importantes ou mal réparties. Cette croissance est — en pourcentage — plus rapide dans les premières années de la vie et pendant la puberté. Les jeunes sportifs doivent pour cela se garder de tout entraînement excessif avant et pendant la puberté. Il faut leur conseiller de ne pas utiliser des charges supérieures à leur propre poids jusqu'à la puberté. L'entraînement en puissance avec des charges supplémentaires et des appareils (instruments, agrès) doit être entrepris seulement après la puberté.

Assez souvent chez le sujet de 10 à 16 ans survient la maladie de Schlatter. Il s'agit d'une trop forte contrainte des muscles extenseurs du genou sur le tibia (tubérosité tibiale). Le cartilage de croissance est irrité et la croissance s'effectue de façon anormalement rapide. L'augmentation de volume peut se voir à l'œil nu par comparaison avec la jambe saine. Cela entraîne des douleurs dans la station à genoux sur un sol dur.

La figure 3 montre un os adulte en détail. Les petites cellules osseuses microscopiques (ostéocytes) sont entourées, par un tissu composé, de fibres tendineuses (fibres de collagène) qui ont une grande résistance aux efforts de traction, elles-mêmes formées de sels minéraux qui donnent la dureté à l'os et de sels organiques qui donne l'élasticité.

Le rapport entre les sels minéraux et les sels organiques qui est de 1/1 à la naissance devient de 7/1 à 60-70 ans. Ceci explique l'élasticité du squelette chez le sujet jeune et sa fragilité chez le sujet âgé.

La figure 3 montre les cellules osseuses disposées de façon circulaire en couches concentriques autour d'un canal de Havers dans lequel se glisse un vaisseau sanguin.

Ces couches se nourrissent à partir de ce vaisseau. Un tel système constitue un système de Havers ou ostéon.

La partie extérieure de l'os est organisée par un système lamellaire longitudinal. Ces fibres de collagène, résistantes, ont des directions différentes dans chaque couche ce qui augmente considérablement la résistance de l'os. A l'intérieur des couches lamellaires l'os se construit à partir de l'ostéon.

Plus au centre, cet os compact se change en tissu spongieux. Cette différence de consistance donne à l'os une grande résistance pour une masse osseuse réduite.

La figure 4 montre comment les zones de force sont disposées dans le col du fémur afin de pouvoir supporter les fortes pressions auxquelles est soumis cet os.

Les tendons musculaires et les ligaments se fixent à l'os au moyen de fibres de collagène à travers la membrane osseuse (périoste), dans la partie compacte de l'os.

Il arrive que, sous l'influence de forte contrainte, le tendon résiste mais que l'insertion osseuse se rompe : un fragment osseux se détache alors.

Les insertions musculaires ou ligamentaires traversent le périoste qui est riche en vaisseaux et en nerfs. Une irrigation de ce périoste par une contrainte inadéquate provoquera une inflammation de cette membrane (périostite - voir p. 46). Dans le périoste se trouvent des cellules (ostéoblastes) qui lors de fractures assurent la reconstruction de l'os. Tout l'os est alimenté par des vaisseaux sanguins qui traversent le périoste, l'os compact et se divisent en empruntant les canaux de Havers. La possibilité de guérison d'une fracture est liée directement à une bonne vascularisation du fragment lésé.

Le temps de consolidation, par exemple dans une fracture de l'os scaphoïde naviculaire (os du carpe), est souvent très long car peu de vaisseaux sanguins irriguent cette région et eux-mêmes sont souvent lésés par la fracture.

Des recherches ont montré que le nombre des capillaires augmente dans le muscle et dans l'os s'ils sont soumis à des contraintes régulières (entraînement).

On peut expliquer ainsi que les fractures guérissent souvent plus vite chez les personnes bien entraînées que chez d'autres non entraînées.

Fig. 3

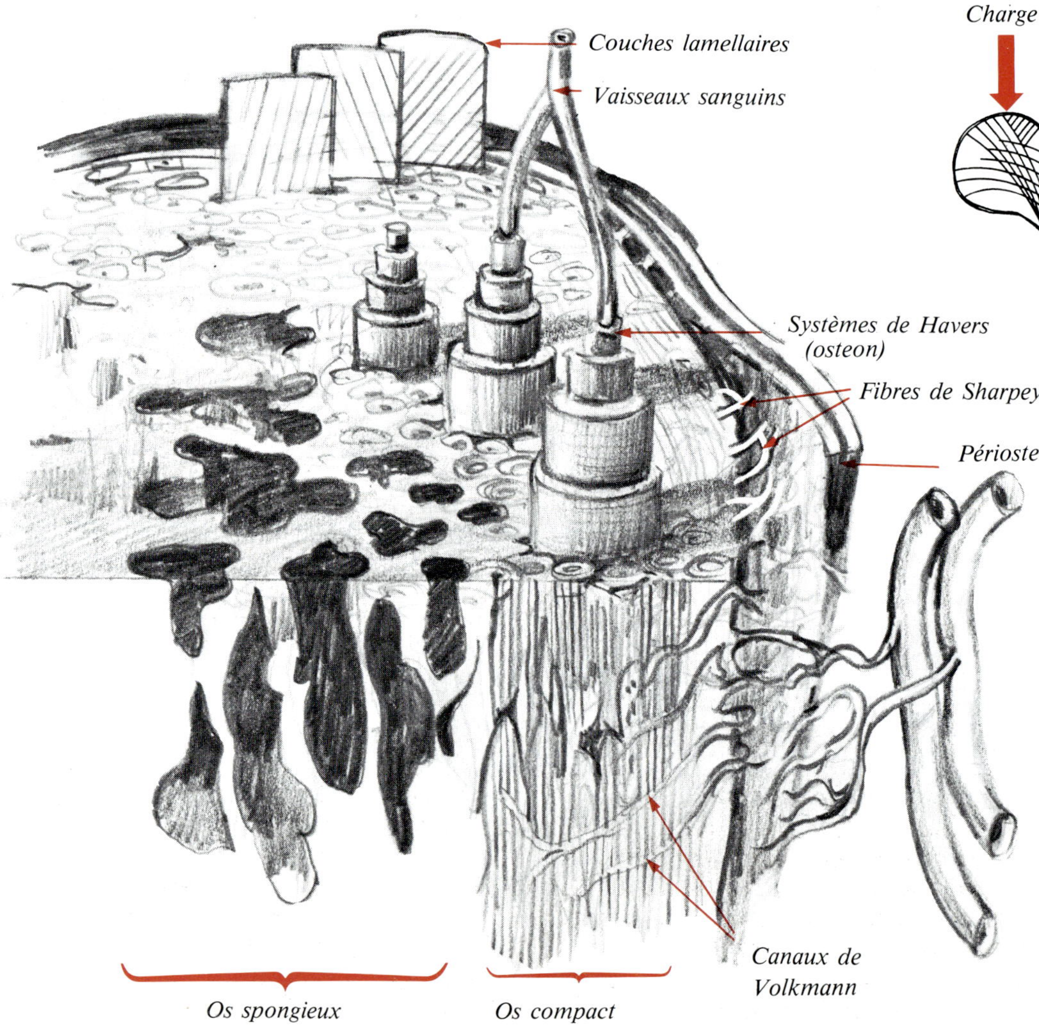

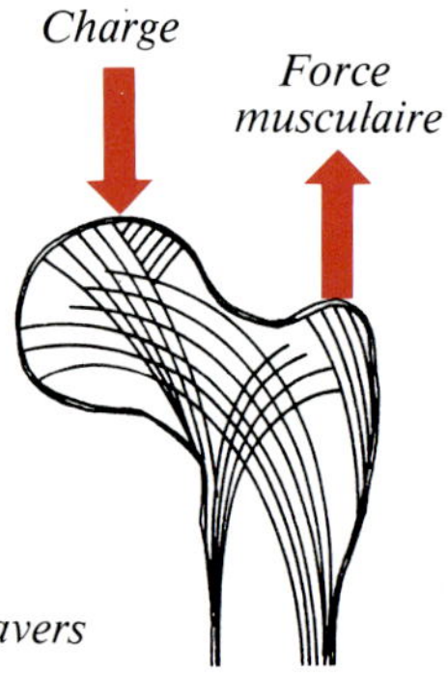

Fig. 4

B. Les articulations

Les différentes parties du squelette sont reliées entre elles par des articulations, des assemblages.

Assemblages

Entre le tibia et le péroné, la jonction se fait au moyen d'une membrane faite de fibres de collagène. Cette membrane a deux fonctions : elle sert à l'insertion de nombreux muscles de la jambe et elle transmet les contraintes du tibia sur le péroné (ce qui soulage le tibia).

Fig. 5

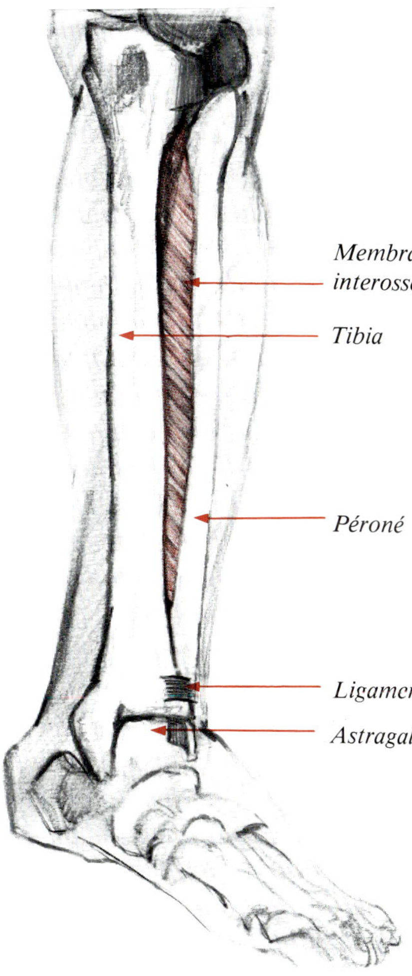

Le tibia et le péroné sont également liés près de l'articulation du pied par deux puissantes formations ligamentaires (syndesmosis tibiofibularis).

Si le pied est violemment projeté vers la partie inférieure de la jambe (flexion dorsale) l'astragale agissant comme un coin viendra s'enfoncer entre le tibia et le péroné avec une telle force que la partie antérieure peut se déchirer (rupture ligamentaire).

La partie inférieure de la membrane inter-osseuse peut se déchirer (rupture en fourchette).

Fig. 6

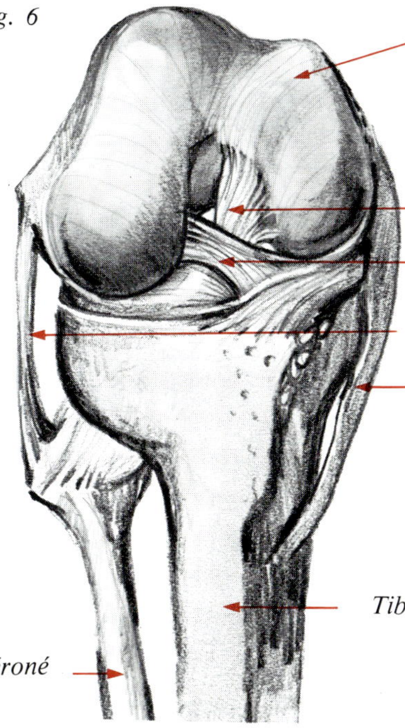

Un second exemple de ligaments autonomes, bien délimités, est fourni par les ligaments croisés (ligamentum cruciatum) à l'intérieur du genou.

Un autre type de ligament sert à renforcer la capsule qui entoure toute articulation. Le rôle du ligament est d'empêcher une trop grande amplitude du mouvement. Il limite le mouvement dans certaines directions.

Fig. 7

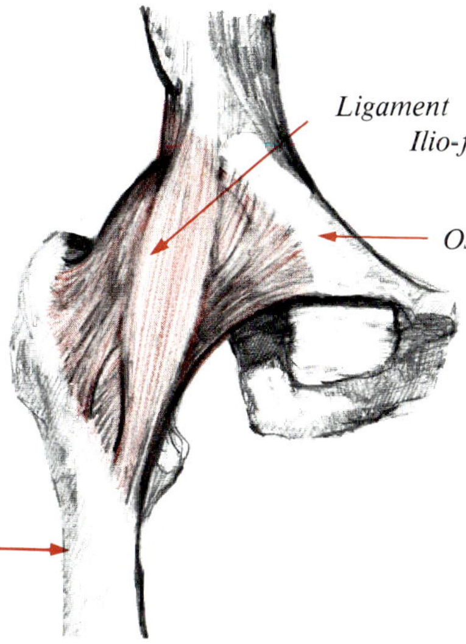

Le ligament le plus puissant du corps (Lig. Iliofémoral) est un épaississement de la partie antérieure de la capsule articulaire de la hanche qui limite en arrière un balancement exagéré.

La tension de rupture des ligaments et tendons va de 500 à 1 000 kg par cm^2.

Le ligament iliofémoral supporte une force de 300 kg chez un sujet adulte.

Un autre type d'assemblage soit par ligament soit par membrane se trouve entre les vertèbres. Il y a des fibres collagènes et des cellules cartilagineuses ainsi qu'un noyau mou : c'est un assemblage fibro-cartilagineux que l'on trouve également entre les deux os pubiens.

Fig. 8

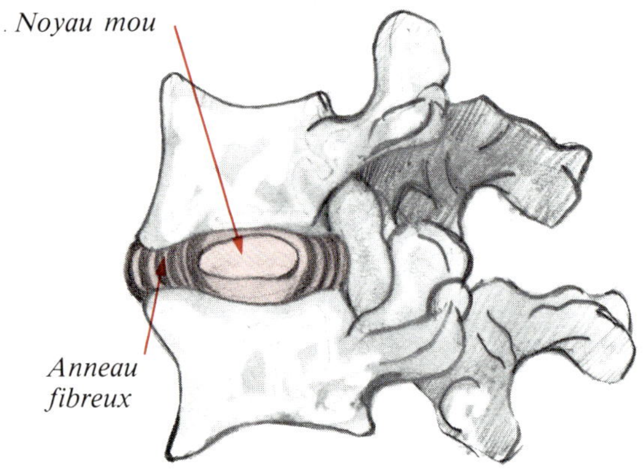

Fig. 9

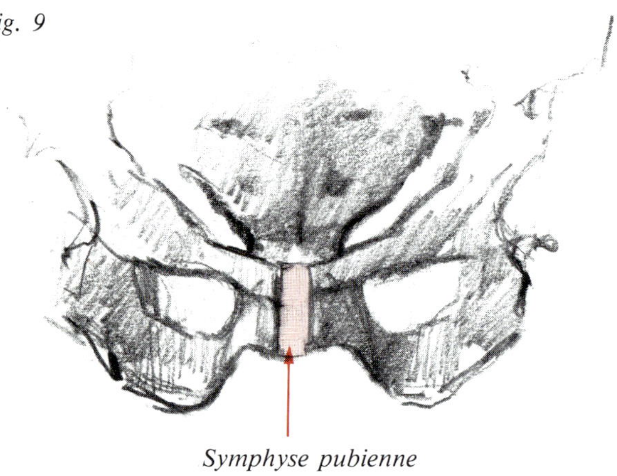

Un autre type d'assemblage est réalisé par le cartilage épiphysaire (voir fig. 9) ainsi que par les sutures des os du crâne.

Fig. 10

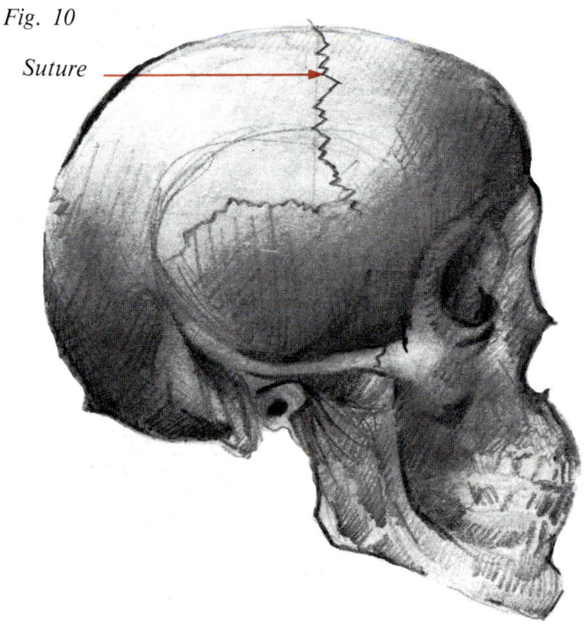

Articulations

Une articulation a toujours une capsule qui entoure les os en présence. Les extrémités osseuses sont toujours recouvertes de cartilage. La couche externe de la capsule est formée de fibres collagènes (membrane fibreuse) qui offrent une grande résistance aux efforts de traction (voir p. 7). Les ligaments sont de puissants renforcements de la paroi de la capsule. Leurs noms dépendent de leur fonction ou de l'os auquel ils sont insérés.

Dans la paroi interne de la capsule, se trouvent des cellules qui peuvent sécréter un liquide albumineux. Celui-ci a pour but de lubrifier l'articulation et de nourrir les cellules cartilagineuses. Ce liquide articulaire est appelé aussi liquide synovial et la paroi interne de la capsule, membrane synoviale (membrana synovialis). Les deux membranes sont séparées par une mince couche de graisse.

Fig. 11

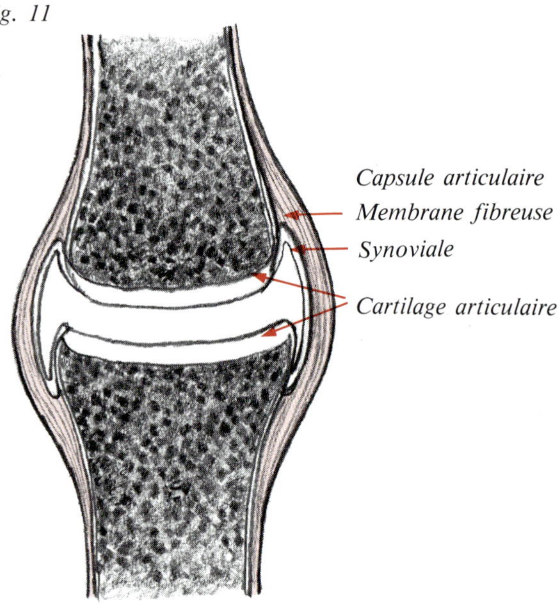

Le cartilage articulaire a une épaisseur qui dépend de la contrainte à laquelle l'articulation est normalement soumise. Le cartilage peut *s'imbiber de certaines substances et occasionnellement s'épaissir.* Si l'on mesure le cartilage articulaire après une phase d'échauffement on voit qu'il est devenu plus épais. Cet épaississement est temporaire et se prolonge 10 à 30 min. après la fin de l'exercice. Lors d'entraînements longs, *le cartilage s'épaissit grâce à la production de nombreuses cellules cartilagineuses.* Des contraintes asymétriques ou trop importantes peuvent user le cartilage et provoquer des limitations importantes de la mobilité articulaire. Au contact direct de la cavité articulaire (fig. 12), on trouve dans certaines articulations des sacs contenant un liquide visqueux (bourses) qui sont fabriqués de la même façon que les capsules articulaires. La paroi interne de la bourse (membrane synoviale) représente une couche de glissement avec coefficient de friction peu élevé. Le rôle de la bourse est avant tout d'empêcher l'usure des différentes structures qui doivent glisser les unes sur les autres ; la bourse peut aussi produire du liquide synovial à l'intérieur de l'articulation avec laquelle elle est en communication.

La plus grande bourse du corps est située entre le fémur et le quadriceps (bursa suprapatellaris). Sous l'effet de forte contrainte, la bourse devient douloureuse. Elle réagit en produisant beaucoup de liquide synovial. Et cela jusqu'à ce que le genou enfle et empêche toute contrainte supplémentaire (impression « d'eau dans le genou »).

Fig. 12

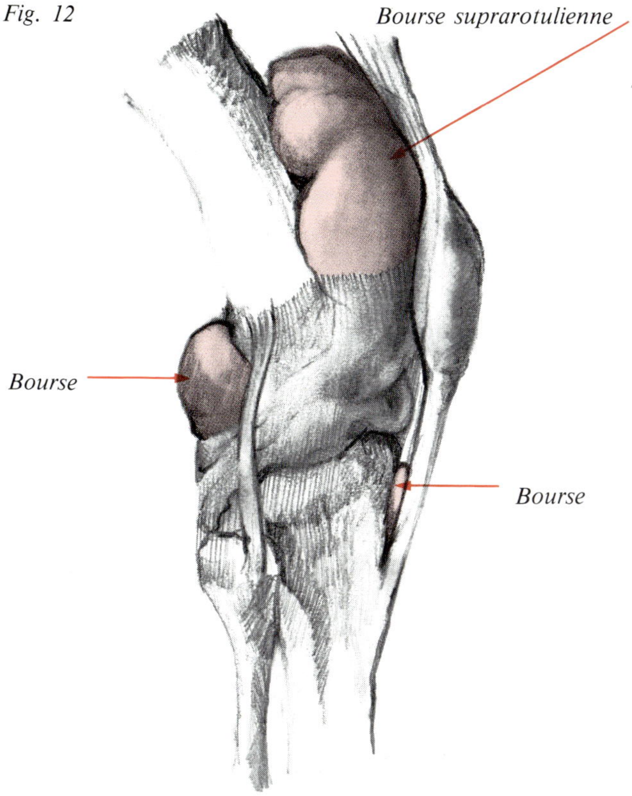

On trouve des bourses dans de nombreuses parties du corps par exemple entre les muscles, entre tendon et muscle également entre tendon et os c'est-à-dire partout où il peut y avoir usure. Les os qui sont en présence dans une articulation sont en général bien adaptés l'un à l'autre. Le plus souvent l'un est convexe (tête articulaire) et l'autre concave (cavité articulaire). Si les os ne s'adaptent pas entre eux, cette inadaptation est compensée par l'interposition d'un fragment fibrocartilagineux. Ce fragment est appelé *ménisque* s'il n'occupe qu'une partie de l'articulation et *disque* s'il partage en deux la cavité articulaire.

Fig. 13

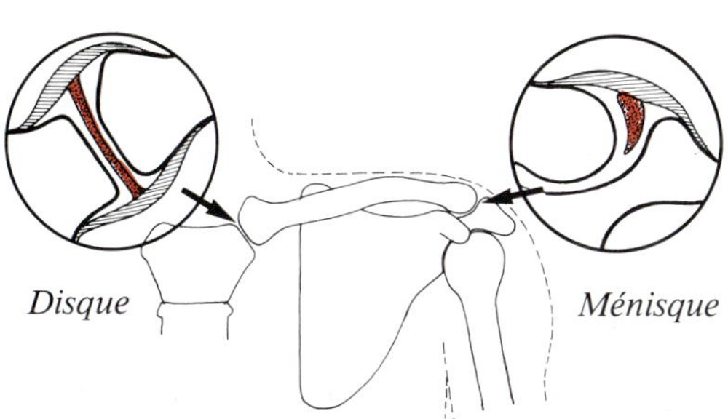

En langage sportif, quand on parle de ménisque il s'agit en général des ménisques du genou. Il y a aussi d'autres ménisques par exemple entre clavicule et épaule (fig. 13). Quand on parle de disque, il s'agit en général des disques intervertébraux. Il existe aussi un disque entre la clavicule et le sternum (fig. 13).

Différents types d'articulations

A l'aide de modèles mécaniques, on peut souvent décrire le fonctionnement des différentes articulations du corps. La comparaison (ressemblance) entre les modèles mécaniques et les articulations rencontrées dans le corps n'est pas toujours très correcte. Les images suivantes, montrent différents types d'articulations dont on peut trouver des exemples dans le corps. De plus, les schémas indiquent les types de mouvements pouvant être réalisés dans les articulations.

Fig. 14

Charnière à 1 axe

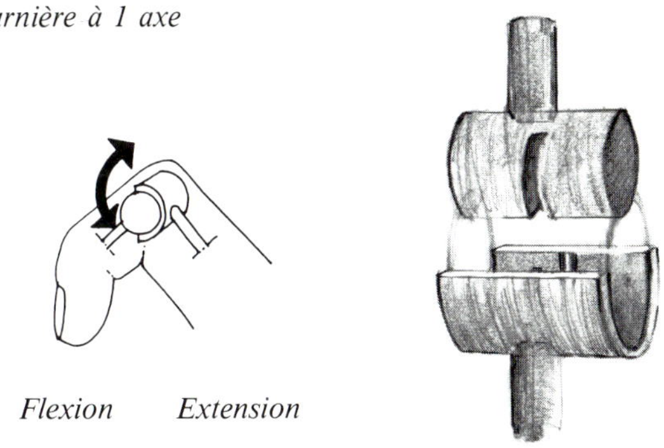

Fig. 15

Poulie à 1 axe

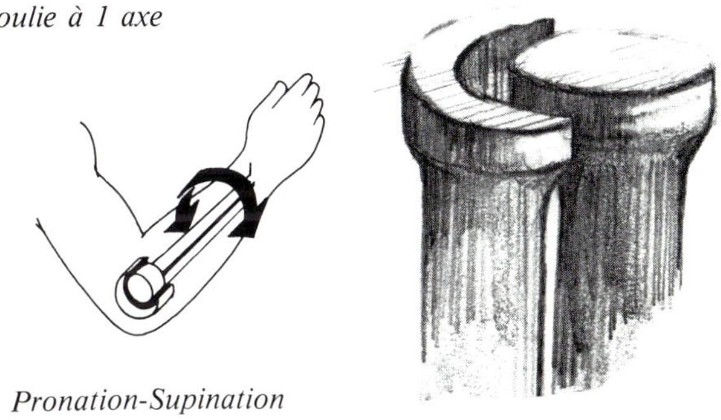

Fig. 16

Selle à 2 axes

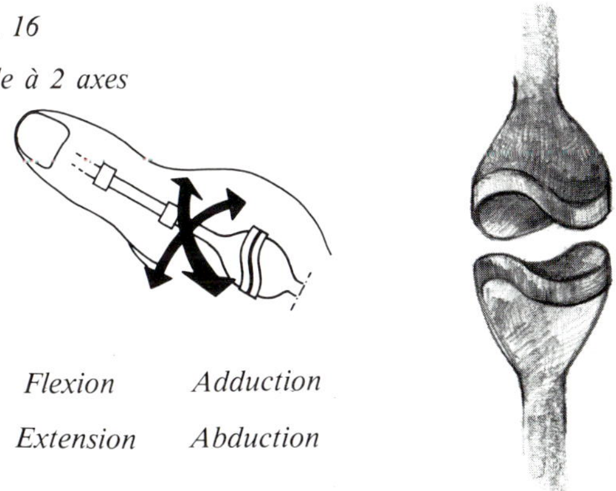

Fig. 17

Ovoïde à 2 axes

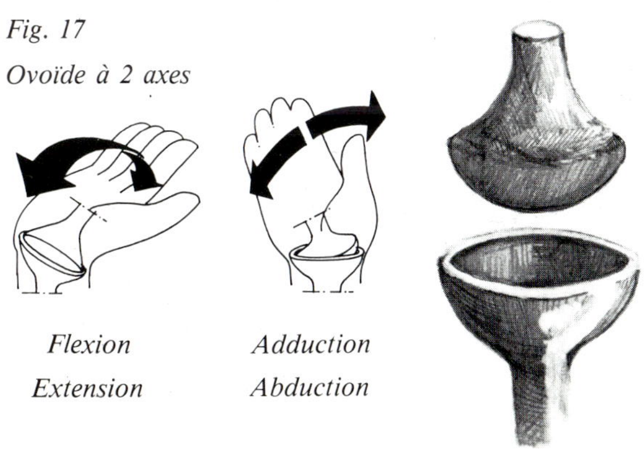

Fig. 18
Sphérique à 3 axes

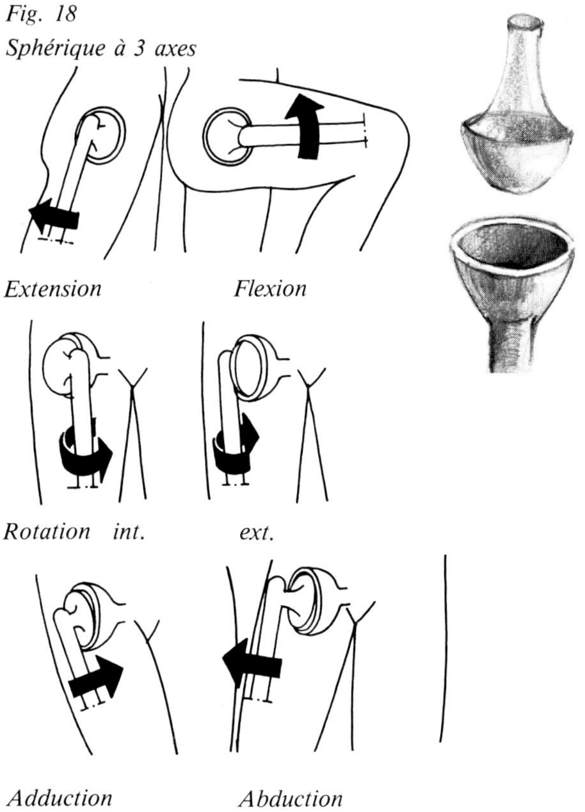

Fig. 19
Plane à 3 axes

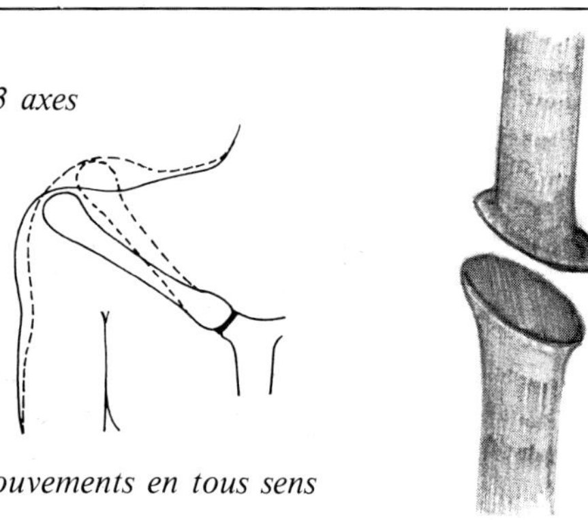

Petits mouvements en tous sens

Une articulation plane, dépendant de la capsule qui l'entoure, est presque toujours raide : ses mouvements sont limités mais se font dans tous les sens (3 axes) (comme le montre la figure ci-dessus).

Plusieurs articulations du corps ne peuvent être comparées à aucun des modèles précédents. Elles représentent, soit une combinaison de deux modèles, soit un des modèles avec une variante.

L'articulation du genou par exemple est une combinaison d'une charnière et d'une trochlée (poulie). On peut fléchir, étendre ou tourner la jambe en dedans ou en dehors. La rotation n'est possible que quand le genou est fléchi.

Fig. 20

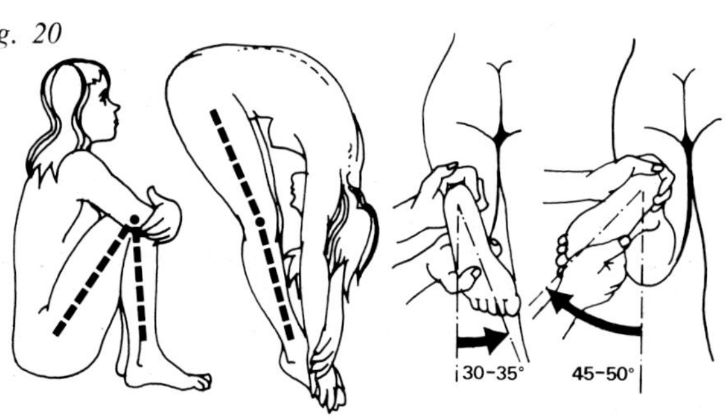

Les articulations des phalanges sont des articulations condyliennes d'amplitude limitées. Seules la tête articulaire et la cavité correspondent au modèle d'articulation sphérique mais la capsule empêche certains mouvements. Les muscles qui pourraient permettre la rotation du doigt n'existent pas.

Parmi les éléments qui protègent l'articulation contre les lésions, les muscles péri-articulaires sont les plus importants. Une musculature puissante et souple est toujours la meilleure protection. Lors de mouvements violents, les muscles peuvent présenter différents types de lésions. Ils peuvent être étirés, partiellement déchirés (rupture partielle) ou parfois complètement déchirés (rupture complète). Si un des ligaments est trop étiré, il retrouve d'habitude sa longueur initiale après quelques semaines de repos. Si le même ligament est l'objet d'étirements répétés, il peut rester distendu et non fonctionnel. Il se produit un jeu articulaire qui peut éventuellement causer des lésions graves. Un tel ligament doit être raccourci chirurgicalement. Un ligament complètement déchiré peut être suturé.

Quelques-uns des ligaments lésés peuvent être opérés c'est-à-dire suturés mais si les fragments déchirés sont au contact les uns des autres, ils peuvent guérir uniquement par le repos. Dans ce cas l'articulation doit être plâtrée.

On a démontré récemment que même des tendons d'Achille rompus se réparaient si l'articulation du pied était plâtrée de façon à ce que les fragments soient au contact l'un de l'autre.

Un ligament peut être soulagé par contention par bande adhésive. Celle-ci aura pour but d'empêcher certains mouvements articulaires qui pourraient léser un ligament distendu ou abîmé. La contention par bande adhésive — en pratique sportive — est susceptible de protéger après lésion ou prévenir quand le risque de lésion est grand (par exemple dans un match d'entraînement intensif de football ou autre situation de compétition). On doit cependant éviter de toujours s'entraîner avec une contention adhésive car la peau peut être abîmée. Les ligaments ainsi maintenus s'habituent au bout de quelques temps à une aide extérieure et s'affaiblissent.

C. Les muscles

Il existe dans notre corps trois types de muscles : les muscles lisses, le muscle cardiaque et les *muscles du squelette.* Dans ce livre, il sera question de ces derniers, appelés aussi muscles striés.

Le muscle du squelette est entouré d'une enveloppe, couche de tissu conjonctif. Celui-ci a la même constitution que la couche externe de la capsule articulaire (voir p. 10). Cette enveloppe donne une forme au muscle et permet également à celui-ci de glisser sur les autres muscles. L'enveloppe conjonctive s'appelle également fascia musculaire ou perimysium externe (peri : autour - mysium : muscle). L'enveloppe de tissu conjonctif est formée de fibres de collagène. Si l'on observe la coupe d'un muscle, on peut voir à l'œil nu qu'il est constitué de faisceaux cellulaires plus petits (myon). Chaque faisceau étant entouré d'une enveloppe plus fine de tissu conjonctif (en latin : *perimysium interne*). Au microscope on peut voir que ce que l'on appelle myon se compose de très nombreuses cellules musculaires. Chacune des cellules est entourée d'une très fine membrane de fibres élastiques appelée endomysium.

Les cellules musculaires s'appellent aussi fibres musculaires. Leur constitution et leur fonction sont décrites dans la plupart des livres de physiologie. Pour cette raison, l'exposé qui suit sera succinct.

Au microscope, on peut voir que la cellule musculaire est elle-même composée d'éléments plus petits qui furent appelés, lors de leur découverte fibrilles musculaires ou myofibrilles (fibrille : petite fibre). Les fibrilles sont disposées de façon parallèle les unes aux autres. La cellule musculaire semble ainsi située transversalement. Ceci est dû à ce que les fibrilles sont composées elles-mêmes de plus petits éléments appelés myofilaments.

Les myofilaments représentent des chaînes de molécules de protéine. L'aspect strié est le résultat de la présence de deux types de myofilaments : filament d'actine (plus fin et de ce fait plus transparent) et filament de myosine (plus épais et constituant ces zones plus sombres).

Fig. 21

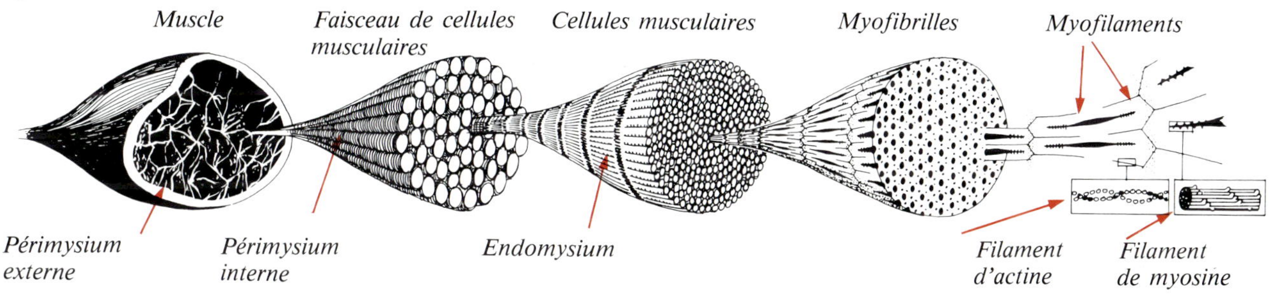

Fig. 22

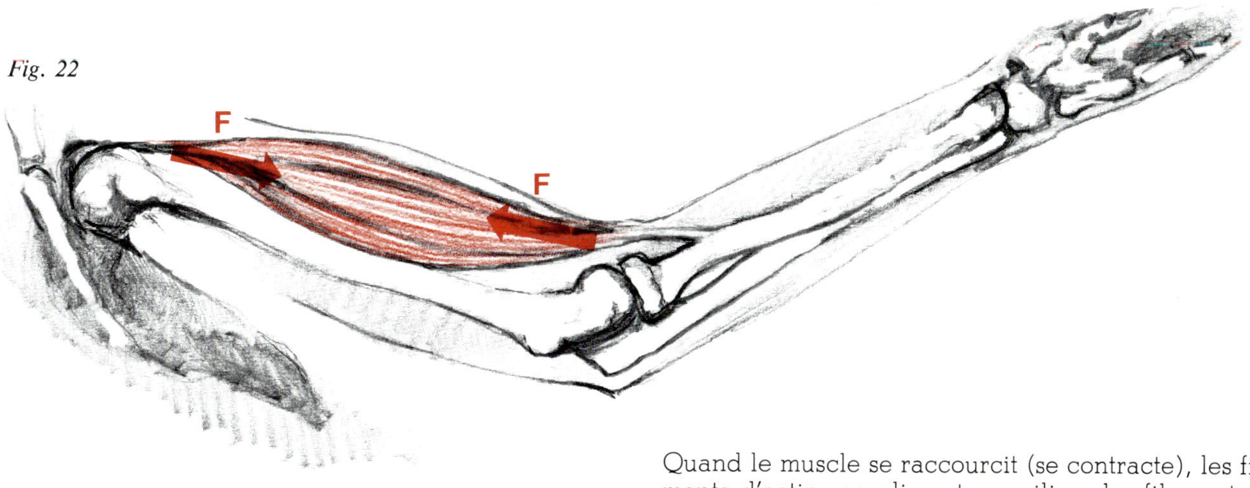

Quand le muscle se raccourcit (se contracte), les filaments d'actine se glissent au milieu des filaments de myosine : il en résulte un raccourcissement et un épaississement des myofibrilles. Les fibres élastiques situées autour des cellules musculaires agissent sur l'enveloppe conjonctive. Cette enveloppe conjonctive se prolonge par le tendon du muscle. La contraction du muscle produit une force qui agit sur son origine et sa terminaison avec une force exactement identique et opposée (F).

Les muscles du corps ont des aspects très différents. La figure suivante en montre les variétés les plus courantes.

Fig. 23

Fusiforme *Biceps* *Triceps* *Quadriceps*

Unipenné *Bipenné* *Segmenté* *Dentelé*

Fig. 24

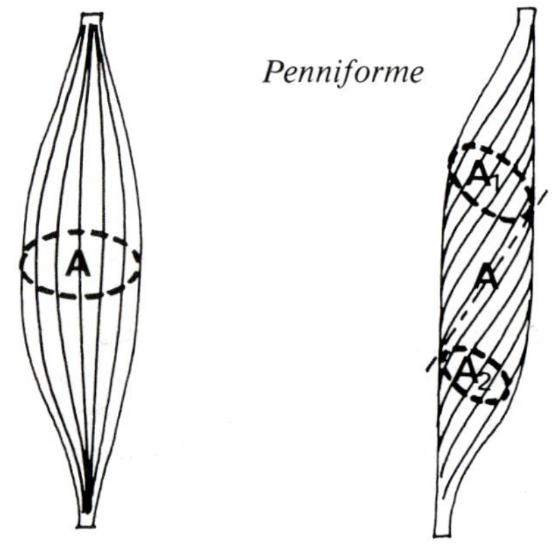

Un muscle peut développer une forme maximale de 5 kg par cm^2 (de sa section). Par section, on entend section physiologique, laquelle se définit ainsi : si les fibres musculaires sont strictement longitudinales, la section géométrique (A) sera la somme des filaments d'actine et de myosine contenus dans le muscle. Si la surface est de 6 cm^2 la force de contraction maximale sera 6 × 5 kg = 30 kg. Si les cellules musculaires sont orientées obliquement par rapport à l'axe du muscle on doit mesurer les surfaces A_1 et A_2 pour pouvoir faire la somme des filaments d'actine et de myosine.

La somme $A_1 + A_2$ représente la section physiologique du muscle. Si $A_1 = 8\ cm^2$ et $A_2 = 4\ cm^2$, la section physiologique est de $12\ cm^2$. La force maximale du muscle est 12×5 kg = 60 kg. Ce muscle est donc plus puissant que le muscle fusiforme même si la masse musculaire est exactement identique. Une fibre musculaire peut se raccourcir de 50 % dans le muscle fusiforme. Le muscle fusiforme peut se raccourcir beaucoup plus que le muscle penniforme (penne = plume).

Fig. 25

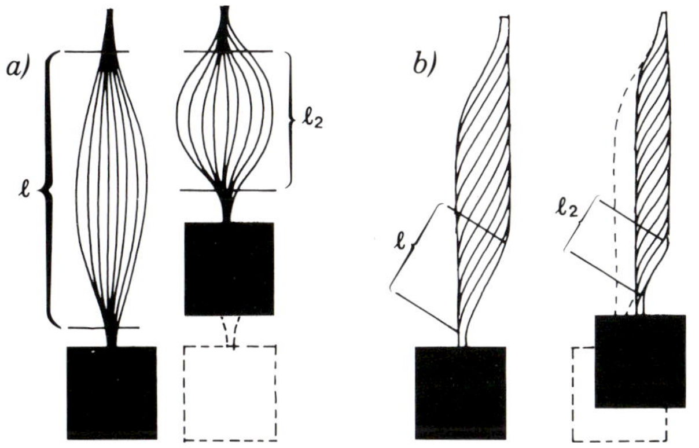

On trouve dans le corps, des muscles fusiformes si le sujet a besoin d'effectuer des mouvements rapides et de grandes amplitudes. Les muscles penniformes permettent par ailleurs des mouvements de petites amplitudes mais puissants.

La force du muscle, comme cela a été dit plus haut, dépend de sa section physiologique. Sa faculté de raccourcissement dépend de la longueur, de la direction, de la concentration des fibres dans la partie charnue. Pour apprécier la force d'un muscle, on doit aussi savoir comment vont agir les insertions sur l'articulation.

Fig. 26

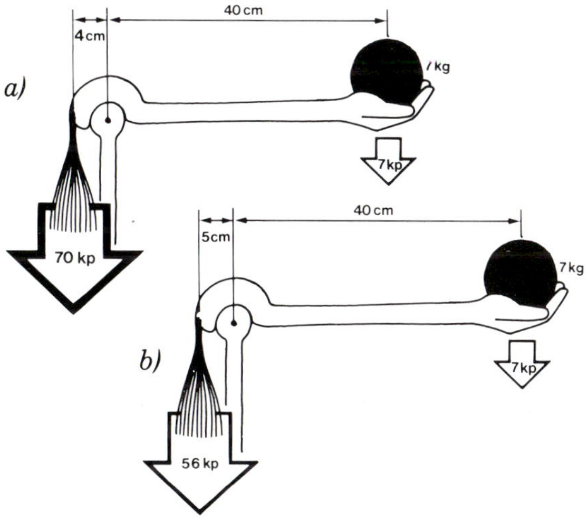

Les schémas précédents montrent que lorsqu'un muscle s'insère à 4 cm de l'axe articulaire la force de traction sera de 70 kg pour tenir un poids de 7 kg distant de 40 cm de l'axe articulaire ($70 \times 4 = 7 \times 40$). Si l'insertion du muscle était à 5 cm de l'axe articulaire, la force de traction serait alors de 56 kg ($56 \times 5 = 7 \times 40$). L'aptitude d'un muscle à soulever un poids dépend de deux conditions : de la section physiologique, de la façon dont il se situe par rapport à l'articulation. On peut dire que l'aptitude d'un muscle à accomplir un moment cinétique renseigne mieux sur la force du muscle que si l'on exerce seulement une force à laquelle il doit réagir (la notion de moment cinétique est expliquée p. 25).

Pour pouvoir analyser un mouvement, il faut savoir que la force de contraction dépend de la longueur du muscle au repos. Supposons que l'on veuille expérimentalement rechercher la capacité de contraction d'un fragment musculaire. La longueur au repos est ℓ_0 cm. On attache ce fragment de muscle entre deux plateaux qui sont couplés à un dynamomètre. Celui-ci indique la force avec laquelle les plateaux sont attirés l'un vers l'autre.

Si la distance entre les deux plateaux est de ℓ_0, la force est alors 0 (F_0) (début de la courbe en pointillé fig. 32). Si l'on étire le fragment musculaire l'aiguille indique une variation. Ceci est dû au fait que les éléments élastiques du muscle s'étirent et tendent à le faire revenir à sa position ℓ_0. La courbe tracée ci-dessous montre la force avec laquelle le muscle tend à revenir à sa position de repos (le muscle est passif c'est-à-dire qu'il ne se contracte pas).

Fig. 27 F_0

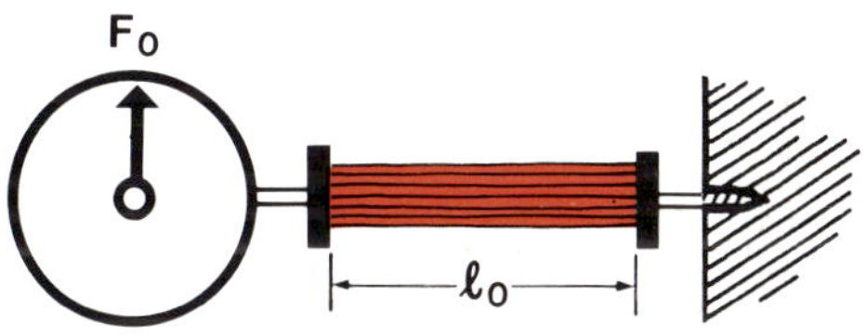

Fig. 28 F_1

Si la distance entre les plateaux augmente jusqu'à ℓ_1, la force est ℓ_1.

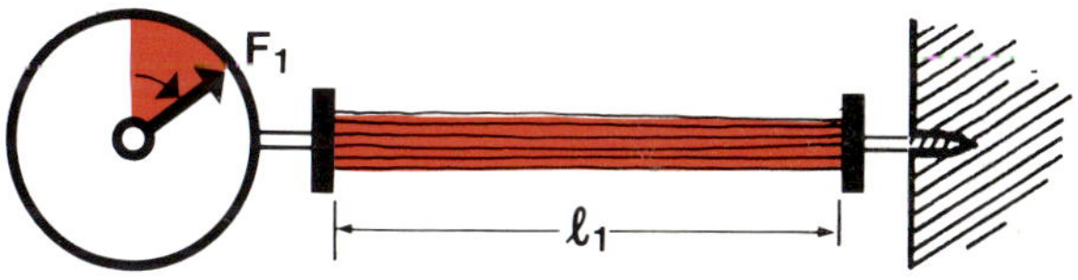

Pour rechercher la force développée lors de la contraction musculaire on procède ainsi : par une impulsion électrique, on provoque la contraction de fibres musculaires et l'on enregistre la force ainsi développée à l'aide du dynamomètre. Si l'impulsion électrique est donnée lorsque la distance entre les plateaux est ℓ_0 on a une force F_2 (la valeur absolue du résultat dépend de l'importance de la masse musculaire).

Fig. 29 F_2

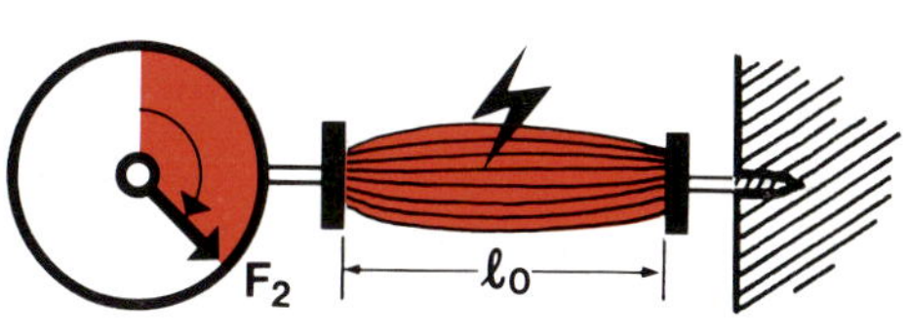

Si la distance entre les plateaux est inférieure à ℓ_0, la force F_3 avec laquelle le muscle peut agir sur les plateaux devient moindre (F_2).

Fig. 30 F_3

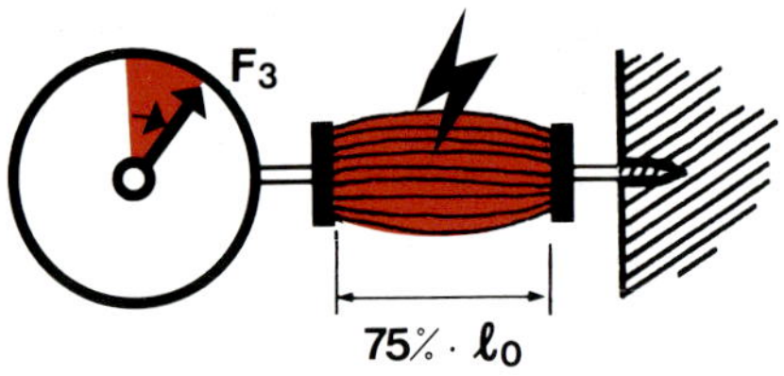

Si la distance est diminuée jusqu'à 50 % de la longueur du fragment musculaire ℓ_0. La contraction parviendra à peine à agir sur les insertions et déplacer les plateaux, c'est-à-dire que la force sera 0.

Si l'on étire un muscle un peu au-delà de la longueur de repos et qu'après cela on le stimule électriquement on voit que la force de contraction dépasse ℓ_0 ce qui donne F_2. Cette valeur supérieure est le résultat de la somme de la force élastique et de la force qui dépend de l'impulsion électrique. La valeur maximale F_4 est atteinte quand l'allongement atteint 20 % de la longueur au repos.

Fig. 31 F_4

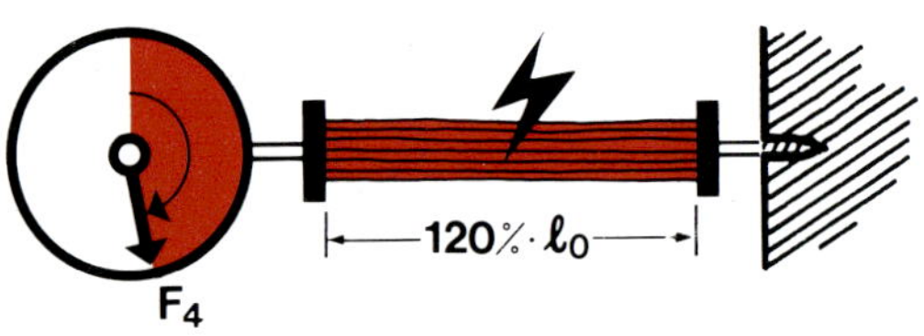

Fig. 32

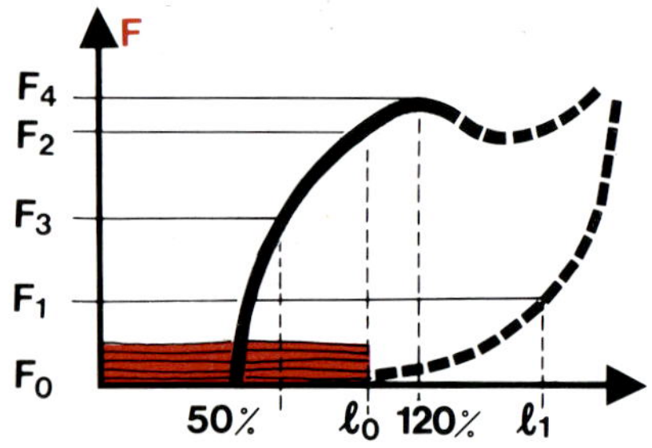

Si l'on étire le muscle au-dessus de 120 % la force de contraction diminue de nouveau. Cela provient de ce que l'on sépare en deux les filaments d'actine et de myosine si fort que la possibilité de contraction... diminue plus que la force de contraction élastique n'augmente. Quand on voudra obtenir la force maximale d'un mouvement, une « bonne technique » consistera à faire travailler les muscles dans des conditions aussi favorables que possible. Le muscle de la hanche sollicité lors du puissant recul de la cuisse est le grand fessier (muscle gluteus maximus - p 31).

Quand on marche sur un terrain plat, aucune extension forcée puissante n'est nécessaire et l'on marche avec une simple extension. Quand on rencontre une cote importante, on se penche automatiquement en avant, on allonge ainsi la distance entre les extrémités du muscle et les insertions ainsi sa longueur devient plus efficace (120 % - ci-dessus).

Fig. 33

Pensons à ce qui se passe lorsque nous voulons augmenter notre vitesse (par exemple en patinage, en course à pied, en cyclisme ou lors d'un démarrage en football). Nous devons projeter en avant le bassin car un muscle important (p. 38) extenseur du genou, s'insère au-dessus de l'articulation de la hanche. Si le muscle doit développer une grande force, il faut que la distance entre l'origine et la terminaison soit plus grande que ℓ_0.

Fig. 34

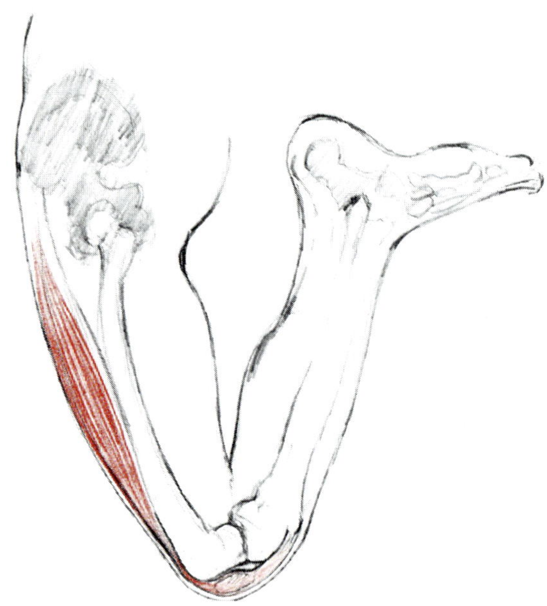

Dans le lancer, on désire obtenir un allongement d'un groupe musculaire important, en particulier du grand pectoral (pectoralis major) (p. 61). Cela nécessite un étirement du bras combiné à une rotation du tronc. En même temps, on gonfle la cage thoracique par une inspiration profonde.

Fig. 35

Le travail du muscle

Quand on observe un muscle au travail, on distingue un travail *dynamique* et *statique.* On entend par travail dynamique que le muscle agit sur l'origine et la terminaison avec une force qui modifie la longueur du muscle. Si le travail du muscle provoque un rapprochement de ses insertions, on dit que le muscle travaille de façon concentrique (raccourcissement, contraction musculaire). Si le travail du muscle aboutit à un éloignement réciproque de ses insertions (si le muscle essaye de freiner un mouvement dans une articulation), on dit que le muscle travaille de façon *excentrique* (le muscle essaye de se raccourcir mais est soumis à des forces extérieures).

Quand un muscle se contracte sans qu'aucun mouvement ne se produise dans l'articulation, on dit que le mouvement est *statique* (ou isométrique).

Fig. 36

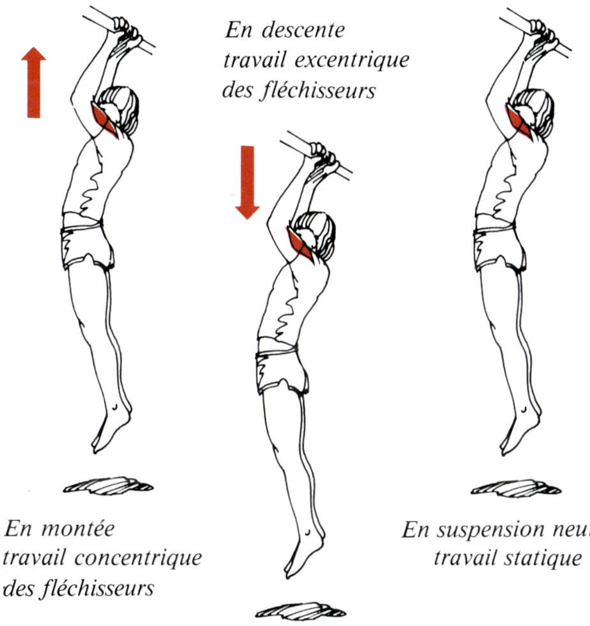

En montée travail concentrique des fléchisseurs

En descente travail excentrique des fléchisseurs

En suspension neutre travail statique

Fig. 37

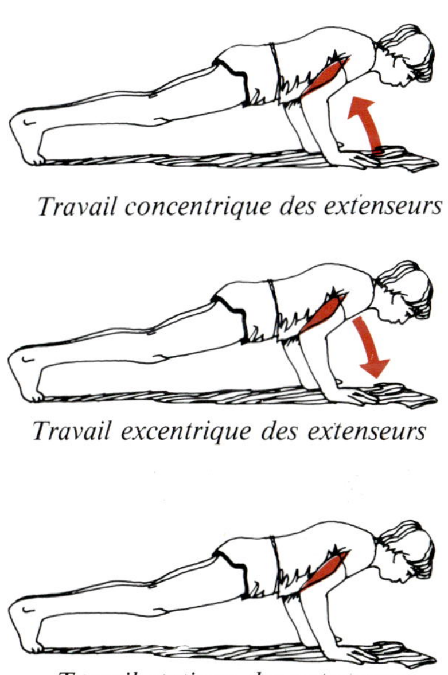

En haut

Travail concentrique des extenseurs

En bas

Travail excentrique des extenseurs

Neutre

Travail statique des extenseurs

Fig. 38

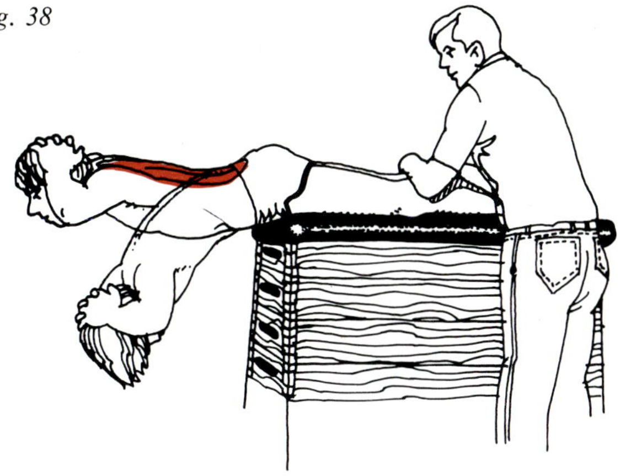

La figure 38 montre un exercice d'entraînement qui soumet les muscles paravertébraux lombaires (le mouvement s'effectue principalement au niveau du rachis lombaire) à un travail concentrique et les muscles du cou et du tronc à un travail statique. En descendant, les muscles paravertébraux lombaires travaillent de façon excentrique en freinant le mouvement (voir p. 51 les muscles du rachis).

La figure 39 montre ce qui se passe lorsqu'on passe de la position couchée à la position assise.

1-2 : Travail concentrique surtout pour les muscles droits de l'abdomen (p. 53).
2-3 : Travail statique pour les muscles de l'abdomen, concentrique pour les fléchisseurs de hanche (p. 34).
3-4 : Travail pratiquement nul pour les muscles abdominaux, concentriques pour les fléchisseurs de hanche.
4 : Travail statique pour les extenseurs du tronc.

Fig. 39

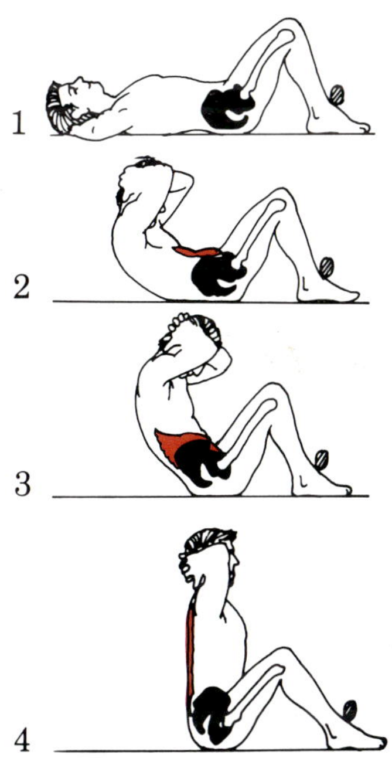

Par l'étude des origines et des terminaisons musculaires, on peut mieux analyser les mouvements qui conditionnent l'activité physique, la compétition sportive, l'entraînement en force ou en souplesse, etc... Des études physiologiques ont montré que si un muscle est entraîné de façon concentrique, il n'augmente pas sensiblement sa capacité de travail concentrique ou excentrique.

La capacité de travail du muscle dépend de deux choses, d'une part de la grosseur de la masse musculaire, d'autre part de l'innervation de celle-ci.

Un bon pratiquant ou un entraîneur doit être capable de pouvoir analyser sa spécialité et de contrôler ses exercices en fonction des nécessités des mouvements.

Si l'on considère la capacité d'un muscle à développer une force, il s'avère que le muscle est 40 % plus puissant s'il est contraint à un travail excentrique maximal que s'il exerce un travail statique maximal. La capacité de développer une force concentrique décroît alors plus rapidement que le temps de travail du muscle.

Fig. 40

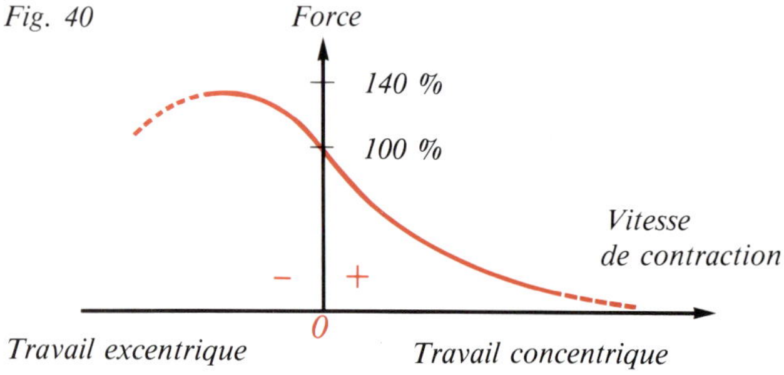

+ *les insertions du muscle se rapprochent : travail concentrique*
0 *la distance entre les insertions ne varie pas : travail statique*
– *les insertions s'éloignent l'une de l'autre : travail excentrique*

Si l'on veut développer une forte contraction dans un muscle, on doit alors obliger celui-ci à freiner un mouvement qui est déjà en marche pour tendre le muscle (on a l'habitude d'appeler cela travail négatif). L'expérience suivante montre cette forme de travail.

1. En partant de la position genoux pliés à l'angle droit, les bras pendants. Faites une extension (sans élan ni des bras ni des jambes) et enregistrer la hauteur atteinte.

2. Debout jambes tendues, faites une prise d'élan en descendant jusqu'à la position 2 sans balancement des bras, suivie d'un saut immédiat. Vous sautez plus haut de cette façon. On arrive plus haut car dans la position de départ du saut (qui est exactement la même que dans l'exemple 1) les muscles extenseurs sont déjà « chargés » du fait qu'ils ont déjà fait un travail excentrique de freinage. On commence ainsi le saut dans les mêmes conditions mais avec une tension musculaire différente. Un mouvement efficace a un certain rythme, c'est-à-dire un mouvement type qui permet, aux differents groupes musculaires qui prendront part au mouvement, de faire un travail excentrique pour se « charger ». On dit qu'un joueur de tennis à du « timing » par exemple pour son service ou pour le smash d'un joueur de volleyball. Par « timing », on entend que le mouvement type est si bien assimilé que chaque groupe musculaire peut travailler au maximum.

Fig. 41

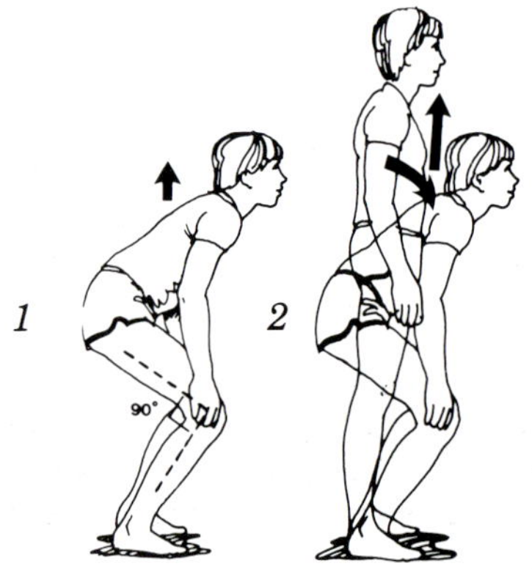

Si bien que tous les mouvements bien équilibrés commencent par un mouvement type parfait (mt d'impulsion). Les muscles s'allongent par ce moyen jusqu'à la longueur de repos (120 %) et en plus se chargent excentriquement (jusqu'à 140 % de la force statique maximale) suivant la description ci-dessus des principes physiologiques des muscles. La connaissance des insertions musculaires et des facteurs extérieurs qui influencent les forces (la gravité, la friction) fait que l'on peut analyser et comprendre les mouvements, que l'on utilise dans le sport.

Les Muscles - Le Système Nerveux

Les réflexes protégeant les muscles

contre les blessures évitables agissent par l'intermédiaire de deux types de cellules nerveuses qui s'appellent les fuseaux neuro-musculaires et les appareils tendineux de Golgi. Les fuseaux neuro-musculaires se trouvent couplés en parallèle entre les cellules musculaires et sont répandus dans tout le muscle. Les fuseaux neuro-musculaires suivent passivement les mouvements des cellules musculaires voisines.

Fig. 42

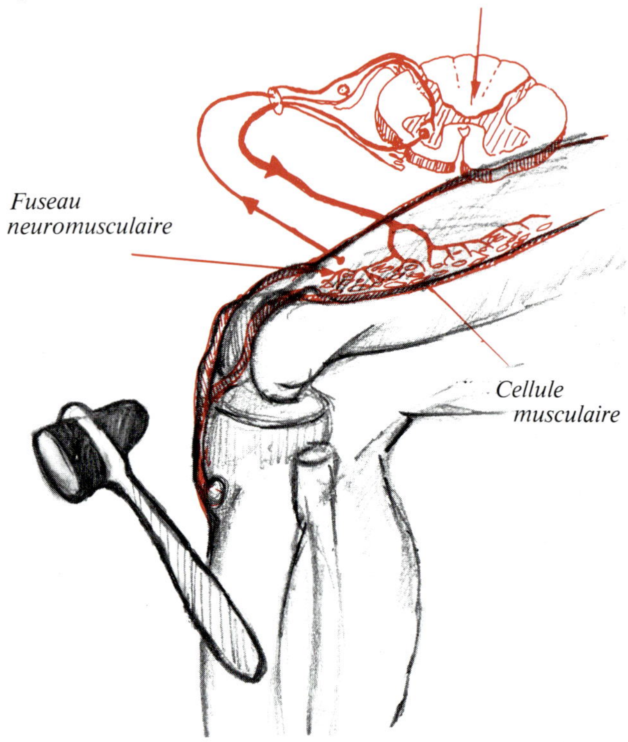

Si les cellules musculaires sont étirées les fuseaux neuro-musculaires le sont également. Si le muscle est trop tendu et s'il y a risque de déchirure, le fuseau neuro-musculaire envoie un signal de contraction. Ce signal fait que le muscle se contracte et supprime ainsi « le risque de déchirure ». Ce mécanisme de protection s'appelle réflexe d'extension. Lorsqu'un médecin frappe le tendon au-dessous de la rotule (ligamentum patellae) avec un marteau en caoutchouc, les cellules musculaires se tendent dans le muscle extenseur du genou (voir p. 38). Le muscle se protège alors contre cette tension inattendue en se contractant c'est-à-dire que l'on tend légèrement le genou. L'intervalle entre le coup de marteau et l'extension du genou représente le temps mis par l'impulsion nerveuse pour aller des fuseaux neuromusculaires au système nerveux central (CNS) et revenir aux cellules musculaires.

Fig. 43

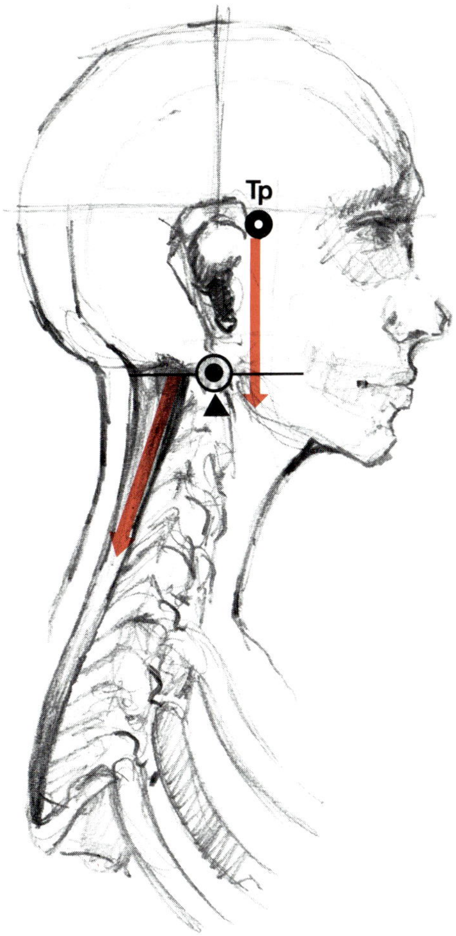

La projection du centre de gravité de la tête passe chez un adulte en avant de l'articulation avec la plus haute vertèbre cervicale. La tête tombe ainsi en avant mais elle tient droite grâce à la contraction des muscles de la nuque (voir p. 77). Si l'on s'endort en position assise, les muscles de la nuque se relâchent et la tête tombe en avant. Les fuseaux neuro-musculaires sont alors tendus « par surprise » ce qui provoque inconsciemment une stimulation de la tête (on se réveille d'un coup). Ce réflexe de protection a certainement sauvé la vie à beaucoup de chauffeurs fatigués et gardés beaucoup d'auditeurs éveillés lors de cours inintéressants... La protection des fuseaux neuro-musculaires fonctionne pour des tensions inattendues du muscle mais ne fonctionne pas lors de rapides tractions balistiques du muscle. On peut laisser tomber la tête avant que le réflexe ne se déclenche. Si l'on veut tendre un muscle, la tension doit être lente, afin que le réflexe d'extension ne se déclenche pas. On a démontré que si un muscle se contracte d'abord et ensuite se tend lentement, il peut se tendre jusqu'à une longueur légèrement supérieure. Ces principes sont utilisés dans ce que l'on appelle entraînement de la mobilité ou entraînement de la souplesse. Ils sont décrits plus loin p. 21.

Fig. 44

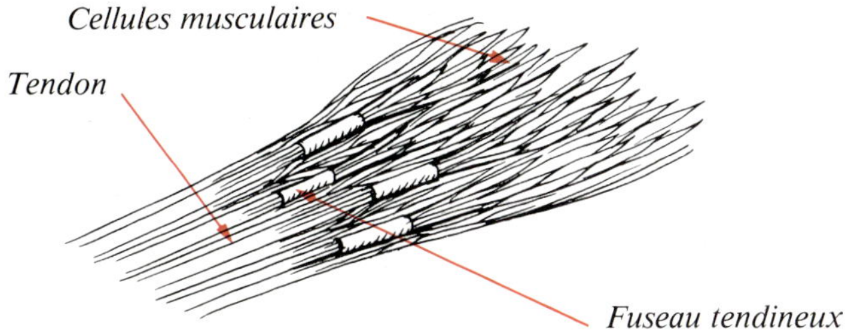

Les *appareils tendineux de Golgi* donnent des informations au système nerveux central (CNS) sur la tension actuelle du muscle. Si la tension est trop forte (il y a risque de rupture) une impulsion se produit des appareils tendineux de Golgi jusqu'au CNS et retourne au muscle. L'impulsion empêche le muscle de se contracter (plus). Cette impulsion s'appelle impulsion inhibitrice. Le muscle se relâche alors et la contraction s'arrête.

Si un sauteur en longueur surestime son saut, la tension du mollet peut alors être trop forte. La raison peut en être d'une part des forces externes et d'autre part la limite de la volonté des mollets de se contracter. Le muscle « débraye » et le sauteur sprinte droit sans sauter, bien qu'il en ait la volonté.

Les fuseaux neuro-musculaires et les appareils tendineux de Golgi font entièrement partie du mécanisme de défense du corps. Du fait qu'ils fonctionnent avec une grande indépendance, le risque de blessures est augmenté. C'est spécialement le cas du sportif fatigué ou insuffisament échauffé, car les signaux des réflexes de protection agissent plus lentement que chez un sujet reposé.

L'unité motrice

Pour pouvoir apprécier la valeur des différents exercices de musculation, on doit connaître ce qui suit : un muscle se compose d'un très grand nombre de cellules musculaires. Ces cellules se raccordent à ce que l'on appelle des unités motrices. Une unité motrice dépend d'une cellule nerveuse, qui est en communication avec le cerveau. Dans l'autre sens, une unité motrice se divise en un certain nombre de branches plus fines, chacune de ces branches va à une seule cellule musculaire. Si peu de cellules musculaires composent les unités motrices qui appartiennent à un muscle, on dit que le muscle a une motricité fine. Si un grand nombre de cellules composent les unités motrices d'un autre muscle, on dit que ce muscle a une motricité rudimentaire. Dans les muscles moteurs de l'œil, les unités motrices se composent de 5 à 10 cellules. Par contre les muscles fessiers ont (voir p. 31) quelques milliers de cellules par unité motrice.

Fig. 45

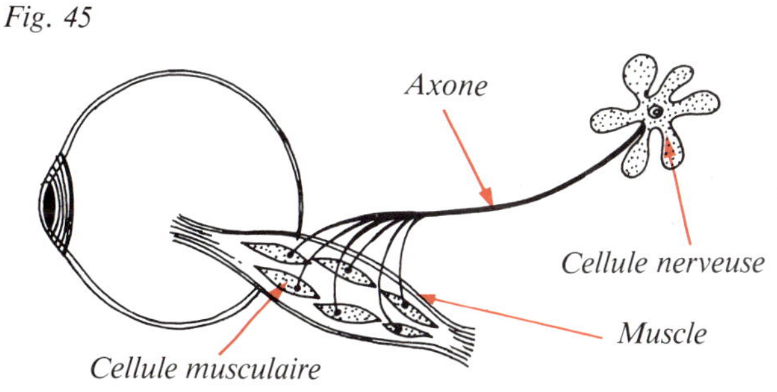

Lorsque une unité motrice commence à fonctionner, les cellules qui la composent se contractent avec une force maximale. Si le muscle doit se contracter avec une certaine intensité, un certain nombre d'unités motrices rentrent en action. Si l'on doit augmenter la force de contraction, d'autres unités motrices viennent s'ajouter aux précédentes. Ce sont toujours les mêmes unités motrices qui rentrent en action les premières pour les faibles charges et ce sont toujours les mêmes unités motrices qui entrent en action les precharge augmente.

Ce sont encore et toujours les mêmes unités motrices qui entrent en action en dernier pour une charge optimale. Si l'on ne s'entraîne qu'avec de faibles charges, seules les cellules qui entrent en action les premières, dans les unités motrices seront entraînées. Si l'on veut entraîner entièrement un muscle, on doit le soumettre à *une charge maximale*.

On sait qu'il y a deux différents types de cellules musculaires. Celles que l'on appelle cellules lentes (type I) et celles que l'on appelle cellules rapides (type II). Les cellules lentes se caractérisent par le fait qu'elles puisent leur énergie dans l'oxygène du sang. Les cellules rapides obtiennent principalement leur énergie dans les réserves énergétiques du muscle (glucose) qui peuvent se transformer en énergie mécanique sans présence d'oxygène. Le sous-produit de cette transformation s'appelle l'acide lactique. Chaque personne a une répartition différente de ces cellules. Le plus courant est lorsque l'on a 50 % de fibres de type I et 50 % de fibres de type II. Il y a toutefois de grandes variations d'un individu à l'autre. Chaque muscle du corps a en plus une répartition différente de chaque type de fibre. Ces dernières années, on a montré que l'on peut diviser les cellules de type II en deux sous-types : le type II a ainsi que le type IIb. Le type IIa peut, par un entraînement particulier changer son caractère et devenir plus proche des cellules du type I, c'est-à-dire s'alimenter en énergie par l'oxygène et de ce fait devenir plus endurantes. Pour un travail de force, dans un muscle, il a été démontré que les cellules de type I entrent en action les premières suivies de celles de type IIa et en dernier de celles de type IIb. Pour les travaux nécessitant une faible force, seules les cellules de type I sont sollicitées. La cellule de type I se caractérise par une bonne endurance mais avec une faible force.

La cellule de type IIb se caractérise par une grande force pendant un temps très court. La cellule de type IIa réunit les meilleures qualités des deux autres types ; c'est-à-dire une grande force et une bonne endurance.

Fig. 46

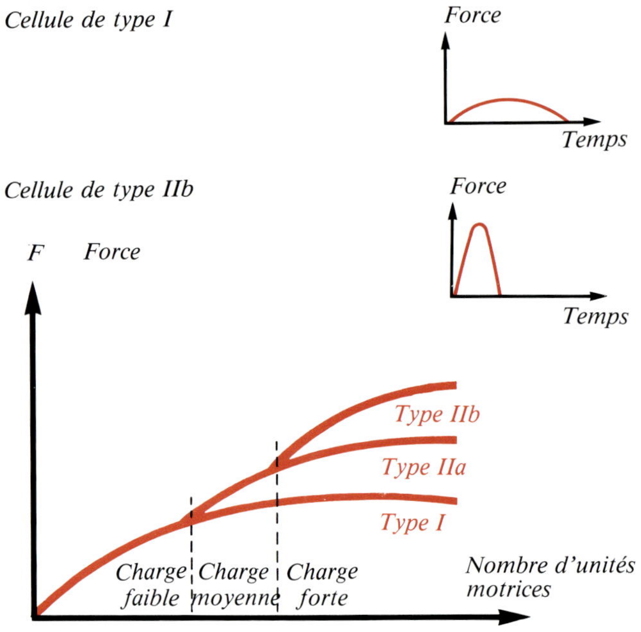

La connaissance de ce qui précède est d'un grand intérêt lorsque l'on veut s'entraîner dans un sport particulier. On doit bien avoir les idées claires, la désignation lente ne signifie pas que la cellule musculaire agisse si lentement qu'elle ne participe pas aux mouvements des activités sportives. Les mouvements « rapides » dans l'activité sportive du type du frappé du golf, du smash du tennis, sont des mouvements très lents si on les compare avec la vitesse de contraction des cellules de type I.

D. Entraînement de la mobilité

Etirements et différents types de stretching

Afin de pouvoir conserver la mobilité naturelle des articulations du corps et d'éviter les risques de lésions dans les activités sportives, une séance d'entraînement doit toujours contenir des exercices de mobilité adaptés et bien faits. Un muscle qui est entraîné uniquement en force se raccourcit, il provoque de ce fait un raccourcissement du trajet de travail du muscle ce qui, en pratique, réduit les possibilités d'utiliser l'augmentation des ressources en puissance. Les exercices visant à tonifier un groupe musculaire doivent toujours être suivis d'exercices de mobilisation (exercices de mise en tension) pour ce même groupe musculaire. L'expression « mise en tension » (étirement) peut être utilisée à la place du mot anglais stretching. Par étirements répétés, on entend le plus souvent des balancements rythmiques d'une jambe ou d'un bras jusqu'à une position extrême. Ces *étirements balistiques* n'ont rien à voir avec la mise en tension des muscles. Les étirements ont été utilisés et *seront* utilisés pour les échauffements et l'assouplissement. Les *exercices de mise en tension* ont pour but d'augmenter rapidement la longueur des muscles d'un groupe musculaire et par là l'amplitude de la mobilité articulaire. Les deux méthodes — traction balistique et exercices de mise en tension — peuvent être utilisées pour favoriser la mobilité en général.

Fig. 47

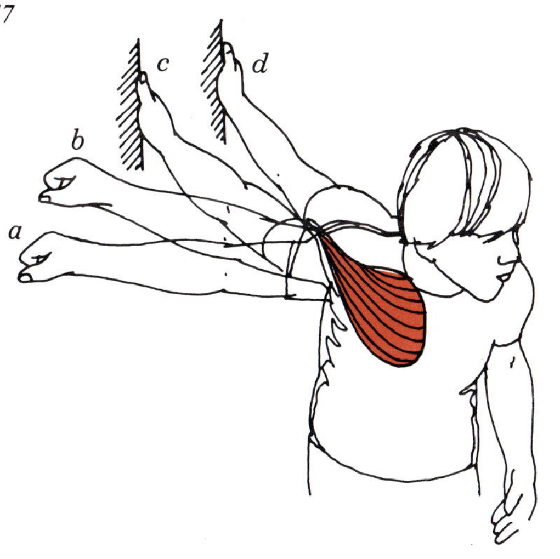

Supposons que nous voulions augmenter l'amplitude de la mobilité du bras afin de pouvoir emmener le bras aussi loin en arrière que possible (nageurs, lanceurs, gymnastes).

a) Si l'on amène rapidement le bras en arrière, on atteindra la position a. Les muscles arrière de l'épaule donnent la vitesse de mouvement au bras, mais le bras est freiné avant d'atteindre la position extrême. Le freinage se produit grâce à l'intervention des fuseaux neuro-musculaires des muscles précités, sur l'articulation de l'épaule, qui envoient un signal d'alerte au CNS, lequel à son tour envoie des signaux de contraction aux muscles, afin que le bras ne subisse pas la déchirure de quelques cellules musculaires. Au lieu d'être obligés à se tendre aussi, les muscles antérieurs de l'articulation se contractent afin de se protéger. Ce type de traction donne probablement de la force excentrique mais n'est absolument pas un entraînement de la souplesse. Si l'on exécute les tractions avec une force optimale et sans être échauffé, le risque de fines déchirures apparaît. Les *légères* tractions sont une bonne forme d'échauffement pour les muscles.

b) Si l'on fait, à la place, une lente traction du bras vers l'arrière aussi loin que possible, on arrivera en général plus loin que dans l'exemple précédent. La longueur, cette fois, dépend de la souplesse des muscles et de l'articulation (muscles antérieurs) et de la force avec laquelle les muscles postérieurs tirent sur l'articulation. Cette méthode s'appelle étirement actif ou (stretching actif). On travaille activement avec les muscles antagonistes (les muscles qui se trouvent de l'autre côté de l'articulation) sur les muscles que l'on veut tendre. On essaie de décontracter le plus possible les muscles qui seront tendus.

c) Par *étirement passif,* on entend l'utilisation de forces extérieures (d'autres forces que la propre force des muscles postérieurs de l'articulation) pour amener le bras en arrière. On peut, par exemple, utiliser un aide. On peut aussi en appuyant la main contre un mur exercer une pression sur le bras avec l'aide des jambes. En utilisant l'étirement passif, on arrive toujours plus loin qu'avec la tension active.

d) La meilleure méthode pour atteindre une position extrême est d'abord de faire un étirement passif (c) (les muscles que l'on doit étirer doivent être aussi décontractés que possible). Ensuite, on essaie pendant quelques secondes (6 sec.) de contracter le groupe musculaire pendant que des forces extérieures (un aide, la jambe, le mur) suppriment tout mouvement à l'articulation. Les muscles se contractent statiquement, ce qui fait que le corps charnu se raccourcit quelque peu tandis que les fibres de collagène des tendons se tendent aussi quelque peu.

Fig. 48

On relâche ensuite quelques secondes (2 à 4 sec.), on peut ensuite atteindre une position extrême plus éloignée par une mise en tension passive. La méthode qui par une contraction augmente la faculté de tendre beaucoup plus un muscle s'appelle *méthode PNF* (Proprioceptive Neromuscular Faciliterring). La méthode PNF est utilisée par les kinésithérapeutes lorsqu'ils doivent rééduquer un muscle blessé pour lui redonner sa longueur initiale. La méthode s'appelle également « contraction - relâchement - étirement ». La contraction fait que les récepteurs tendineux de Golgi sont sollicités pour produire un relâchement après l'envoi des signaux inhibiteurs au muscle. On peut tout le temps se trouver près de la position extrême et les mouvements éventuels devront être lents pour empêcher les fuseaux neuro-musculaires d'envoyer les signaux de contraction vers le muscle.

Fig. 49

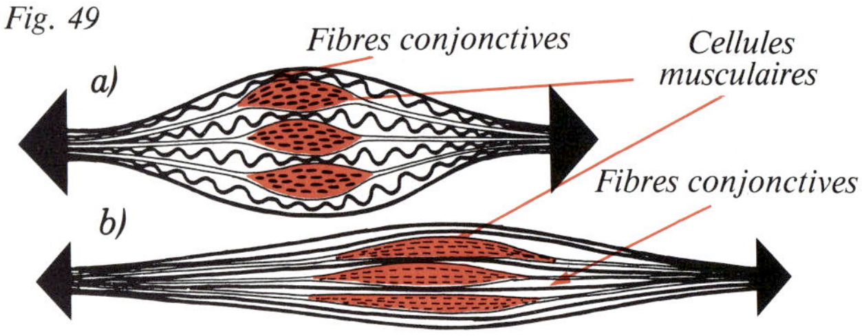

La figure 49 a montre ce qui se passe lorsque l'on essaie d'étirer un muscle qui est raccourci (contracté). La force externe agit alors seulement sur les cellules musculaires et il peut en résulter alors de légères déchirures musculaires.

La figure 49 b montre que si le muscle est décontracté, on étire également les fibres de tissu conjonctif réparties à l'intérieur du muscle. Le tissu conjonctif est insensible et résistant aux contraintes rapides (coups, tractions répétées) mais se relâche peu à peu sous l'effet de contraintes progressives et prolongées (garder la position extrême, en ayant le muscle relâché, pendant 30 sec. environ).

Exemple d'entraînement de la mobilité

L'exemple ci-dessous décrit comment l'on doit étirer de manière efficace un groupe musculaire c'est-à-dire accroître la mobilité d'une articulation.

Fig. 50

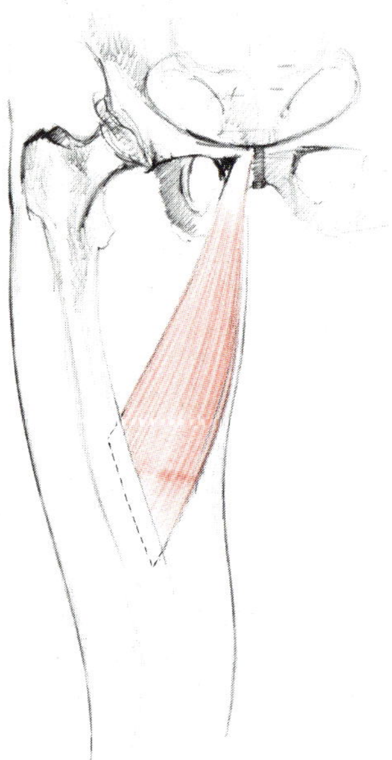

Une bonne mobilité de l'articulation de la hanche est d'une grande importance pour presque tous les pratiquants sportifs. Le groupe musculaire de l'aine (adducteurs) est facilement blessé ce qui empêche tout mouvement type efficace. Ces muscles ont leurs insertions sur les parties antérieure et postérieure du publis et s'attachent sur la partie postérieure du fémur (voir p. 32). Si l'on s'asseoit en tailleur, les plantes de pieds l'une contre l'autre et aussi près que possible du corps, la longueur des muscles de l'aine sera décisive pour savoir jusqu'à quelle distance du sol on pourra amener les genoux.

Fig. 51

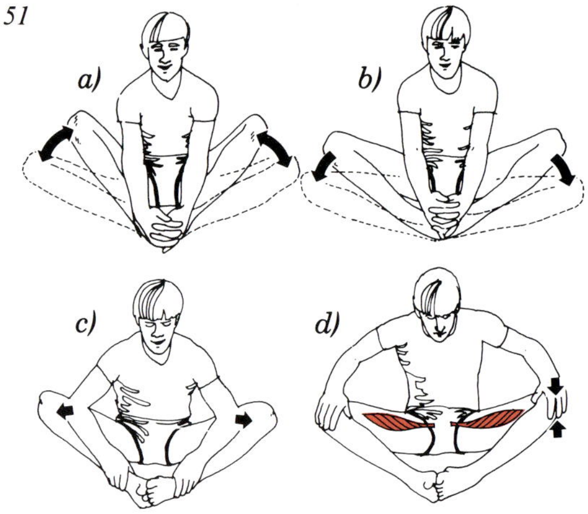

S'asseoir en balançant les genoux de haut en bas correspond à la méthode a (p. 21). Descendre les genoux à l'aide des muscles externes des hanches (abducteurs) correspond à la méthode b : étirement actif des muscles de l'aine. Appuyer les genoux au sol à l'aide des mains correspond à la méthode c, c'est-à-dire étirement passif des muscles de l'aine. Appuyer à l'aide des mains, sur les genoux avec contre résistance de ceux-ci pendant 6 sec., en relâchant 2 sec. et en appuyant encore 10 sec. avec les mains, presser jusqu'à une position extrême une fois (6 sec.), relâcher (2 sec.). Avant de terminer, appuyer avec les mains (10 sec.) sur les muscles de l'aine relâchés, c'est la méthode la plus efficace c'est-à-dire la méthode PNF (méthode d - p. 21). On tend le *Droit antérieur* (M rectus fémoris - p. 38) conformément à la méthode PNF de la manière suivante : saisissez le pied avec la main. Pliez au maximum le genou et essayez de redresser au niveau de la hanche. Essayez ensuite d'allonger la jambe en maintenant la prise de main sur le pied (6 sec.) (le muscle de la cuisse se contractera statiquement).

Fig. 52

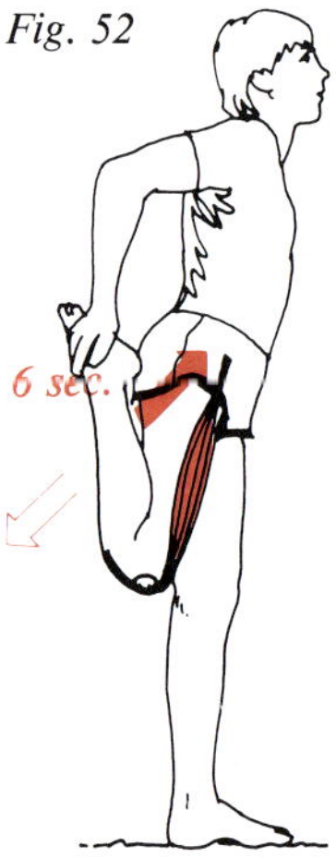

Relâchez ensuite (2 sec.). Puis tendez lentement en appuyant avec la main (10 sec.). Répétez l'exercice plusieurs fois. On a ainsi constaté une baisse radicale du nombre de lésions musculaires en incluant régulièrement un entraînement. Un exercice correct de la méthode PNF dure environ 20 sec. Un joueur de football doit travailler 5 groupes musculaires différents avec 3 répétitions par groupe pour avoir une bonne efficacité soit : 20.5.3 = 300 sec., çà ne prend pas plus de 5 min. par entraînement.

Beaucoup d'entraîneurs prétendent ne pas avoir le temps de s'adonner à l'entraînement à la mobilité. Une meilleure connaissance de la manière de pratiquer cet entraînement et le bénéfice que l'on en retire devraient faire évoluer de tels raisonnements. En plus, les entraîneurs pourront s'informer sur les insertions et attaches musculaires, la fonction des muscles, les positions adéquates de stretching que l'on montre avec des dessins pour chaque partie du corps, ainsi que les désignations anatomiques de ces dernières (par exemple pour la hanche p. 36).

E. Entraînement de la musculature

On distingue différents types de forces.

Fig. 53

— Force statique maximale
— Résistance statique

— Force dynamique maximale
— Résistance dynamique

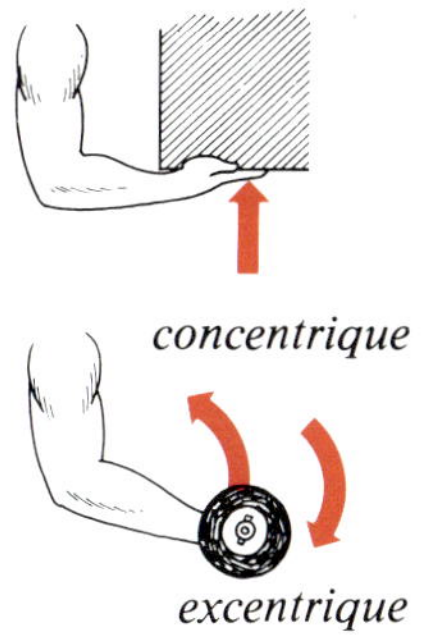

La force dynamique se divise, de plus, en force concentrique et en force excentrique (p. 17). La plupart des cellules de notre corps a la faculté de pouvoir se multiplier. Ceci correspond aux cellules des muscles striés. Leur nombre dans le corps dépend en grande partie de notre héritage génétique. Par la musculation, on n'augmente pas le nombre de cellules musculaires mais on augmente le nombre de filaments d'actine et de myosine qui rentrent en action dans le processus de la contraction musculaire. Les cellules musculaires, comme la plupart des cellules du corps, suivent le principe de la surcompensation. Conformément à ce principe, l'entraînement détruit une partie des structures utilisées mais le corps réagit en fabricant de nouvelle matière qui en grande partie dépasse la matière détruite. Un entraînement rationnel exige que l'on ne commence la phase suivante d'entraînement qu'au moment où la surcompensation a atteint son maximum. Les repos trop courts entre les entraînements ou les phases d'entraînement trop dures sans récupération adéquate font que l'on ne parvient pas à atteindre le niveau précédent. Il se

Fig. 54

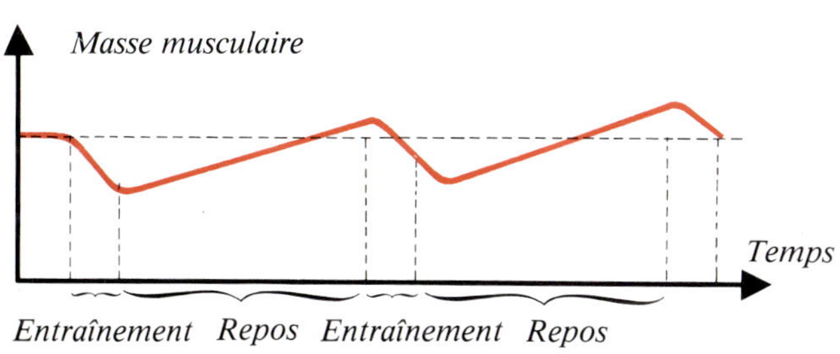

produit alors un processus lent d'usure dans le corps, « être surentraîné ». En règle générale, on peut dire que la récupération est entière après 24-48 h environ (pour un entraînement très intensif, 72 h environ). On doit donc pouvoir s'entraîner 3 fois par semaine relativement dur pour augmenter rapidement la force. Une baisse appréciable de la force fait son apparition après 5 à 6 jours sans entraînement. Il suffit d'un entraînement par semaine environ pour pouvoir maintenir la force, que l'on a. Comme il est dit précédemment, avant et pendant la puberté, la force doit être entraînée en utilisant uniquement le poids de son propre corps comme charge.

Les enfants au-dessous de 11-12 ans ont des difficultés à exécuter des mouvements compliqués, c'est pourquoi les exercices de coordination contraignants doivent être évités. L'entraînement avec des poids légers peut avoir pour but de familiariser les jeunes à l'emploi des appareils et à la technique de leur utilisation. Avec l'expérience de ce qui se passe dans les unités motrices (p. 19), on doit entraîner la force en utilisant de lourdes charges (toutes les unités motrices doivent être activées). Comme repaire, on peut dire que le poids maximum doit être 80 à 95 % de ce que l'on peut soulever au maximum. On améliore alors sa capacité à exécuter un travail dynamique maximal. Si l'on veut améliorer sa résistance dynamique, on doit travailler avec des poids qui nécessitent entre 25 et 50 % de sa capacité maximale.

L'entraînement de résistance a comme effet de réduire non seulement la force optimale mais encore la rapidité des groupes musculaires en question. L'entraînement de la rapidité doit se faire avec des charges comprises entre 50 et 80 % de la capacité maximale. On différencie les cellules musculaires en deux types principaux les blanches et les rouges (voir p. 20). Les cellules musculaires blanches sont appelées également cellules musculaires rapides (type II). Les cellules musculaires rouges sont appelées également cellules musculaires lentes (type I). Les cellules musculaires blanches contiennent beaucoup de filaments d'actine et de myosine (voir p. 13). Les cellules musculaires rouges contiennent relativement peu de filaments d'actine et de myosine, mais ont plus d'aptitude pour répondre à la dépense énergétique du muscle. Cette situation fait qu'une cellule musculaire blanche est puissante et rapide mais se fatigue vite. Par contre, une cellule musculaire rouge se caractérise avant tout par sa résistance. Un muscle du corps contient à la fois des fibres rouges et blanches. L'assemblage dépend de l'héritage génétique, mais il peut en partie « évoluer » par un entraînement spécifique. Chaque sport nécessite un type différent de force et l'on doit être attentif au choix des exercices. Lorsqu'on décrit le fonctionnement de l'entraînement de musculation, une série se compose d'un certain mouvement qui est exécuté et répété un certain nombre de fois. Une série peut se composer de 6 mouvements identiques et répétitifs.

(Différentes recherches scientifiques ont montré justement que 6 répétitions produisent une augmentation de la force très rapide.)

Plusieurs répétitions avec de faibles charges favorisent l'endurance. Des répétitions moins fréquentes avec de lourdes charges développent la force maximale. Si, par exemple, on veut développer le grand pectoral (p. 61), on doit choisir un poids qui permette (avec une légère flexion du bras pour ne pas fatiguer le coude) 6 flexions et 6 extensions avec un repos de 2 à 3 min. entre chaque série. Pendant la phase de repos, on peut faire un exercice différent avec d'autres muscles tels que les extenseurs du genou par exemple. L'exercice du grand pectoral est ensuite repris et l'on fait une nouvelle série de 6 répétitions. Une phase d'entraînement de 5 séries de 6 comprendra ainsi en tout 30 élévations avec 5 pauses de 2 à 3 min. entre chaque série (de 6 mouvements).

Fig. 55

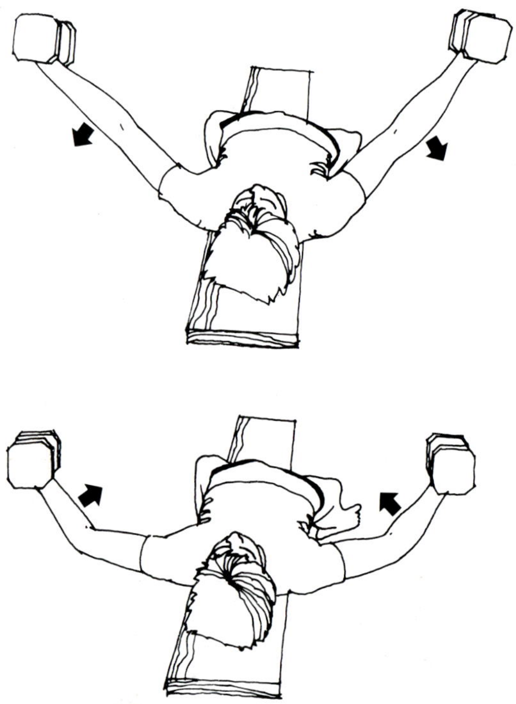

Le poids pour cet exercice peut varier en fonction de la flexion des bras (voir le chapitre sur la loi des leviers p. 25). On remarque qu'un muscle est plus puissant de façon excentrique que de façon concentrique car il est plus facile de descendre lentement un poids que de le monter lentement.

Le tableau ci-dessous montre comment l'on peut doser approximativement la charge et la fréquence pour chaque type de force. Les différents types d'exercices sont décrits à la fin de chacun des chapitres de l'anatomie du corps (par exemple l'articulation du genou p. 39).

Quand on veut effectuer un entraînement en force excentrique, on doit baisser les poids avec les bras presque tendus et les remonter avec les bras un peu pliés.

Une courbe expérimentale montre le nombre approximatif de répétitions possibles pour un mouvement. Une condition est nécessaire : choisir une charge inférieure (en pourcentage ci-dessous) à la capacité maximale.

Fig. 56

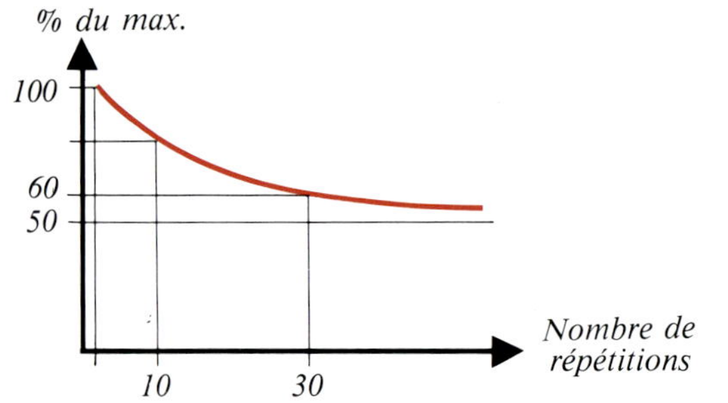

Une autre courbe (courbe de Rhomert) montre le temps pendant lequel une contraction isométrique inférieure à la force maximale isométrique peut être effectuée par un groupe musculaire.

Fig. 57

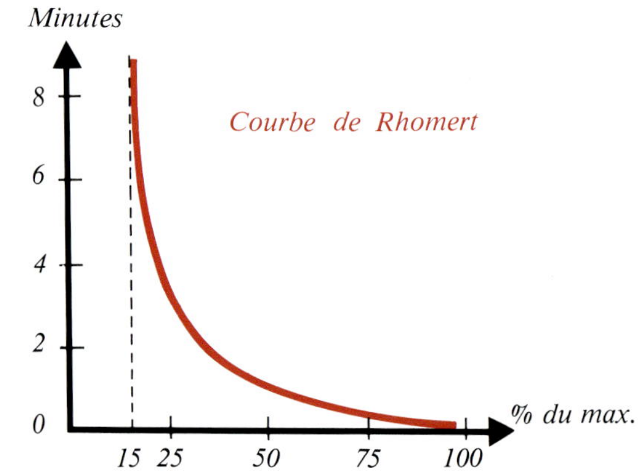

Une méthode d'entraînement, dite entraînement « en pyramide » augmente rapidement la force musculaire. On augmente la charge, à chaque série, et l'on diminue le nombre de répétitions jusqu'à ce que le dernier consiste en un seul mouvement de force maximale.

Série 1 6 rép. à 70 %
Série 2 5 — à 75 %
Série 3 4 — à 80 %
Série 4 3 — à 85 %
Série 5 2 — à 90 %
Série 6 1 — à 95-100 %

Il faut signaler que la force musculaire du muscle augmente plus rapidement que celle des tendons, ligaments et des cartilages. Un entraînement trop intensif peut, pour cela, provoquer des lésions des insertions musculaires et des articulations.

	Endurance	*Vitesse*	*Force maximale*
% av max.	*25-50%*	*50-80 %*	*80 100 %*
Nb. de rép.	*plus de 40*	*environ 10*	*de 1 à 6*
Nb. de série	*5*	*4*	*3*

Chapitre II

RÈGLES MÉCANIQUES FONDAMENTALES

Pour comprendre la constitution du squelette et l'action des muscles sur les différents segments du corps, on doit connaître la nature des forces (en présence) et avoir la notion de ce qu'est un moment cinétique.

On représente, une force par une flèche qui indique à la fois son importance et sa direction. On désigne la force par la lettre F.

Fig. 58

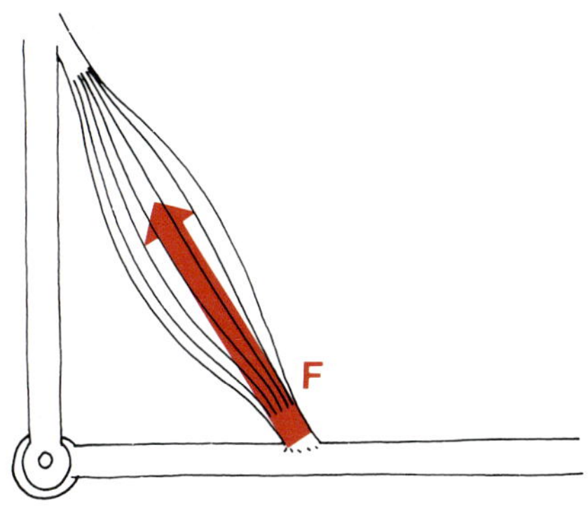

Si un corps pèse 5 kg, on dit que l'attraction terrestre qui s'exerce est de 5 kilos-poids (5 kg) ou de 50 Newton (50 N).

Fig. 59

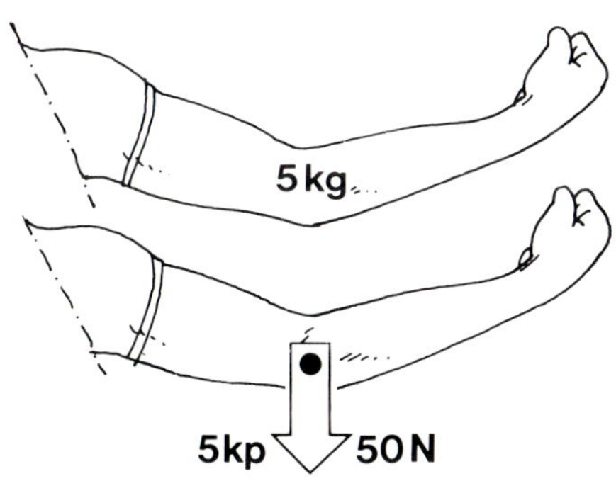

La correspondance exacte entre ces différentes unités est 1 kp = 9,81 N mais en pratique on a l'habitude de dire 1 kg = 10 N. Si l'on tient à la main un hectogramme, on a ainsi la sensation d'une force d'1 N (1 N = 1 Newton).

Fig. 60

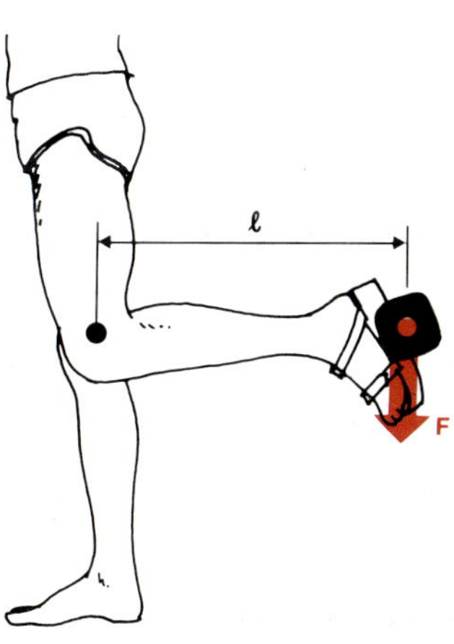

Si une force agit à une certaine distance (ℓ) d'un point, on dit que cette force exerce un moment par rapport au point. Le moment cinétique représenté par la lettre M se calcule en multipliant la force (F) par la longueur du bras de levier (ℓ) × M = F × ℓ.

La valeur du moment cinétique indique l'importance de la contrainte subie par le sujet. Le moment cinétique est par conséquent un nombre qui représente deux choses en une, à savoir que la même force peut agir de façon variable en fonction de l'endroit où elle s'applique.

Une même force exerce un certain moment dans l'exemple 1, un plus grand moment dans l'exemple 2, et un encore plus grand dans l'exemple 3.

Supposons que la force est de 50 N que ℓ_1 = 0,20 m que ℓ_2 = 0,30 m et que ℓ_3 = 0,50 m. Le moment cinétique sera (rappelons-le) M = F × ℓ.

Fig. 61

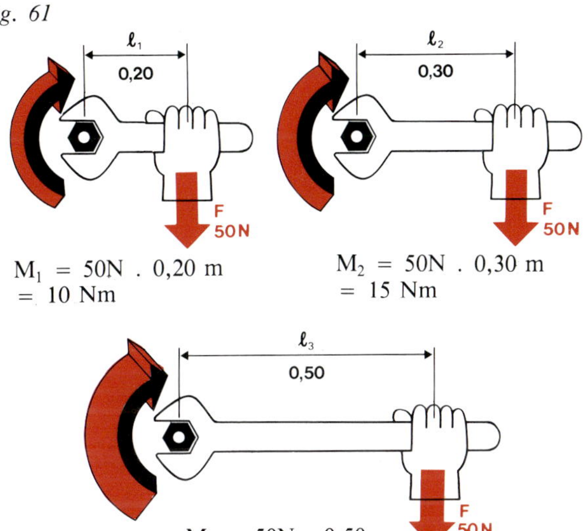

M_1 = 50N . 0,20 m
= 10 Nm

M_2 = 50N . 0,30 m
= 15 Nm

M_3 = 50N . 0,50 m
= 25 Nm

Les nombres 10, 15 et 25 donnent les valeurs des forces qui vont s'exercer sur la poignée de la clef. Le moment de 25 Nm peut être obtenu de différentes façons. Par exemple, en tirant 100 N avec un bras de levier égal à la moitié de celui de l'exemple 3, on aura M_4 = 100 N × 0,25 = 25 Nm.

Fig. 62

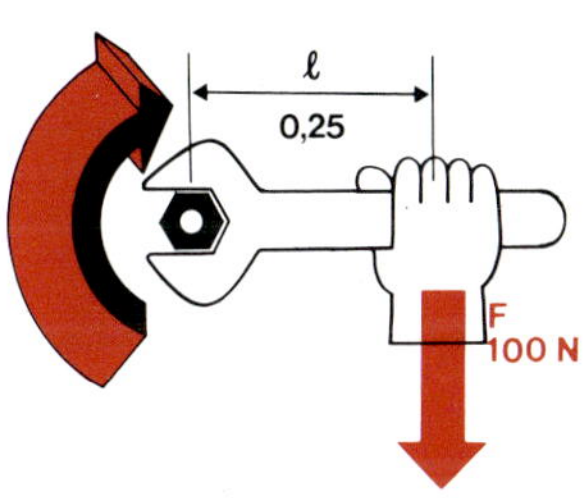

Ex. 5. Si on place un poids de 5 kg à 2 m de l'axe d'une balance on aura M = 50 × 2 = 100 Nm.

Fig. 63

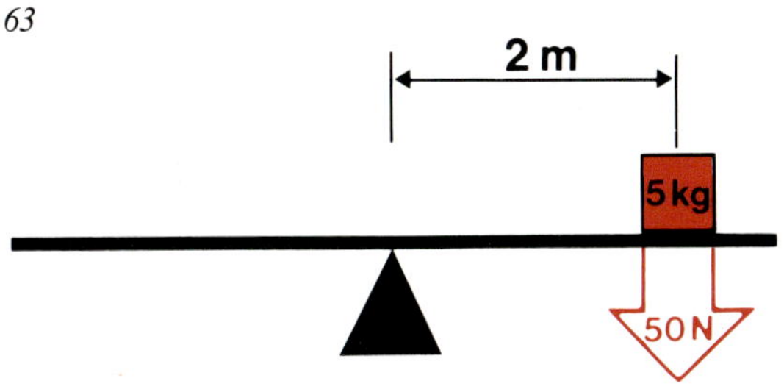

Ex. 6. Le moment cinétique 100 Nm peut aussi être obtenu en plaçant 10 kg à 1 m de l'axe. M = 100 × 1 = 100 Nm.

Fig. 64 ex 6

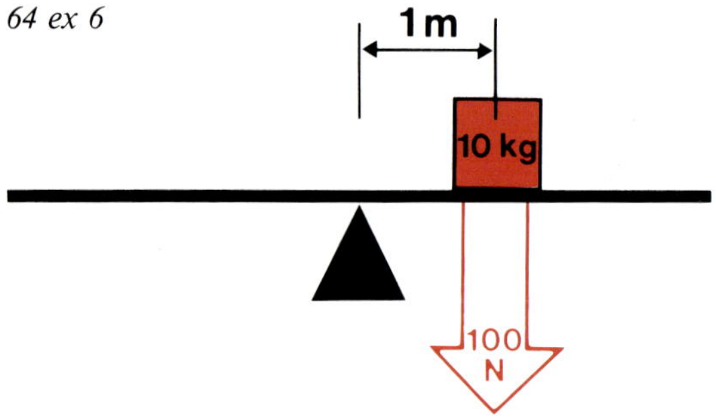

Ex. 7. Si l'on place les poids de chaque côté de l'axe de la balance, l'équilibre est assuré. On dit que les moments du couple s'annulent (principe de la balance) 100 × 1 = 50 × 2. Un raisonnement identique peut s'appliquer à tous les muscles.

Fig. 65 ex 7

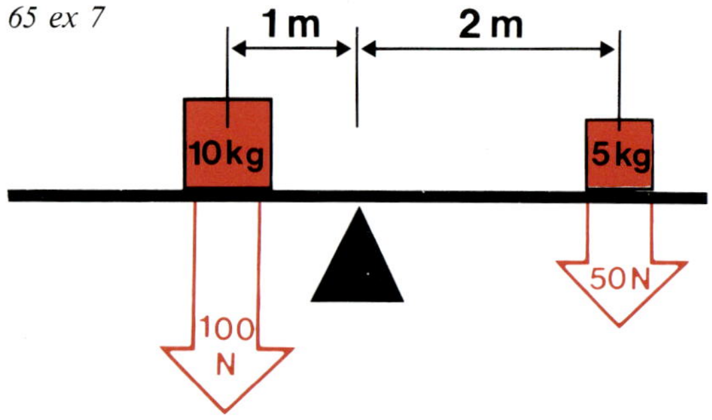

Ex. 8.
Fm = force musculaire
ℓM = longueur du bras de levier musculaire à partir de l'axe articulaire
F = force de gravité sur la boule
ℓ = distance (du point d'application de la force) à l'axe de l'articulation.

Fig. 66 ex 8

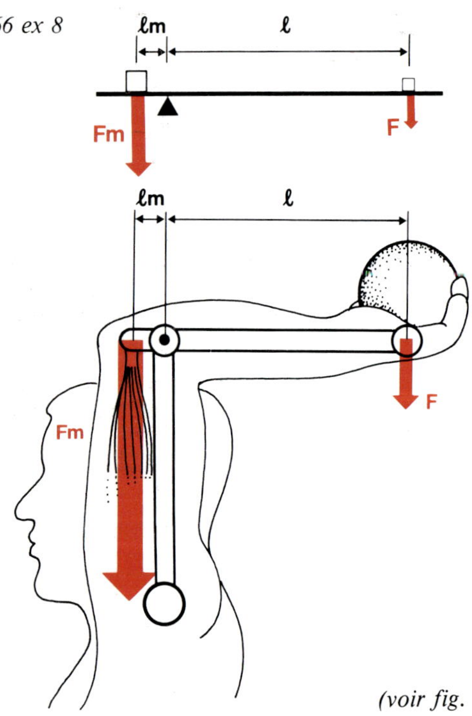

(voir fig. 26 a, b).

On peut comparer l'articulation du coude à une balance où la force extérieure F agit d'un côté et la force intérieure Fm de l'autre. Le bras reste immobile si $F_m \times \ell_m = F \times \ell$.

Ex. 9. Le poids d'équilibre est $F_m \times \ell_m = F \times \ell$. Si $F_m \times \ell_m$ est supérieur, on s'élève (on s'élèvera encore plus haut sur la pointe des pieds). Si $F_m \times \ell_m$ est inférieur, on ne peut rester sans retomber. Les chiffres (ci-dessous) concernent une personne portant des haltères de 80 kg.

Fig. 67 ex 9

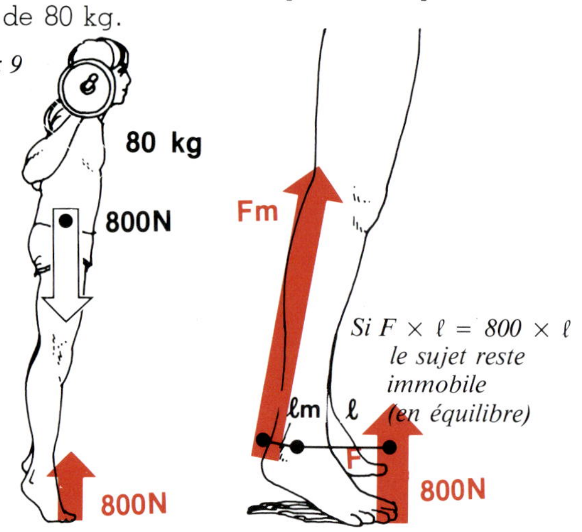

Ex. 10. Le poids du haut du corps (30 kg) est compensé par la force des muscles paravertébraux. Si le poids du haut du corps se trouve 3 fois plus loin en avant des vertèbres que les muscles paravertébraux qui eux sont en arrière de ces mêmes vertèbres, la force des muscles paravertébraux devra être 3 fois plus grande que la poids du haut du corps.

Fig. 68 ex 10

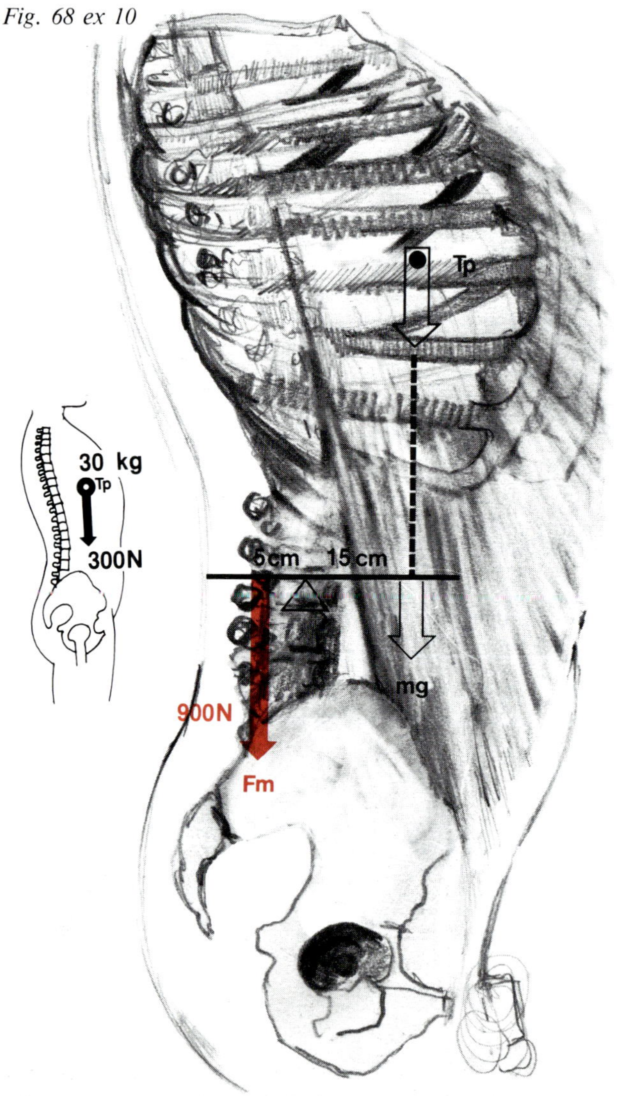

En général, la partie du corps concernée tourne du côté qui a le moment cinétique le plus grand.

Fig. 69 ex 11

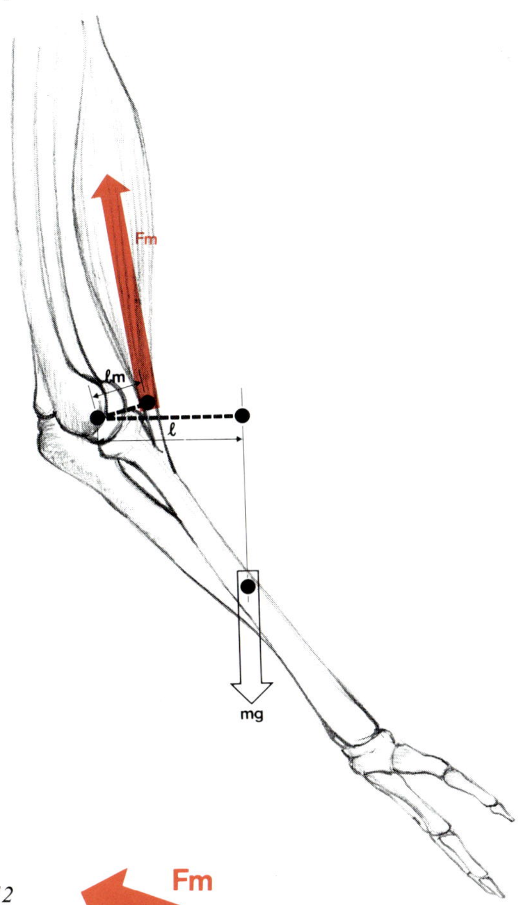

Fig. 72 ex 14

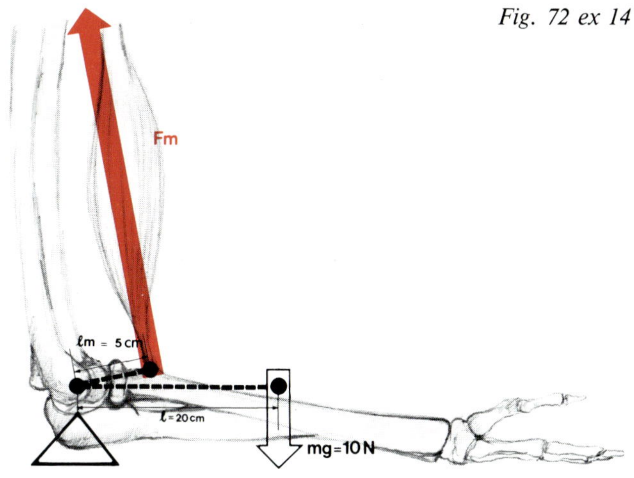

L'avant-bras, (1 kg) représente une force de 10 N. Si le centre de gravité est situé à 20 cm en avant de l'articulation le moment cinétique devient 10 × 20 Ncm. Si le muscle qui fléchit le coude s'attache à 5 cm de l'articulation il faudra $F_m \times 5 = 10 \times 20$ pour que le bras reste immobile. Les schémas montrent différents types d'articulation et la façon dont le corps peut contrarier ou favoriser les mouvements.

Fig. 70 ex 12

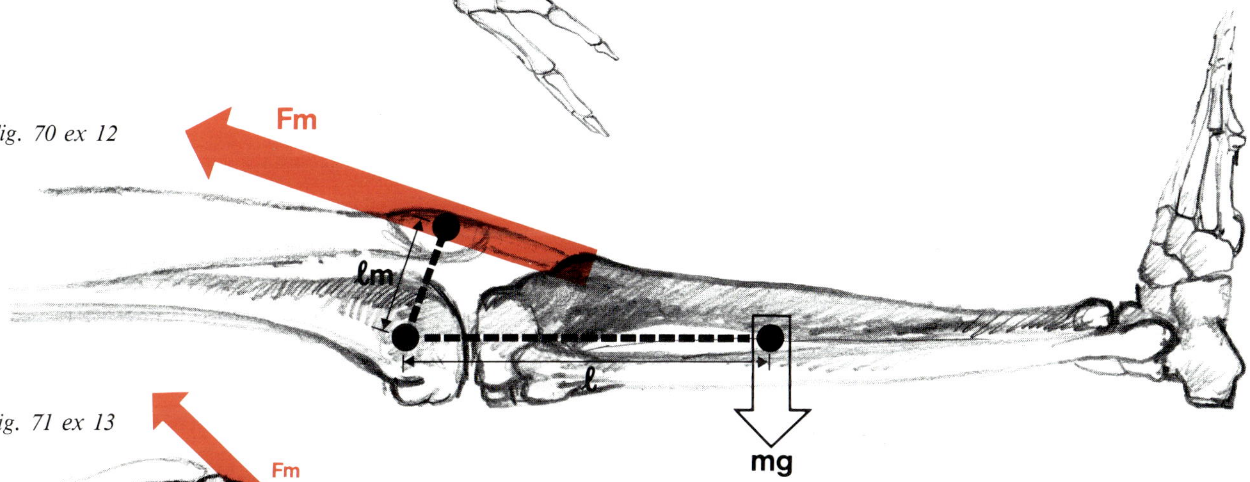

Fig. 71 ex 13

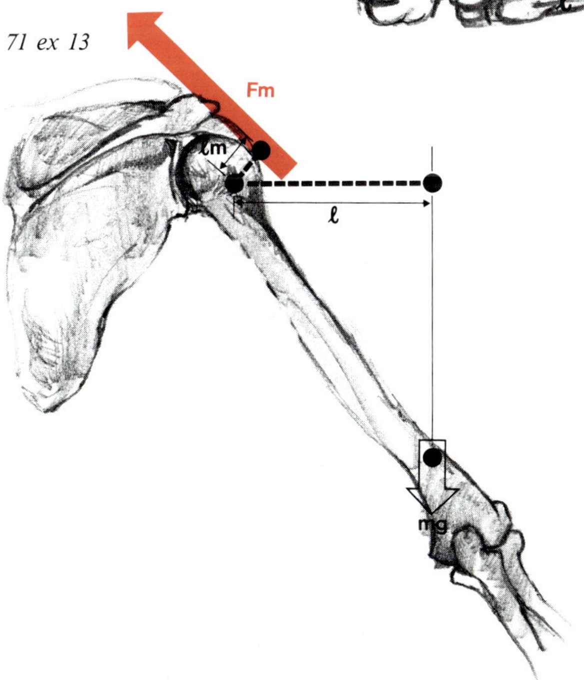

Si deux personnes A et B ont des insertions différentes des muscles fléchisseurs du bras, ces personnes auront des potentiels de force et de rapidité très différents.

Dans l'exemple 15, on suppose que pour A la longueur du bras de levier est de 4 cm quand le coude est fléchi à 90°.

Fig. 73 ex 15

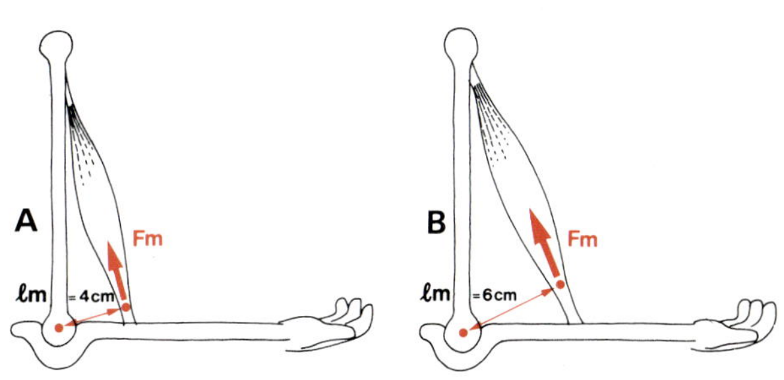

Les 3 exemples ci-dessus montrent des articulations où la charge et le muscle se trouvent du même côté de l'articulation mais travaillent dans des directions différentes (fig. 69-71). Pour les 3 figures $F_m \times \ell_m = mg \times \ell$.

Pour B, l'insertion est plus éloignée sur l'avant-bras : la distance entre l'articulation et la force de traction du muscle est de 6 cm, le coude étant à 90°. Si la force Fm du muscle est identique chez deux personnes, le moment chez B est plus grand de 50 % que chez A. *B est plus fort que A.*

Fig. 74. Si le muscle se raccourcit de 3 cm dans les deux cas, l'amplitude du déplacement est plus grande en A qu'en B. *A est plus rapide que B.*

Fig. 74

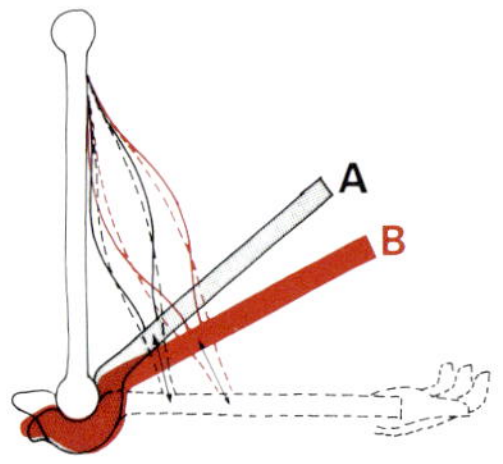

La capacité d'un muscle à augmenter sa force (F_m) peut être influencée dans certaines limites par l'entraînement. Les insertions musculaires sont congénitalement individuelles. Elles ne changent pas. En d'autres termes, l'aptitude à certaines activités plutôt qu'à d'autres est individuelle, au moins en ce qui concerne les prestations de très haut niveau.

Les forces qui s'exercent sur les tendons et les ligaments sont passives (1). On entend par cela que des forces extérieures (2) ou des muscles (3) leur donnent naissance.

En regardant un petit fragment d'un tendon, on comprend qu'il puisse être étiré. On peut indiquer par une flèche, l'une ou l'autre direction selon qu'il s'agisse de la traction musculaire ou de la résistance osseuse (1).

1 *Fig. 75*

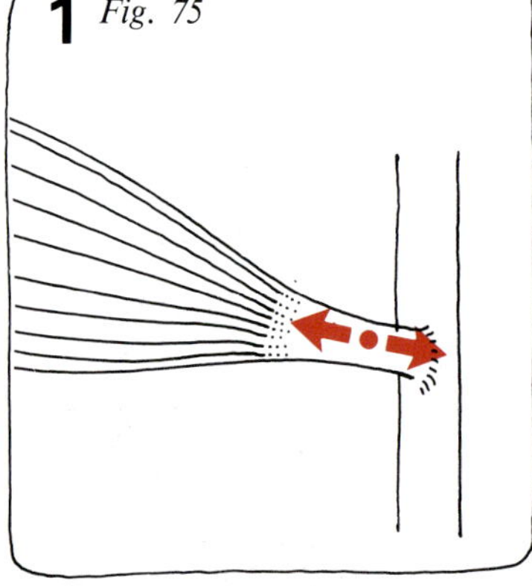

2 *Fig. 76*

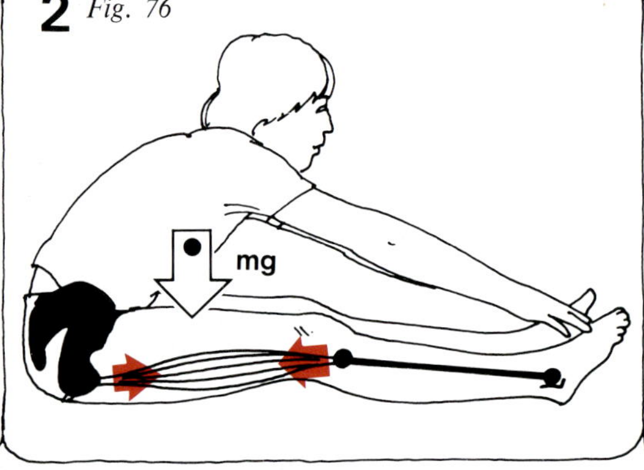

3 *Fig. 77*

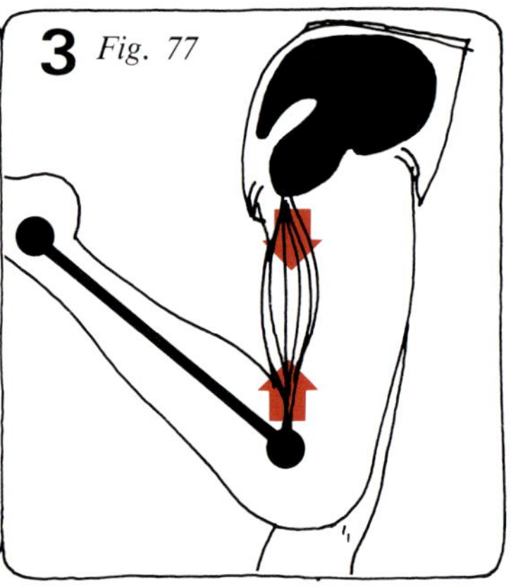

Fig. 78

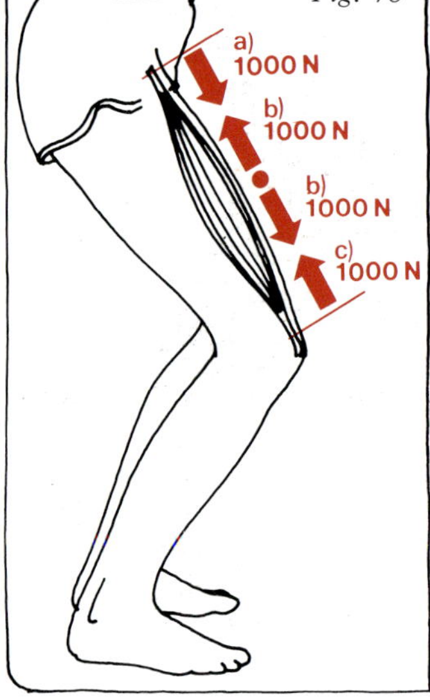

Fig. 79

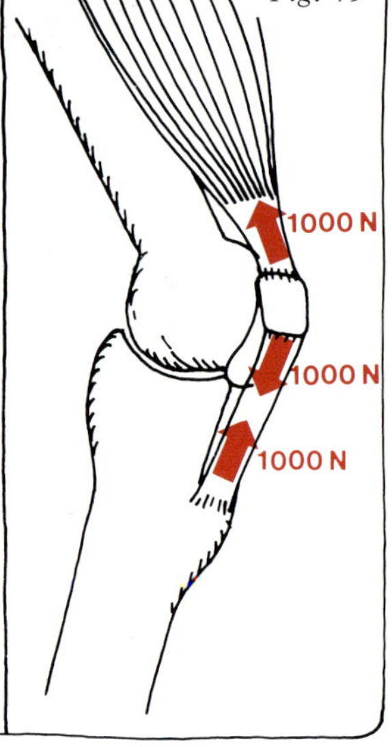

Supposons que l'on soit debout, les genoux légèrement pliés. Les muscles extenseurs du genou tirent avec une force de 1 000 N. La force agissant sur l'insertion est de 1 000 N a) dirigée vers le bas le long du fémur. Une force de 1 000 N c) sollicite la rotule, elle est dirigée vers le haut. Un point quelconque du tissu conjonctif quelque part dans le muscle sera étirée par une force de 1 000 N b). La tension sur le tendon entre la rotule et le tibia sera aussi environ 1 000 N. La force qui agit sur le sommet de la rotule, sur l'attache du tendon et un point quelconque du tendon, sera d'après la figure de 1 000 N. Les explications précédentes sur la façon de tracer et de calculer les forces musculaires à l'aide du principe de la balance seront utilisées dans le chapitre suivant sur la description du squelette humain.

Chapitre III

ANATOMIE ET FONCTION DU MEMBRE INFÉRIEUR

Afin de pouvoir analyser précisément les différents mouvements on doit d'abord étudier l'anatomie de l'appareil locomoteur. Nous étudierons les insertions des plus gros muscles ainsi que leurs fonctions. Nous regarderons aussi les aptitudes aux mouvements des articulations de même que leur limite.

A. La hanche

Parmi les muscles qui sont responsables des mouvements de l'articulation de la hanche, quelques-uns viennent de la colonne vertébrale et la plupart viennent du bassin. Parmi ceux-ci, quelques-uns iront jusqu'à l'articulation du genou. Nous devons faire connaissance avec la partie du squelette que l'on montre à la figure 80.

Fig. 80

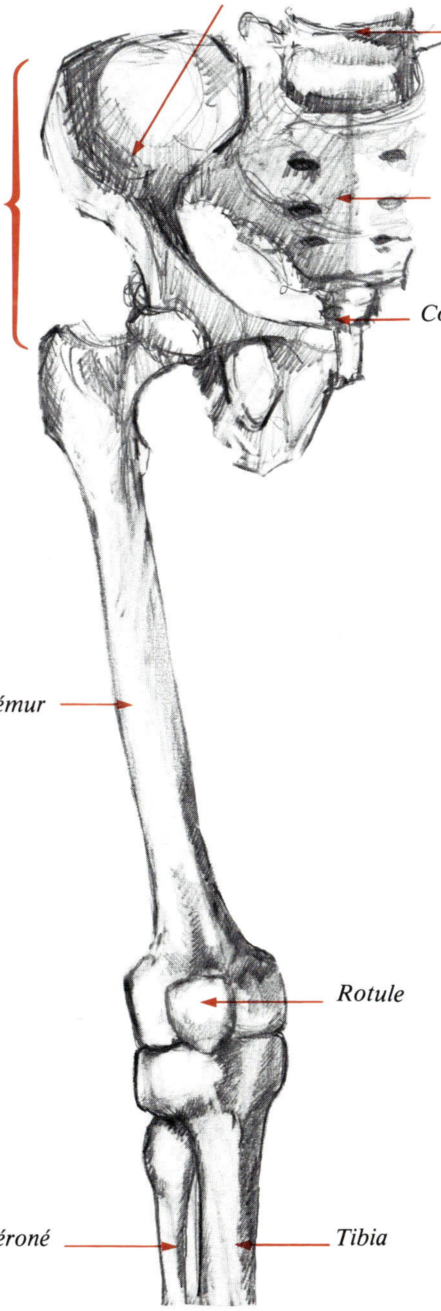

Le bassin (Pelvis) est le nom de l'ensemble qui forme les deux os iliaques et le sacrum. Le sacrum se compose de 5 vertèbres qui sont soudées chez les adultes et forment un gros os. 4 autres vertèbres soudées de la même manière forment le coccyx.

Fig. 81

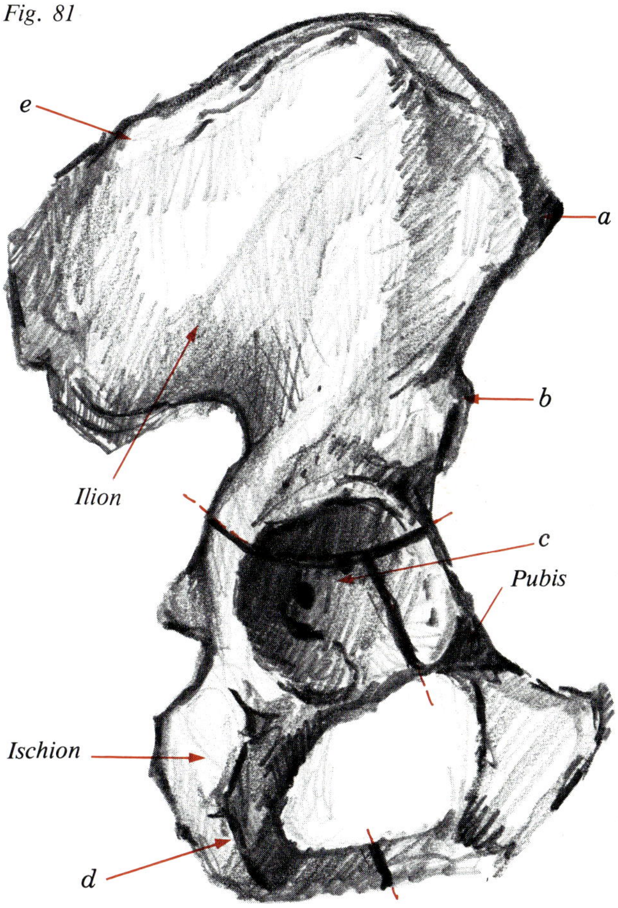

La hanche se compose de trois os qui forment l'axe de rotation et que l'on appelle :

1. L'ilion (os ilium).
2. L'ischion (os ischii).
3. Le pubis (os pubis).

Toutes les saillies, les creux etc..., ont des noms différents. Nous en citerons quelques-uns qui ont un rapport direct avec les principaux muscles :

a) aile supérieure de l'os iliaque (épine iliaque antéro-supérieure),
b) aile inférieure de l'os iliaque (épine iliaque antéro-inférieure),
c) cavité cotyloïde (acetabulum),
d) tubérosité ischiatique (tuber ischiadicum),
e) crête iliaque (crista iliaca),

Fig. 82

Fémur droit

Vue de face — *Vue arrière*

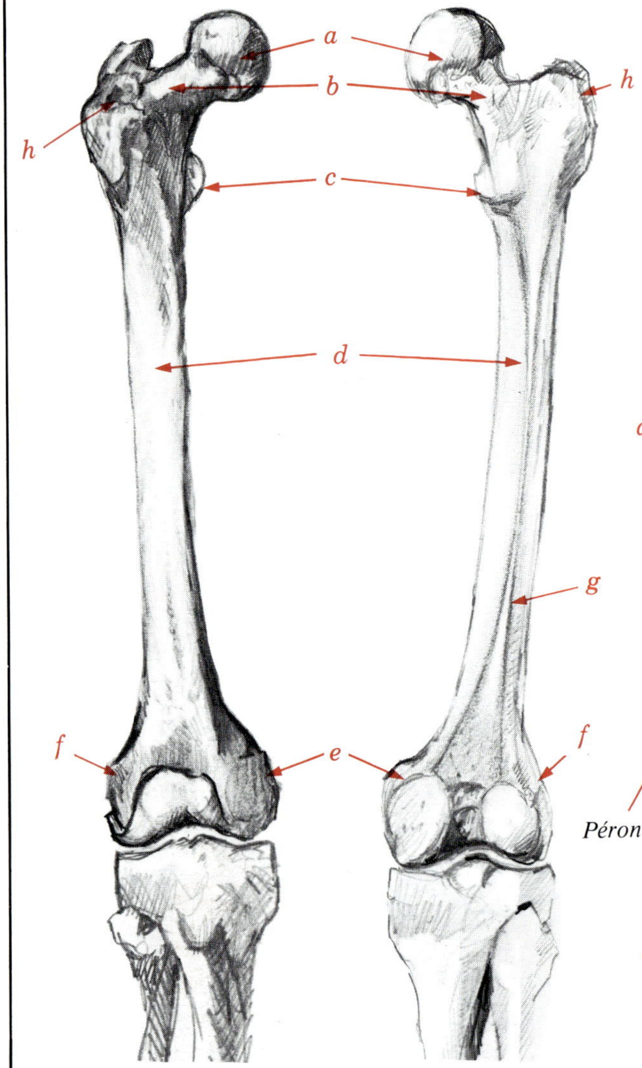

Fémur

a) Tête (caput femoris)
b) Col (collum femoris)
c) Petit trochanter (trochanter minor)
d) Corps (corpus femoris)
e) Condyle interne (condylus medialis)
f) Condyle externe (condylus lateralis)
g) Ligne âpre (linea aspera)
h) Grand trochanter (trochanter major)

Jambe vue de face

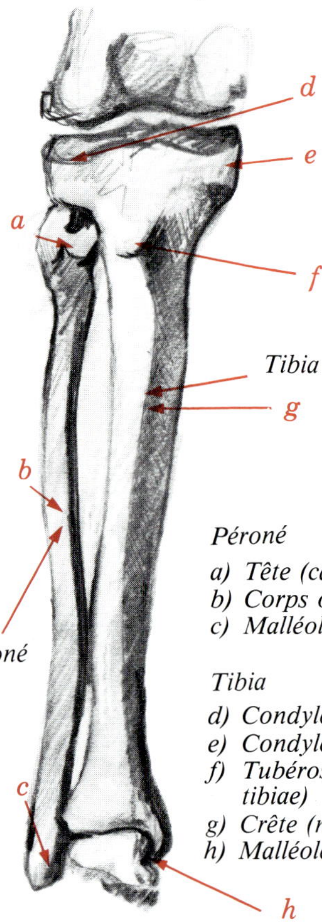

Péroné

a) Tête (caput)
b) Corps ou fût (corpus)
c) Malléole externe

Tibia

d) Condyle (ou plateau) externe
e) Condyle (ou plateau) interne
f) Tubérosité tibiale antérieure (tuberositas tibiae)
g) Crête (margo anterior)
h) Malléole interne

Fig. 83

La rotule (patella) possède a) une partie plate vers le haut et b) une partie pointue vers le bas. La partie interne de la rotule est recouverte d'un cartilage épais d'environ 6 à 7 mm. Cette partie correspond à la surface du condyle du fémur également recouverte de cartilage.

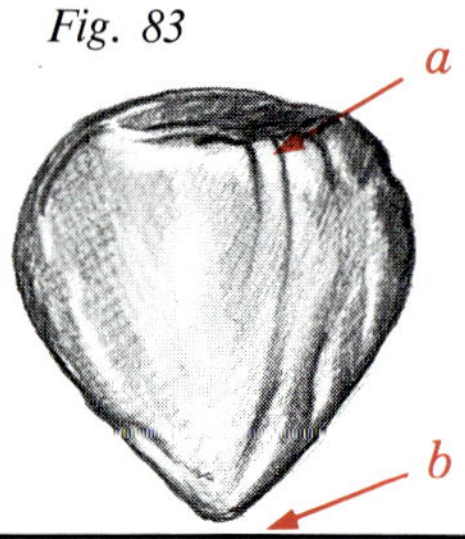

Les figures suivantes montrent une phase ou les hanches sont très sollicitées par le mouvement du corps.

L'articulation de la hanche est du type articulation sphérique ; de ce fait, les mouvements peuvent être exécutés dans toutes les directions (p. 12). La capsule articulaire possède certains renforcements qui empêchent avant tout les oscillations de la jambe vers l'extérieur et en arrière. L'oscillation arrière est évitée par le ligament très puissant qui va de l'os iliaque au fémur *a*) ligament ilio-fémoral. L'oscillation vers l'extérieur est évitée par le ligament *b*) ligament pubo-fémoral.

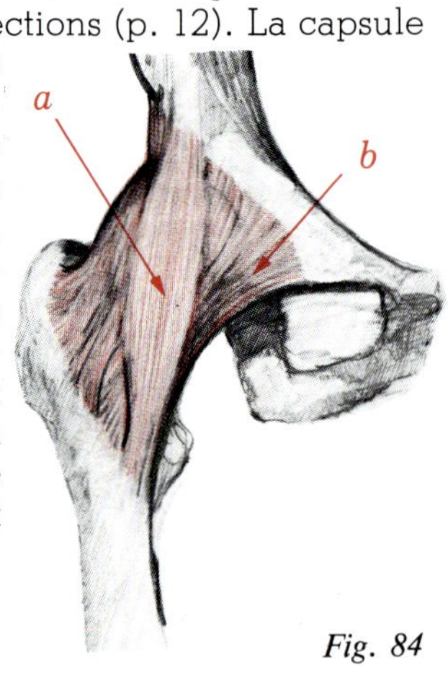

Fig. 84

Il n'a pas été prouvé que des étirements dangereux pouvaient être occasionnés par de telles positions. Si l'on compense un manque d'aptitude à faire une élévation arrière de la jambe par une hypermobilité, lombaire on peut de la sorte « creuser sa propre tombe ». L'hypermobilité lombaire entraîne souvent des phénomènes douloureux plus ou moins importants.

B. Muscles de la hanche

Les principaux muscles de la hanche sont les suivants :

1) les muscles fessiers,
2) les muscles de l'aine (adducteurs),
3) les muscles fléchisseurs de la hanche.

1. Les muscles fessiers

a) le grand Fessier (gluteus maximus),
b) le moyen Fessier (gluteus medius),
c) le petit Fessier (gluteus minimus).

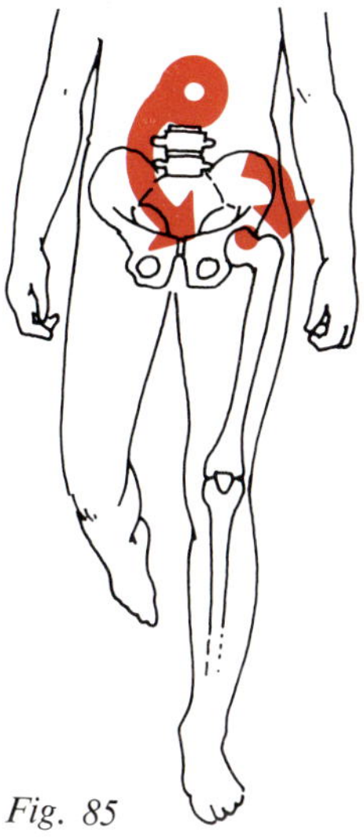

Fig. 85

Les trois muscles s'attachent au grand trochanter (trochanter major). Les moyen et petit fessiers ont des surfaces d'insertion si grandes qu'ils peuvent mouvoir le fémur dans toutes les directions sans toutefois aller au-delà de l'axe médian (adduction). Ces muscles sont actifs dans la marche et la course. Ils ont une importance capitale lorsqu'il s'agit de stabiliser l'articulation de la hanche quand un seul pied est en contact avec le sol. La stabilisation empêche le haut du corps de basculer de côté.

Fig. 86

a) Grand fessier

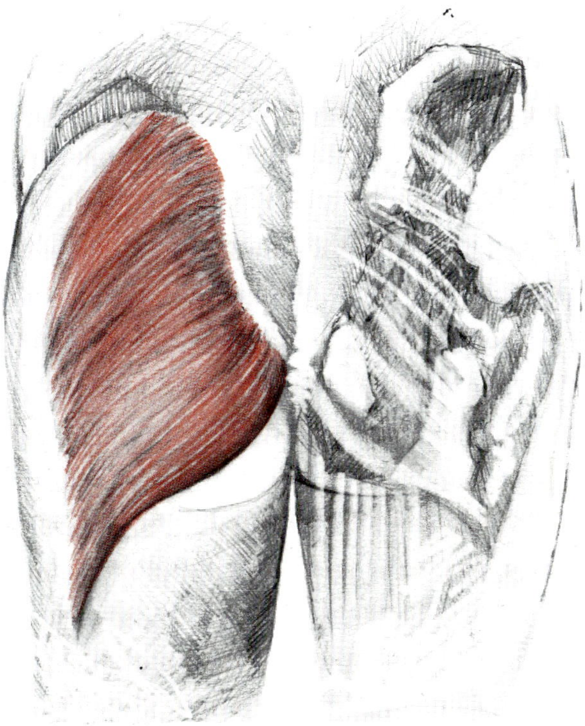

Fig. 87

b) Moyen fessier

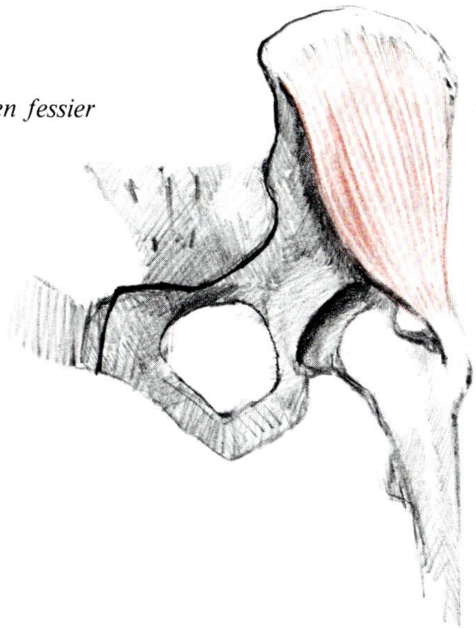

Fig. 88

c) Petit fessier

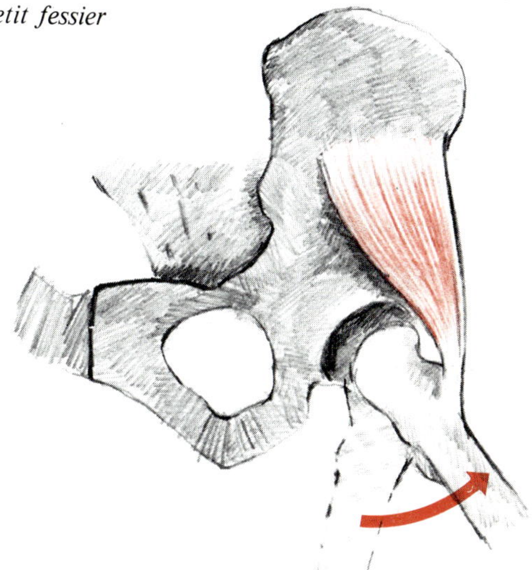

Les muscles développent de très gros efforts si l'on court en montée (grand fessier pour répondre aux fortes poussées) ou en descente (moyen et petit fessiers pour stabiliser les hanches). Les moyens et petits fessiers font alors un travail excentrique, c'est-à-dire qu'ils empêchent le haut du corps de basculer en dedans à chaque pas (fig. 85). Ces muscles sont sollicités lorsque l'on court, lorsque l'on saute sur une jambe ou lorsque l'on élève ou abaisse le côté opposé, lorsqu'on est en équilibre sur une jambe. Il y a d'autres exercices pour les moyens et petits fessiers : a) allongé en position costale, élever la jambe de dessus ou b) même position avec un support pour les jambes, élever le haut du corps aussi haut que possible.

Fig. 89

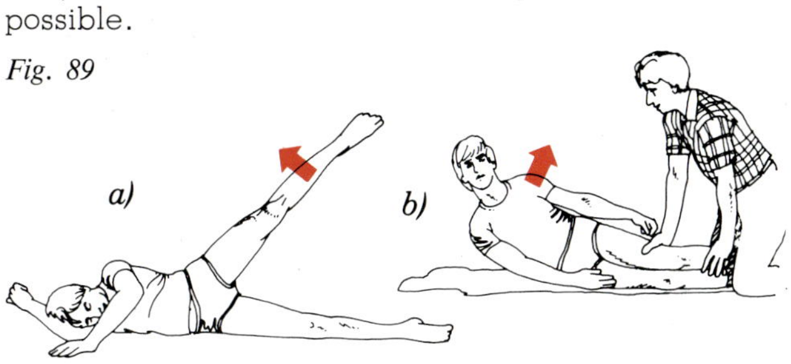

Le Grand Fessier (gluteus maximus) est mis en jeu dans les puissantes poussées de la jambe vers l'arrière et aide aussi lors de l'extension du genou. Tout ceci est possible car il s'insère d'un côté sur la partie externe du fémur (tuberositas glutea) et d'autre part sur le très puissant ligament de la face externe de la cuisse (tractus iliotibialis). Ce ligament passe à son tour devant l'axe de mouvement de genou et vient s'attacher au tibia. Ce ligament se présente comme un large tendon plat d'environ 3 à 4 cm de largeur sur le côté extérieur de l'os juste au-dessus de l'articulation du genou.

Le Grand Fessier travaille avec plus de force lorsque l'articulation de la hanche est en flexion. Ceci est dû à l'écartement entre les insertions musculaires (voir p. 16) qui devient plus grand.

Fig. 90

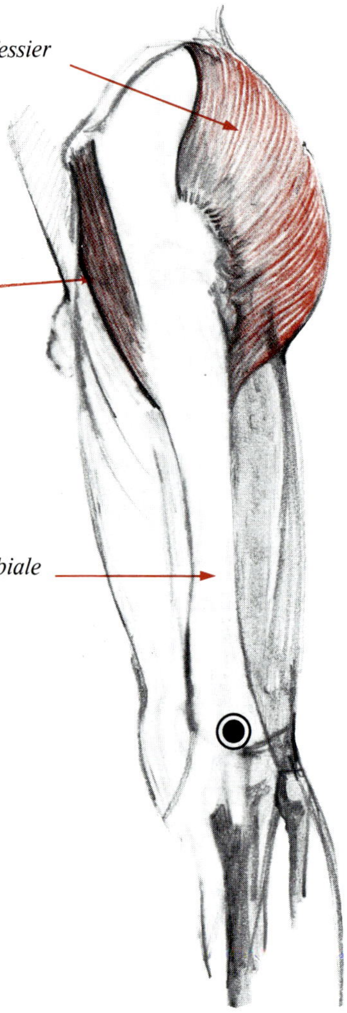

Plus on a besoin de force, plus l'on doit se pencher en avant, les muscles sont mieux sollicités lorsque les mouvements d'extension des genoux et des hanches se font simultanément.

Fig. 91

Les muscles qui provoquent le balancement arrière de la jambe (extenseurs de la hanche) sont, outre le Grand Fessier, ceux qui partent de l'os ischion (tuberischialicum). Ces muscles s'attachent tous au tibia et participent ainsi à la flexion du genou (voir p. 41).

2. Les muscles de l'aine (adducteurs)

Les muscles adducteurs amènent la jambe vers l'axe central du corps. Leur nom dépend de leur insertion, leur grosseur ou leur apparence.

Fig. 92

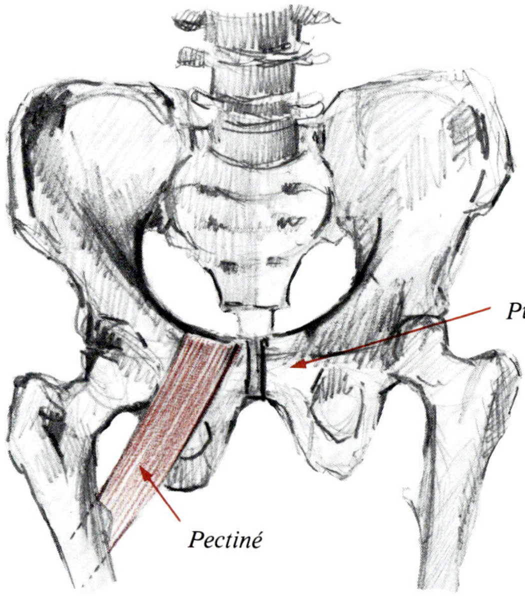

Fig. 93

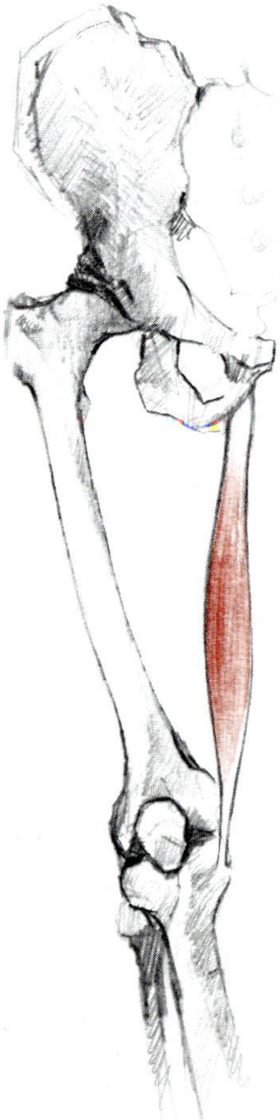

Fig. 94

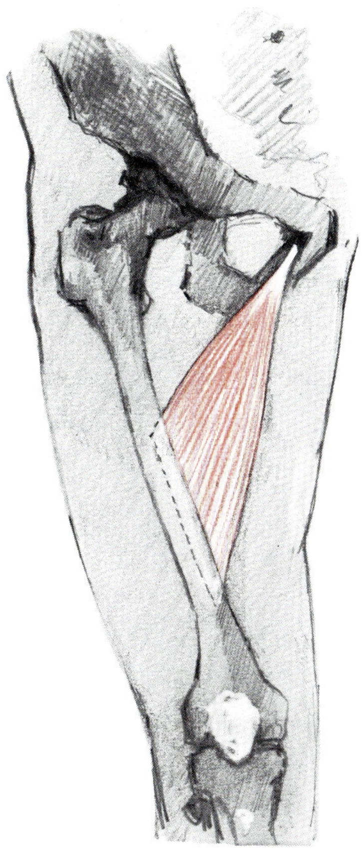

Long adducteur (adductor longus)

Fig. 95

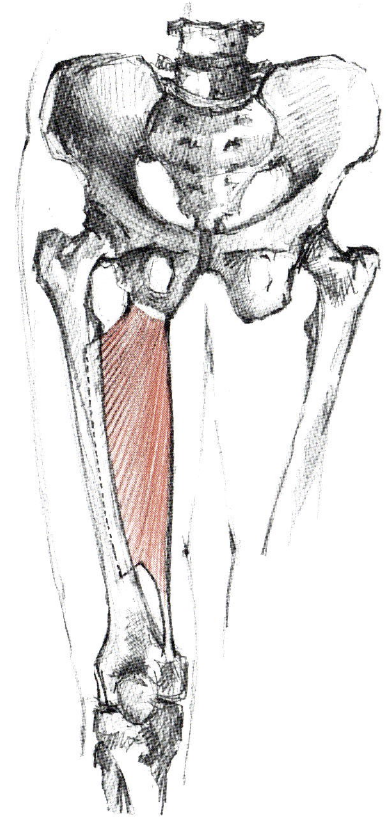

Grand adducteur (adductor magnus)

Fig. 96

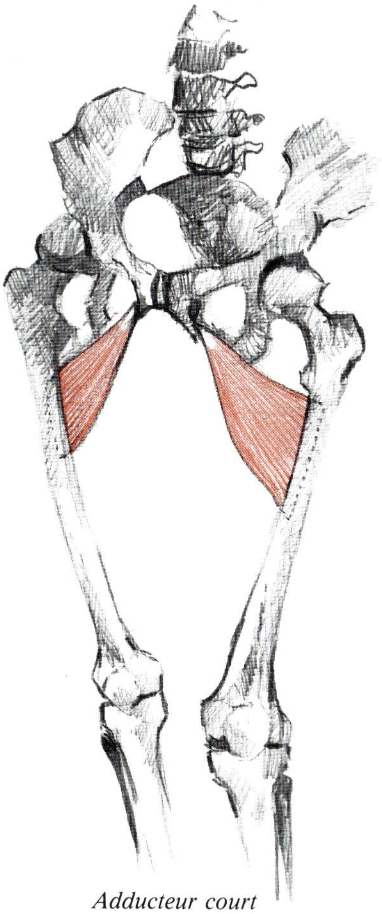

Adducteur court (adductor brevis)

Tous les adducteurs viennent du pubis et s'attachent sur la partie postérieure du fémur appelée la crête fémorale ou ligne âpre. Ces muscles travaillent puissamment lors d'appel de saut, par exemple lorsque le pied quitte le sol et s'élance en avant. Pendant le *lancement en avant,* se produit une *rotation vers le haut* de la jambe par rapport à la hanche, grâce à l'action des adducteurs et aussi grâce au fait qu'ils sont attachés à la partie postérieure du fémur.

Les surcontraintes consécutives à de puissants mouvements du type de grands shoots latéraux en football, la conduite de la jambe libre en ski de fond. Les entraînements intensifs de courses, etc... produisent de légères douleurs dans les régions des insertions musculaires. Ces douleurs de l'aine peuvent être évitées par un entraînement de la musculation et surtout un entraînement de la mobilité (p. 22). L'entraînement de la musculation peut se composer des exercices suivants :

Fig. 97 a)

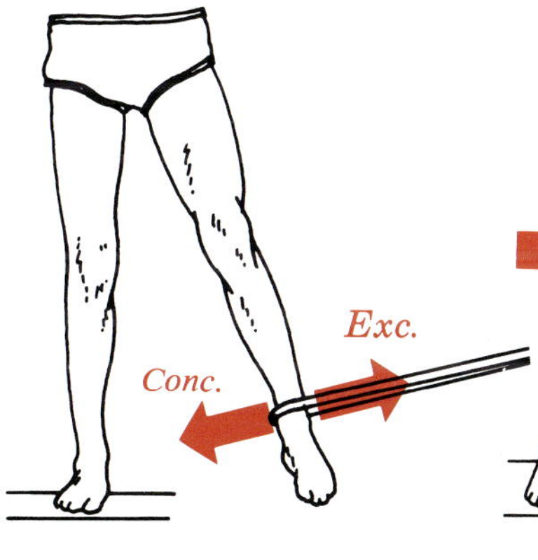

Entraînement concentrique lorsque l'on rapproche les jambes. Excentrique lorsque l'on retourne lentement.

97 b)

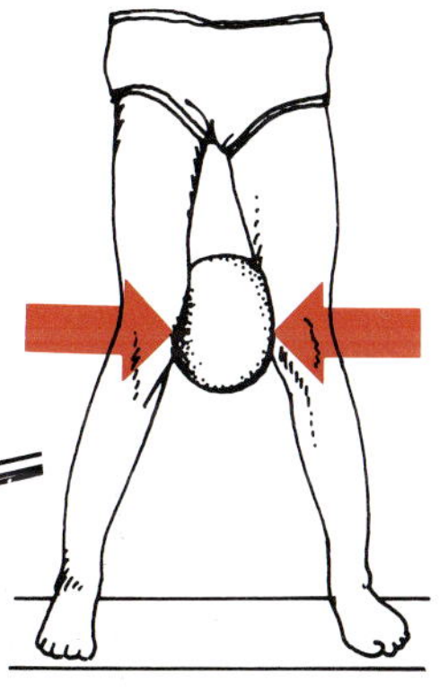

Entraînement statique en appuyant les genoux l'un vers l'autre.

97 c)

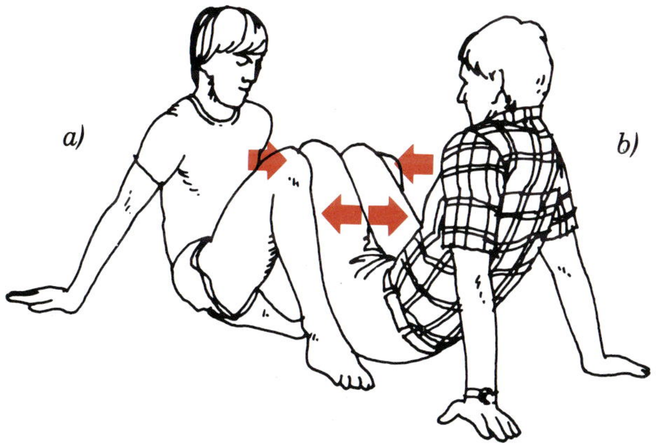

a) Entraînement des adducteurs
b) Entraînement des abducteurs

La rotation externe s'effectue grâce à quelques petits muscles qui viennent de la partie interne de la hanche. Ces muscles (pyramidal, obturateurs externe et interne, jumeaux, carré crural) passent en arrière du fémur et s'insèrent à sa face externe sur le grand trochanter (trochanter major). Ils sont beaucoup sollicités comme, par exemple, dans le ski de fond.

Fig. 98 a

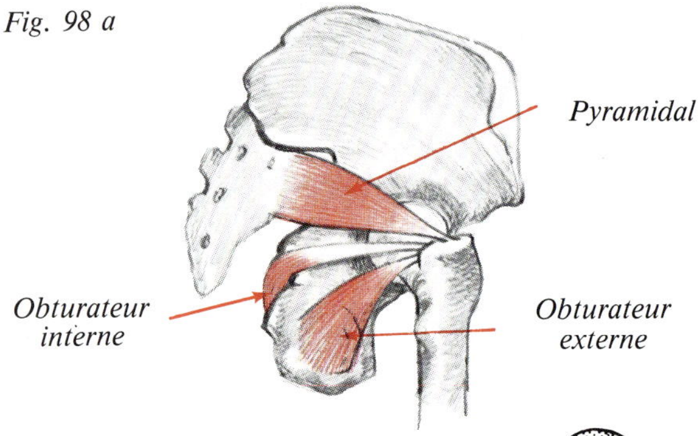

b

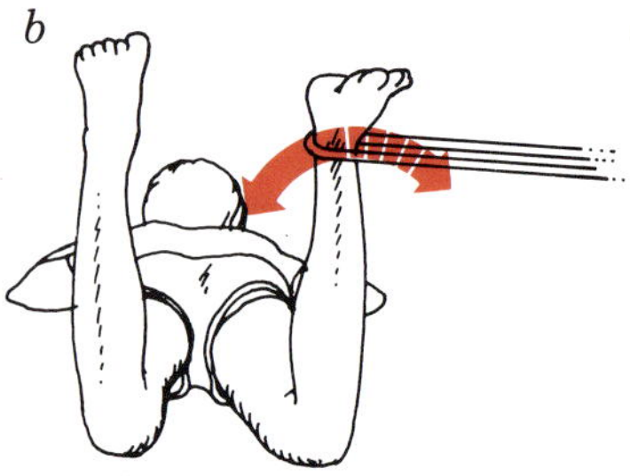

Exercice pour un travail dynamique des rotateurs externes.

c

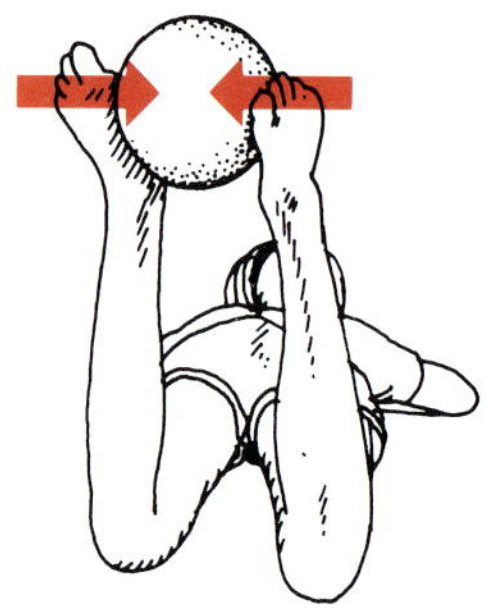

Exercice pour un travail statique de la rotation externe. Compression du ballon en appui ventral.

3. Les fléchisseurs de hanche

Dans les flexions de hanche interviennent le muscle iliaque (M. Iliacus) et un grand muscle lombaire : le psoas (M. Psoas major). Leurs insertions d'origine sont différentes mais leur terminaison est identique. On les désigne souvent, comme un seul muscle, sous le nom de psoas iliaque (M. Ilio-psoas).

Fig. 99

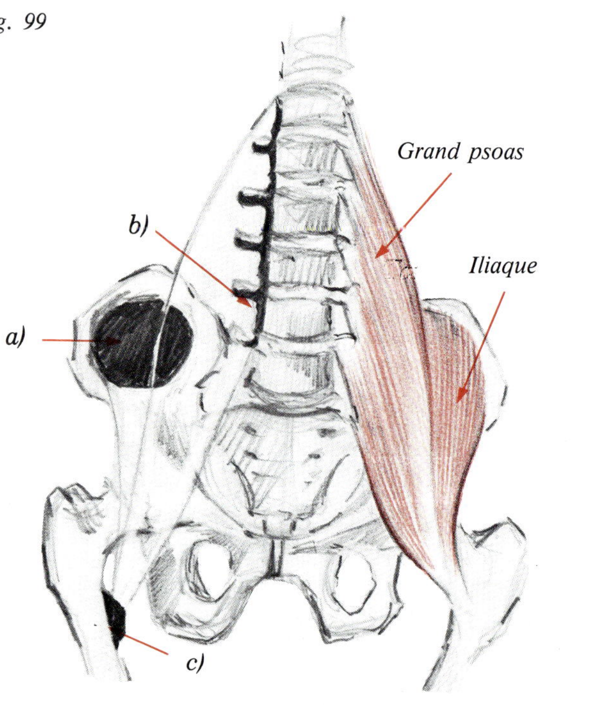

a) Origine du M. Iliaque (fosse iliaque interne).
b) Origine du M. Psoas (partie inférieure du rachis).
c) Insertion des muscles sur le petit trochanter (trochanter minor).

Quand le muscle psoas-iliaque se contracte on peut avoir les mouvements suivants :

a) si les jambes sont bloquées, le tronc se rapproche des cuisses par exemple à la fin du mouvement plat, dos, assis (fig. 104 a, b) ;

Fig. 100

b) si le tronc est bloqué, les cuisses se rapprochent du tronc par exemple : si, en suspension l'on cherche à amener les genoux contre la poitrine (fig. 104 c, d, e, f).

Fig. 101

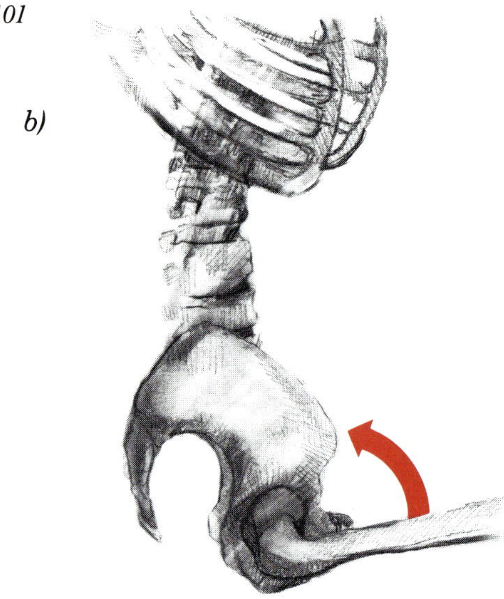

Le muscle psoas-iliaque est incontestablement le fléchisseur de hanche le plus puissant. Il est très fortement sollicité dans les exemples suivants.

Fig. 102

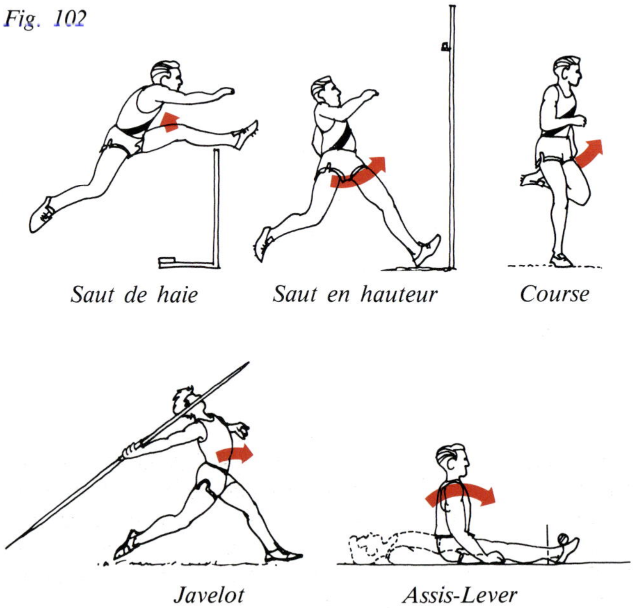

Il n'est pas nécessaire, pour un usage normal, quotidien, d'entraîner spécialement les muscles psoas iliaques. Ils travaillent suffisamment dans la marche, la course, le grimper des escaliers, etc... Les sportifs doivent, eux, préparer ce groupe musculaire par un entraînement adapté : ils doivent savoir qu'une contrainte qui s'exerce sur ces muscles le fait avec une égale intensité sur les insertions d'origines et de terminaisons (notamment sur les vertèbres lombaires) : ce qui amène le rachis à se cambrer et entraîne une surcharge des disques intervertébraux (p. 50). Les muscles abdominaux réagissent contre la cambrure par leur contraction qui redresse le rachis. Les contraintes sur les muscles psoas iliaques ne doivent pas être trop fortes si les muscles abdominaux doivent compenser. L'entraînement doit, en premier lieu, renforcer la musculature abdominale (voir p. 56).

Fig. 103

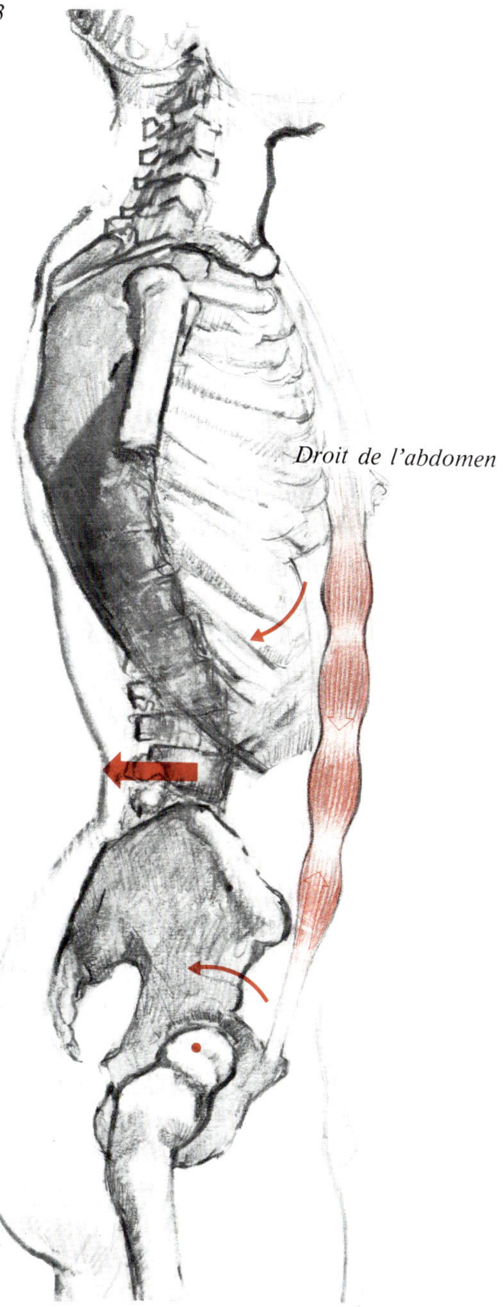

Par la suite, on peut entraîner spécialement les fléchisseurs de hanche. La figure 104 indique quelques exemples destinés aux sportifs ayant de *bons abdominaux* et qui veulent entraîner spécialement leurs fléchisseurs de hanche (pour l'entraînement préalable des abdominaux) (voir p. 55).

a) Assis - couché avec les jambes pliées et éventuellement avec un poids (de 2 à 5 kg...) que l'on tient contre la poitrine. Le premier tiers de l'exercice intéresse uniquement les muscles du torse (voir p. 17), le reste intéresse les articulations des hanches et également les psoas-iliaques.

Fig. 104 a)

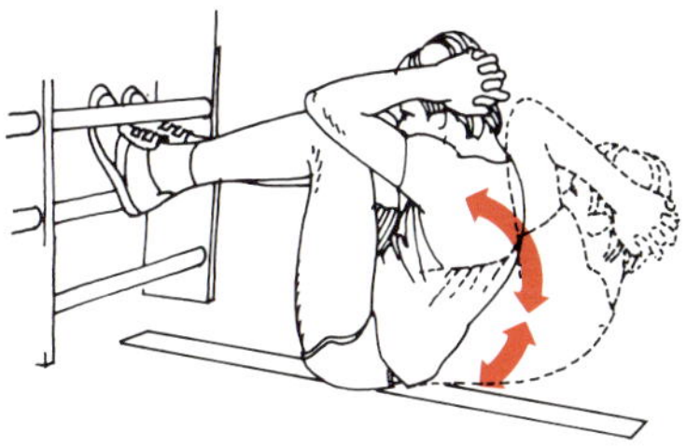

b) Si les jambes sont tendues, la sollicitation est encore plus forte et dépend de la résistance opposée par les muscles postérieurs de cuisse.

b)

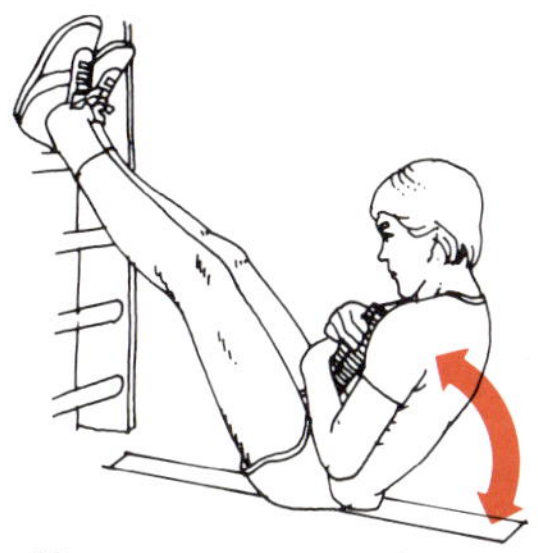

c) On est allongé sur un plan incliné ou suspendu à une barre et l'on élève les genoux contre les mains.

c)

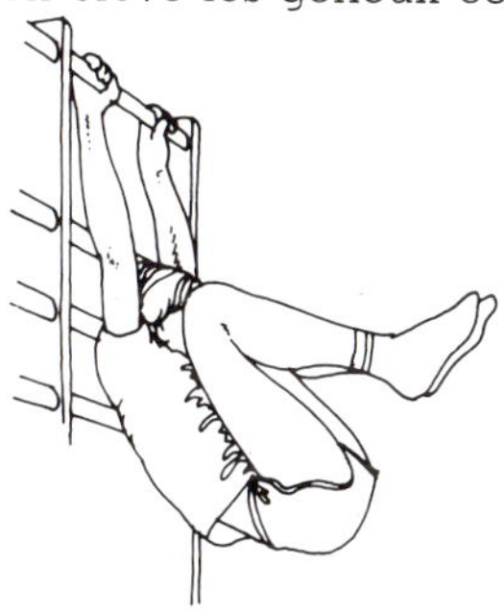

d) Ou bien on élève (pour une charge plus lourde) le plus haut possible les jambes tendues. Au retour, on retient (les jambes) pour accomplir un travail excentrique.

d)

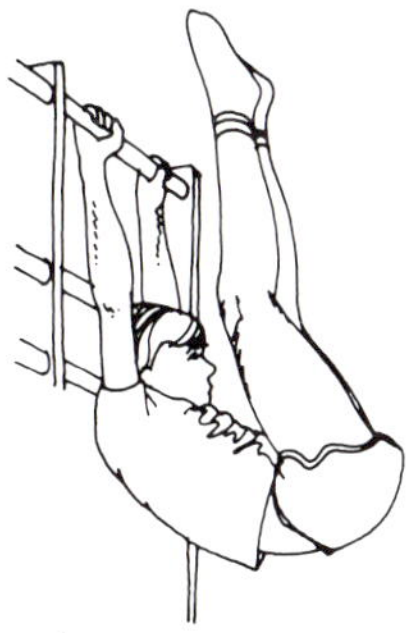

e) On est debout contre un mur et on demande à un aide d'exercer une résistance sur le fémur lors de l'élévation de la cuisse.

e)

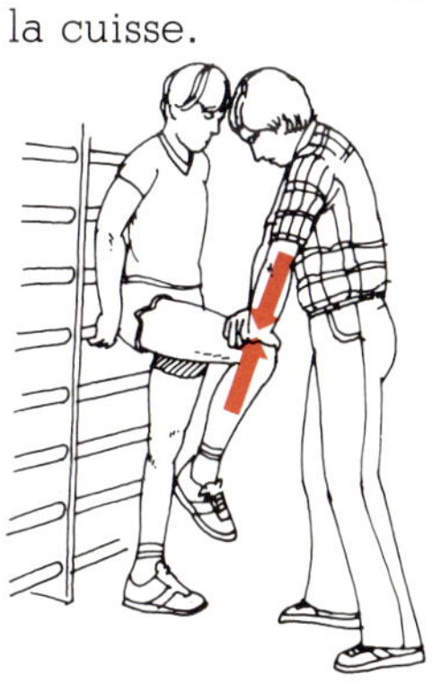

f) On fixe une sangle élastique autour du pied et effectue des élévations rapides du pied.

Fig. 104 f)

g) Un autre entraînement des muscles de la hanche s'effectue ainsi : le sujet étant en position allongée, les hanches en flexion à 90°, un aide lui saisit les chevilles et essaye d'effectuer de grands mouvements dans différentes directions jusqu'à ce que le sujet ne puisse plus maintenir un angle droit entre les cuisses et le tronc.

g)

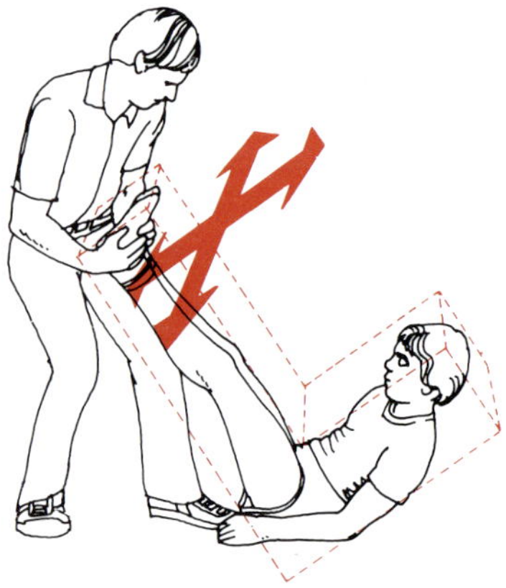

Pour étirer les psoas-iliaques, on doit, avec des muscles relâchés, allonger le plus possible la distance séparant les attaches. Comme l'indique le schéma suivant, on charge la jambe avant et l'on allonge ainsi la distance entre les cuisses. Si l'on a des psoas-iliaques forts et courts avec des ischio-jambiers faibles, on a tendance à basculer le bassin en avant et réaliser ainsi un « ventre de buveur de bière ».

Fig. 105 a) b)

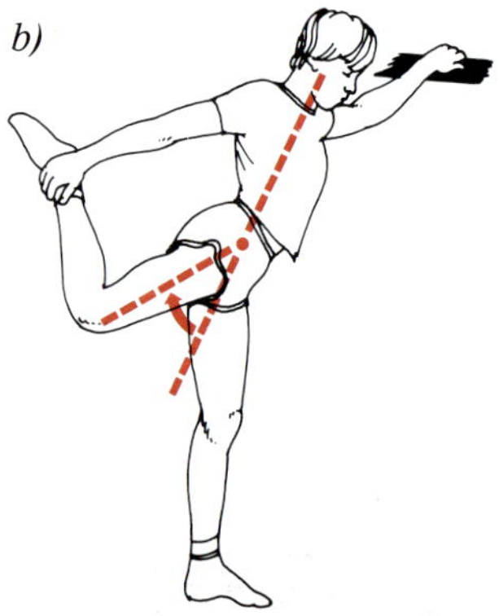

Un autre exercice d'étirement qui agit sur le psoas-iliaque : en appui sur une jambe, on tend la cuisse en arrière à l'aide de la main de façon à ce que la cuisse vienne en arrière dans l'alignement du tronc.

Ne pas cambrer mais laisser le mouvement postérieur s'effectuer dans la hanche. Essayer de garder le genou ouvert le plus possible. Par ailleurs, le mouvement est limité par un autre muscle appelé Droit antérieur (M. rectus femoris p. 38).

Fig. 106

Un troisième exemple d'étirement est indiqué ci-dessus. Un aide soulève vers le haut et en arrière la cuisse du sujet et en même temps maintient au sol le bassin (empêchant ainsi tout mouvement du rachis lombaire). Le mouvement ci-dessus doit être exécuté seulement sous la surveillance de personnes ayant une formation médicale.

Fig. 107

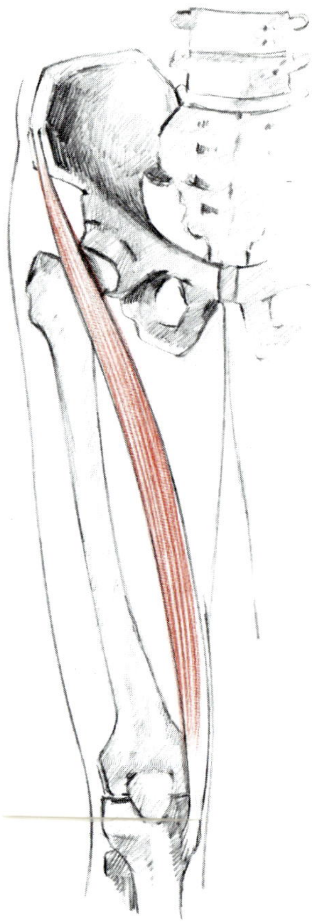

Le muscle couturier (Sartorius) est le muscle le plus long du corps : il s'étend de l'épine iliaque antéro-supérieure (Spina iliaca anterior superior) en forme de « S » italique jusqu'à la face interne du genou où il s'insère sur le condyle fémoral interne (condylus medialis-tibiae). Ce muscle a tellement de fonctions différentes qu'il est difficile de le rattacher à un groupe particulier de muscles. Ce muscle doit son nom au fait qu'il devait être assez développé pour permettre aux anciens tailleurs de s'asseoir sur une table, les jambes croisées, c'est-à-dire : flexion, abduction, rotation externe de la hanche et flexion et rotation interne du genou.

C. Le genou

L'articulation du genou est une articulation très compliquée qui nécessite une présentation plus approfondie. Les mouvements de cette articulation sont d'une part la flexion et l'extension et d'autre part la rotation interne et externe de la jambe. Ces derniers mouvements ne peuvent seulement avoir lieu que lorsque la jambe est fléchie. Plus il y a flexion de la jambe au niveau du genou plus la rotation de la jambe et aussi celle du pied est facile. On pourrait penser qu'une flexion du genou s'effectue ainsi :

Fig. 108

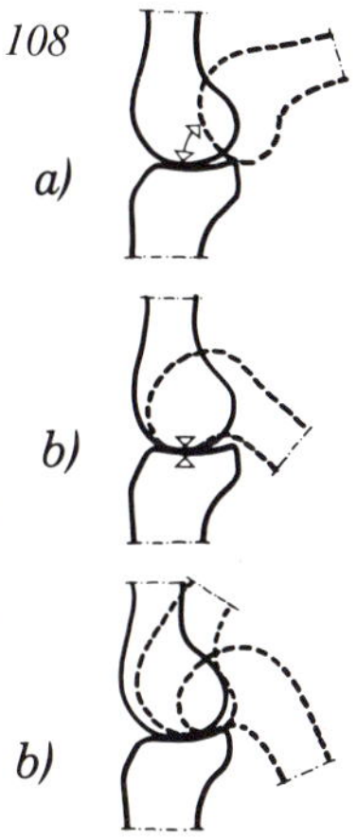

a) ou bien le fémur bascule en arrière de la jambe ou bien b) le fémur glisse au même endroit sur le tibia.

En réalité, il se produit deux types de mouvement. Le mouvement a) se produit jusqu'à ce que le ligament croisé antérieur (ligamentum cruciatum anterior) soit tout à fait tendu après quoi survient le mouvement b).

Le ligament croisé antérieur empêche par conséquent, les mouvements lorsque la jambe est avancée par rapport au fémur. Une lésion courante au football est une rupture du ligament croisé antérieur si un joueur reçoit un coup de pied puissant sur la face postérieure de la jambe. Le ligament croisé postérieur est lésé si la jambe est étirée en arrière ou si le genou subit une forte hyper-extension.

Fig. 109

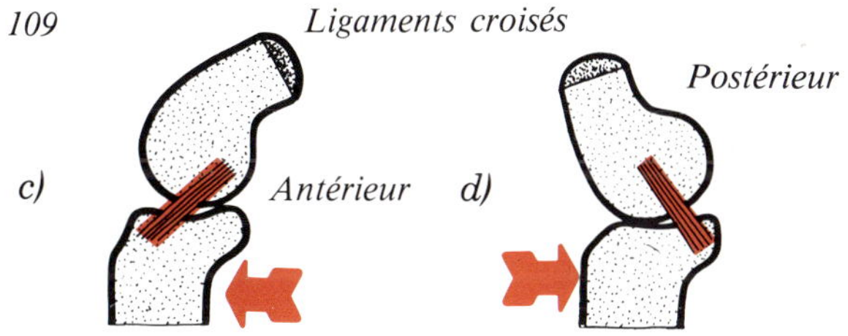

La fonction des ligaments latéraux est d'empêcher les mouvements de latéralité dans le genou. Le ligament est tendu quand le genou est étendu e) mais détendu lorsque le genou est fléchi f). Ce qui fait qu'avec un genou fléchi on peut, par exemple, faire accomplir une rotation externe jusqu'à ce que la ligament contro-latéral soit tendu. La rotation interne de la jambe est dans la plupart des cas plus petite que la rotation externe car, pendant la rotation, les ligaments croisés s'enroulent l'un autour de l'autre et limitent ainsi les mouvements (voir fig. 20).

Fig. 110

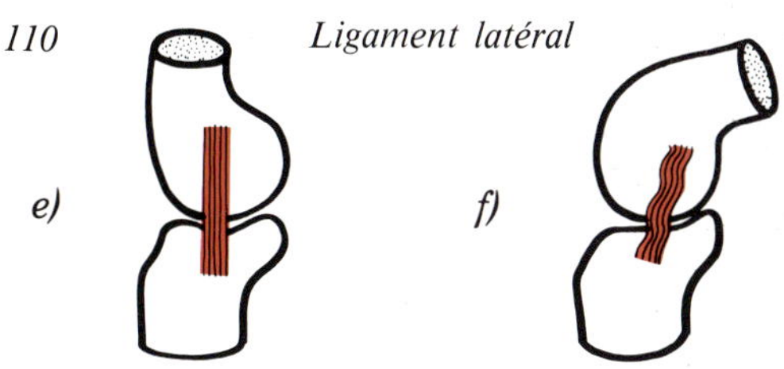

La partie inférieure du fémur a une forme d'ellipse tandis que la partie supérieure du tibia est plane. Ceci implique une surface de contact entre les deux os qui serait très réduite si le cartilage n'était pas épais et si des ménisques n'étaient pas disposés entre les deux os. Les faces supérieures *de ces ménisques* s'adaptent au fémur qui a la forme d'une ellipse et leurs faces inférieures sont planes comme le tibia. Ceci fait que toute la pression qui s'exerce sur le genou est répartie sur une surface relativement grande.

Fig. 111

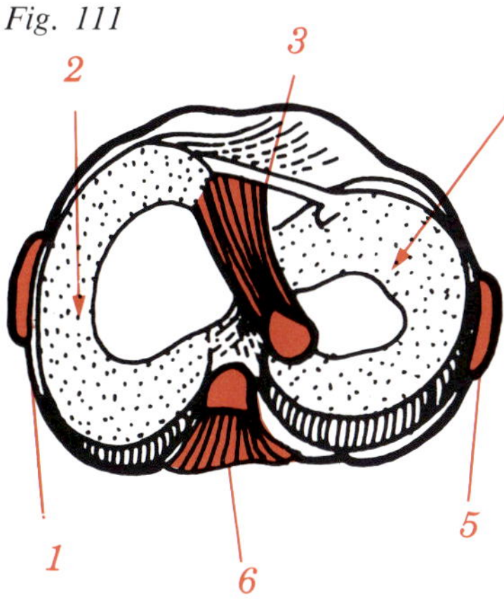

1. *Lig[t] latéral interne*
2. *Ménisque interne*
3. *Lig[t] croisé antérieur*
4. *Ménisque externe*
5. *Lig[t] latéral externe*
6. *Lig[t] croisé postérieur*

Lors de la flexion et de l'extension du genou, les ménisques glissent pour s'adapter le mieux possible à la forme des condyles fémoraux. Ainsi, le ménisque interne est uni au ligament latéral interne, ce qui amène ce ménisque a être souvent blessé dans des positions anormales avec des contraintes importantes. La chute sur un genou fléchi avec une jambe en rotation externe est une cause fréquente de lésion. Si dans cette position, on perd l'équilibre et que l'on tombe, le genou en dedans, (en valgus) le ligament interne est étiré et peut léser en même temps le ménisque qui est emprisonné entre le fémur et la jambe. Pour cette raison, on devra éviter les mouvements du genre (a) saut de grenouille ou marche en canard (b) couché avec une position de saut de haie pour augmenter sa mobilité.

Fig. 112

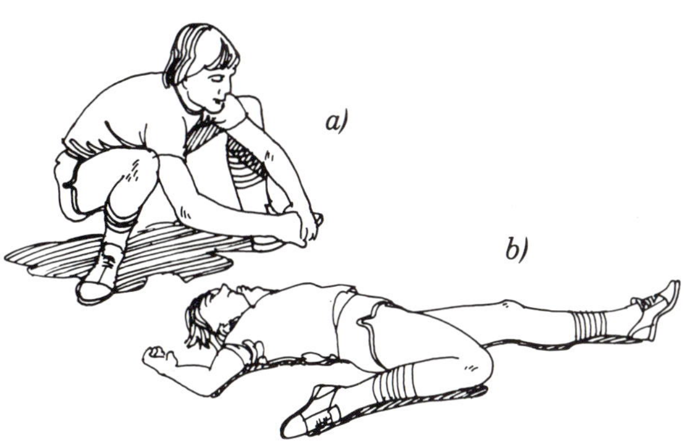

D. Les muscles du genou

Les muscles extenseurs du genou

Le muscle droit antérieur (M. Rectus femoris) s'insère en haut sur le bassin et est *fléchisseur de la hanche.* Il s'insère en bas sur la rotule et peut grâce à un tendon puissant étendu de la rotule au tibia être *extenseur* du genou.

Fig. 115

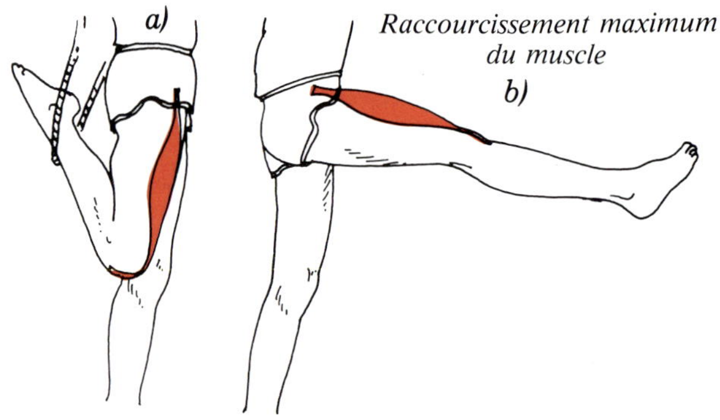

a) est la meilleure position pour allonger le droit antérieur selon la méthode proprioceptive PNF.

Fig. 113

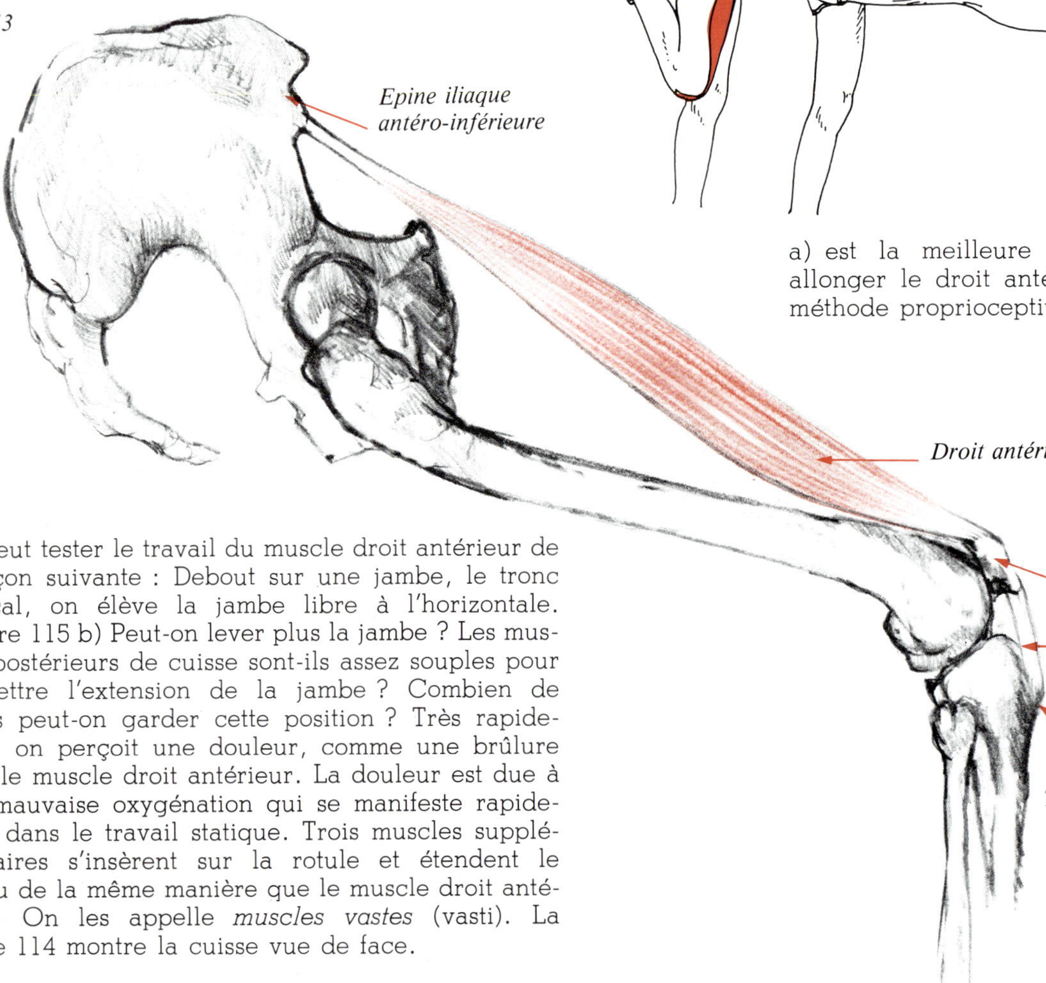

On peut tester le travail du muscle droit antérieur de la façon suivante : Debout sur une jambe, le tronc vertical, on élève la jambe libre à l'horizontale. (Figure 115 b) Peut-on lever plus la jambe ? Les muscles postérieurs de cuisse sont-ils assez souples pour permettre l'extension de la jambe ? Combien de temps peut-on garder cette position ? Très rapidement, on perçoit une douleur, comme une brûlure dans le muscle droit antérieur. La douleur est due à une mauvaise oxygénation qui se manifeste rapidement dans le travail statique. Trois muscles supplémentaires s'insèrent sur la rotule et étendent le genou de la même manière que le muscle droit antérieur. On les appelle *muscles vastes* (vasti). La figure 114 montre la cuisse vue de face.

Fig. 114

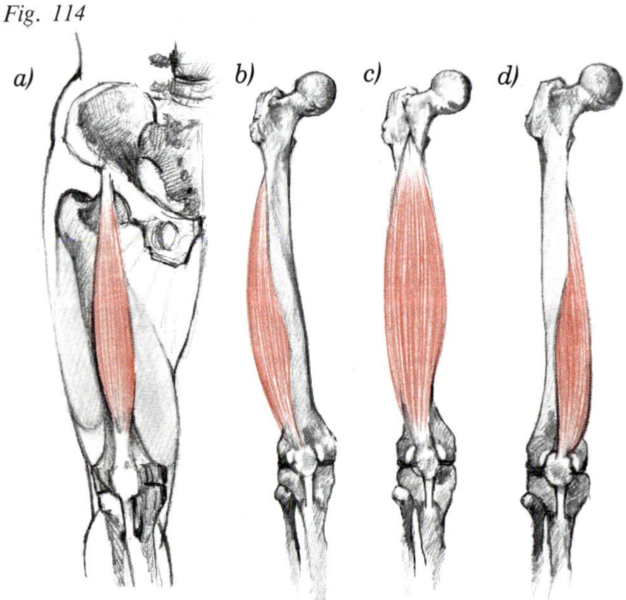

Origines
a) Du muscle droit antérieur (M. Rectus femoris) : épine iliaque antéro-supérieure.
b) Du muscle vaste externe (M. Vastus lateralis) : partie postérieure du fémur (ligne âpre).
c) Du muscle intermédiaire (M. Vastus intermedius) : partie antérieure du fémur.
d) Du muscle vaste interne (M. Vastus medialis) : partie postérieure du fémur.

Insertion
Les fibres musculaires s'insèrent principalement sur la rotule. La rotule est reliée à son tour, à la tubérosité tibiale antérieure (tuberositas tibiae) par le ligament rotulien (lig. patellae) (fig. 113).

Fonction
Ils étendent le genou par un travail concentrique. Ils empêchent sa flexion par un travail excentrique. Ces trois muscles forment avec le muscle droit antérieur le *muscle quadriceps* (quadriceps femoris). Les muscles extenseurs du genou stabilisent et guident la rotule afin qu'elle glisse bien dans la gorge qui lui correspond entre les condyles fémoraux (p. 40).

Les exercices suivants mettent en jeu le quadriceps :

Fig. 116

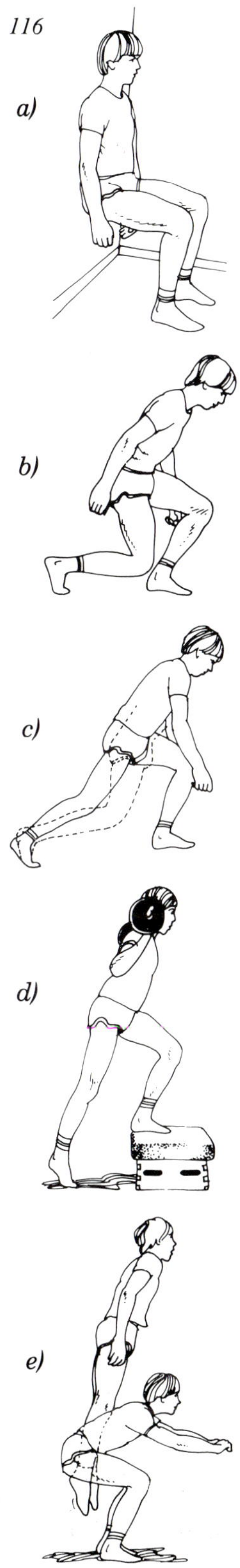

a) On est assis le dos au mur, les hanches et les genoux à 90°. Le travail musculaire est statique.

b) On se tient avec le poids du corps sur le pied le plus antérieur et l'on place le genou de la jambe postérieure en arrière du tendon d'Achille de la jambe antérieure. On ressent une différence nette si l'on reste immobile (charge statique), ou si l'on oscille lentement en avant et en arrière (un instant de relâchement court permet au sang d'oxygéner le muscle).

c) On avance à grands pas en faisant une extension à chaque pas. Le poids du corps (partie supérieure du corps) sera placé loin en avant du pied le plus antérieur. Le freinage provoque un travail excentrique.

d) On monte et descend d'un banc ou d'éléments de cheval d'arçon avec éventuellement une surcharge (haltère), si l'on a des muscles du rachis suffisamment forts. Le mouvement crée un travail dynamique (plus concentrique).

e) Saut (concentrique) et réception (excentrique) sur place. On doit amortir le mouvement sans trop s'accroupir (pas au-dessous de 90° - voir fig. 117, 118).

Ce sont les exercices a et e qui entraînent la contrainte la plus grande sur le genou fléchi. Plus l'accroupissement est important, plus la contrainte s'accroît.

Les muscles sont exposés à des contraintes importantes mais sans danger alors qu'au contraire le cartilage de la face postérieure de la rotule subit des contraintes dangereuses si l'on descend trop bas : (voir les explications concernant le détail et l'application des forces musculaires sur les insertions page 28).

Exemple des contraintes supportées par le genou

a) Si l'on se tient sur une jambe (avec le genou légèrement fléchi, le centre de gravité à 5 cm en arrière de son axe de rotation) on doit étirer les fléchisseurs du genou (M. Quadriceps) de façon telle qu'on ne puisse ni se relever ni s'asseoir plus bas. Selon le principe de la balance, la force musculaire est égale au poids si la distance du bras de levier entre le muscle et l'axe de rotation est aussi de 5 cm.

b) Si l'on fléchit un peu plus, le genou vient plus en avant de l'axe (du poids du corps) mais on a toujours le même bras de levier de 5 cm. Dans l'exemple b la force musculaire doit être de 3 × 60 kp à cause du bras de levier qui est trois fois plus petit que la force d'application du poids.

Fig. 117

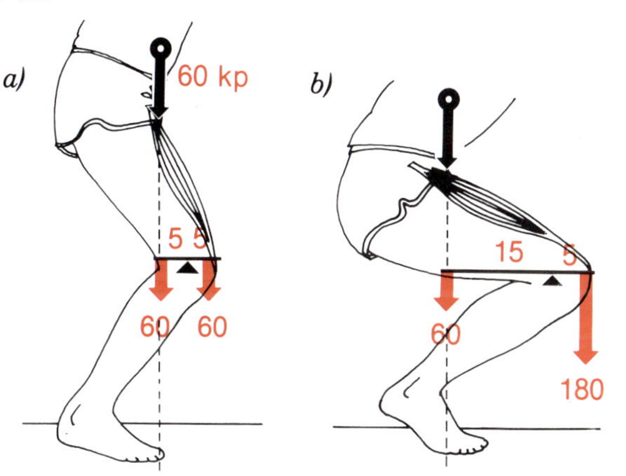

Lors d'une flexion complète du genou, on peut atteindre une force musculaire égale à 4 à 5 fois le poids du corps. La force qui s'exerce sur la rotule et vers le haut du fémur peut atteindre 300 kp. La rotule est soumise à des forces qui, réunies, la compriment vers l'arrière contre le fémur avec une force qui peut presque doubler avec un très petit angle (cuisse - jambe). Dans la figure 118, cet angle est tel que la force atteint 500 kp. Le risque d'usure est très grand si des exercices de ce type sont répétés coup sur coup. Le principe de « ne jamais effectuer de flexion complète du genou en contrainte (charge additionnelle, course, freinage court en flexion) », vaut vraiment la peine d'être respecté. Les exemples chiffrés ci-dessus montrent que la contrainte est presque nulle si le genou est fléchi. Ils montrent aussi que plus la flexion s'accroît plus la charge augmente.

Fig. 118

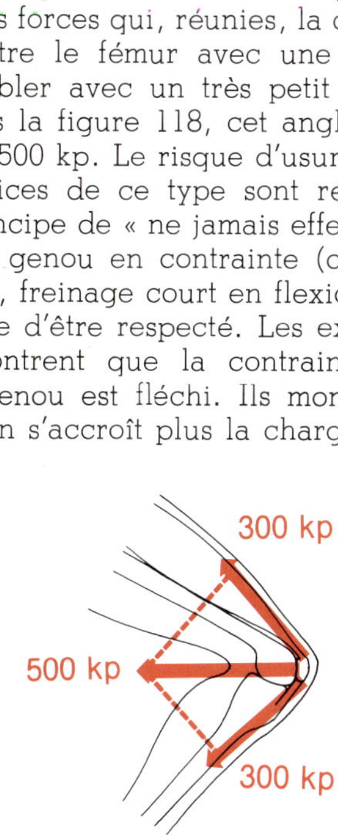

Avec l'EMG (électromyographie = mesure électrique de l'activité musculaire) on a montré que le vaste interne est plus actif à la fin de l'allongement de la jambe. Pour faire travailler spécialement cette partie de la musculature du genou, on doit charger plus fortement la jambe, celle-ci étant tendue. Aucun des exercices a - e de la page 39 ne répond à ce cas, contrairement aux exercices suivants :

Fig. 119

a)

b)

c)

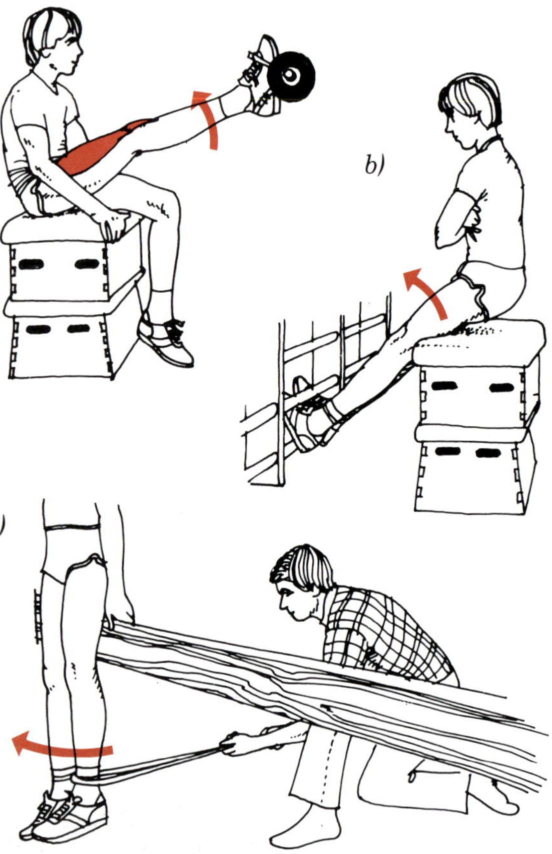

Ces trois exercices provoquent une très forte contrainte quand la jambe est complètement étendue (on garde la jambe tendue pour une contrainte statique). Ils renforcent spécialement le vaste interne (M. Vastus medialis) muscle très important pour la stabilité du genou. Le fémur et le tibia font entre eux un certain angle. La rotule est sollicitée essentiellement le long du fémur (droit antérieur, crural et vaste interne) or, l'axe de la gorge dans laquelle doit glisser la rotule est vertical. Le muscle qui va maintenir la rotule pour qu'elle ne soit pas attirée en dehors et « frotter » contre le condyle externe est le vaste interne (vastus medialis) qui agit dans le sens de la flèche de force Fm. Après une blessure au genou, ce muscle justement s'affaiblit très rapidement : c'est la raison pour laquelle un entraînement spécial en charge sur la jambe tendue doit être le premier à être effectué à la suite par exemple d'une immobilisation plâtrée du genou. Les figures indiquent quelques mouvements relativement faciles et destinés à le renforcer. Ils visent tous à obtenir une charge très importante avec le genou tendu.

Fig. 120

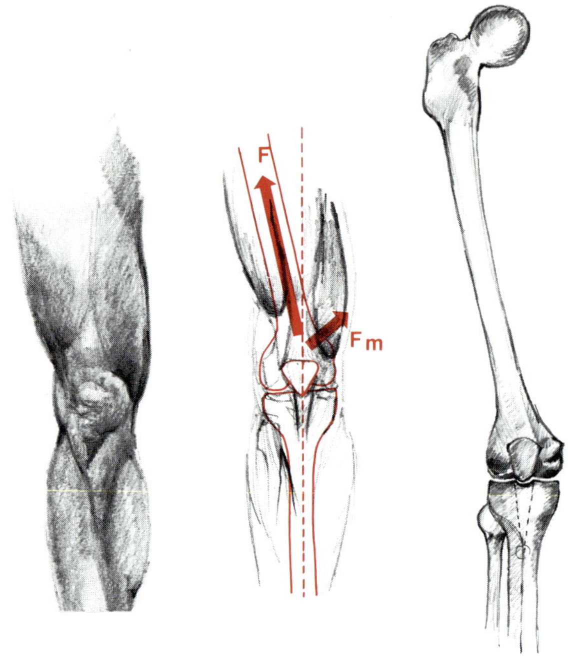

a) Le propre poids de la jambe est la charge que le muscle quadriceps doit vaincre. On peut augmenter cette charge par un sac de sable ou des chaussures lestées.

Fig. 121 a)

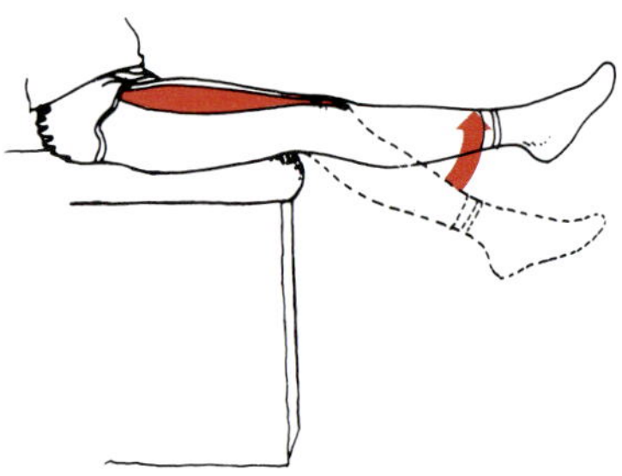

b) Si l'on soulève la jambe tendue, la jambe continue à être une charge pour le muscle quadriceps. Le mouvement accroît encore la contrainte, vu que les muscles postérieurs de la cuisse sont étirés et tendent à fléchir le genou. De ce fait, les muscles extenseurs devront manifester une résistance plus forte que dans l'exemple a.

b)

c) Quand on s'assoit, la tubérosité ischiatique bascule en arrière, ce qui ne se produit pas quand on est allongé comme dans l'exemple b. Ceci amène les muscles postérieurs des cuisses (ischio-jambiers) à être encore plus tendus. L'exercice c devient donc plus intense que le mouvement b et sollicite encore plus les muscles fléchisseurs des cuisses.

c)

Le but à atteindre pour, par exemple, un sauteur de haut niveau bien entraîné, est de pouvoir lever en position assise, la jambe tendue à 45° au-dessus de l'horizontale, un poids de 15 kg sur le pied.

Fléchisseurs du genou

Pour évaluer les différents exercices destinés aux muscles fléchisseurs du genou, on doit tenir compte de leurs agonistes, c'est-à-dire des muscles situés sur la face postérieure du fémur et qui sont tous extenseurs de hanche et fléchisseurs du genou. Ces muscles portent un nom commun : M. Ischio-crurala ou muscles *ischio-jambiers.* Ils viennent des ischions (ischii) et vont à la jambe (cruris). Ils sont au nombre de trois.

Fig. 122

a)

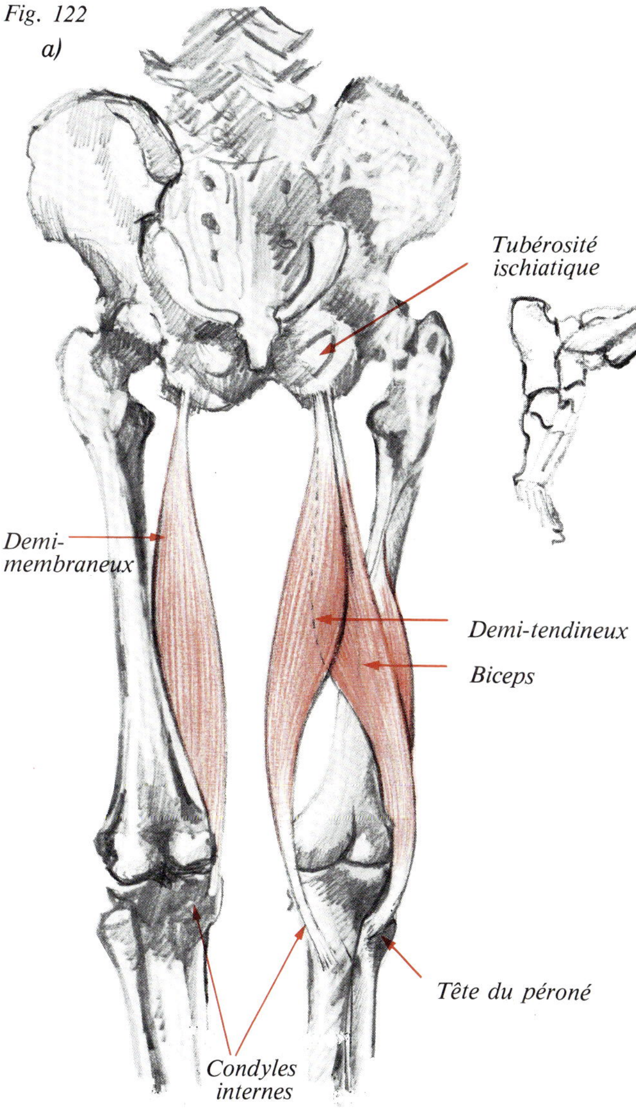

b)

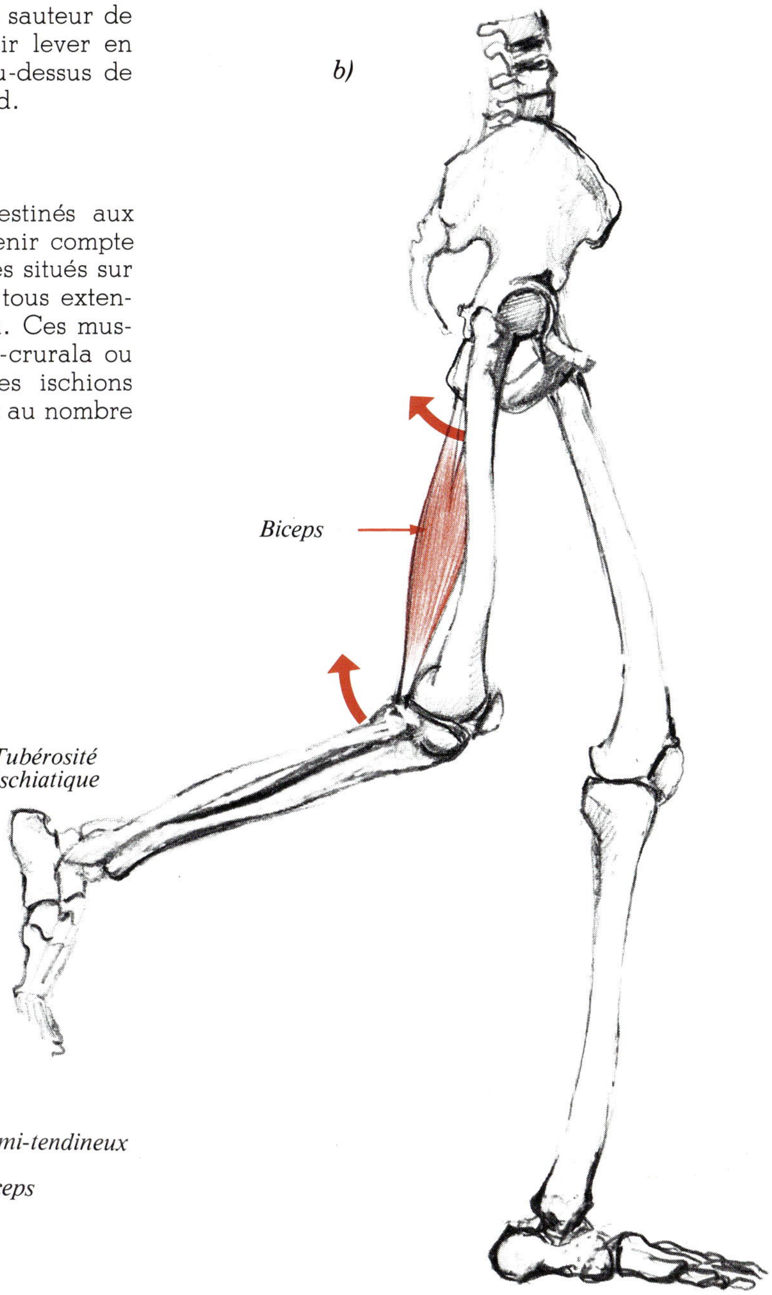

Tous les trois viennent de la tubérosité ischiatique (tuber ischiadicum). Le biceps fémoral (biceps femoris) se termine sur la tête du péroné (caput fibulae) et peut entraîner une rotation externe de la jambe et du pied. Le demi-membraneux et le demi-tendineux s'insèrent sur le condyle interne du tibia et peuvent ainsi faire tourner la jambe en dedans. Comme dénomination commune pour ces trois muscles, on emploie aussi le mot anglais « Hamstrings » qui signifie « tendons du jarret » et fait allusion aux tendons musculaires qu'il est facile de sentir à la face postérieure de la région poplitée (ou du genou).

La distance entre les insertions de ces muscles extenseurs de hanche et aussi fléchisseurs du genou varie beaucoup en fonction de l'angle de la hanche et celui du genou.

Fig. 123

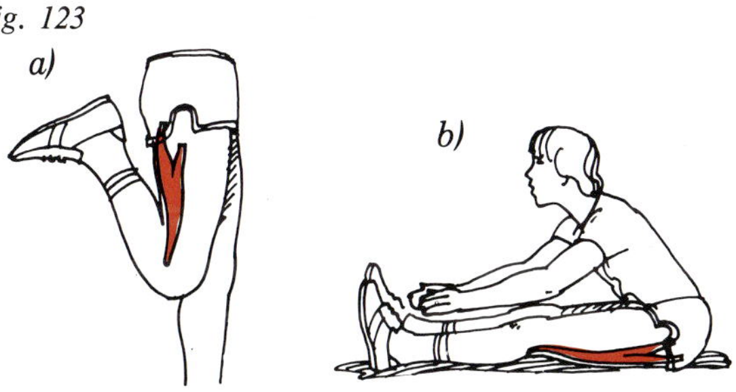

Contraction complète *Extension complète*

Le raccourcissement des muscles postérieurs de la cuisse entraîne une immobilité de la hanche. Dans l'impossiblité de basculer le bassin en avant, on compense en fléchissant en avant le rachis lombaire.

Beaucoup de douleurs vertébrales sont dues à des « Hamstrings » courts.

Exercices d'assouplissement des fléchisseurs du genou

Les schémas suivants indiquent quelques positions qui permettent, par la méthode de facilitation neuro-proprioceptive (p. 21), d'étirer les muscles fléchisseurs du genou.

a) On prend la position indiquée ci-dessous sans fléchir en avant le rachis lombaire. Le rachis doit rester droit et l'on bascule le bassin tant que les muscles de la cuisse le permettent.

Fig. 124 a)

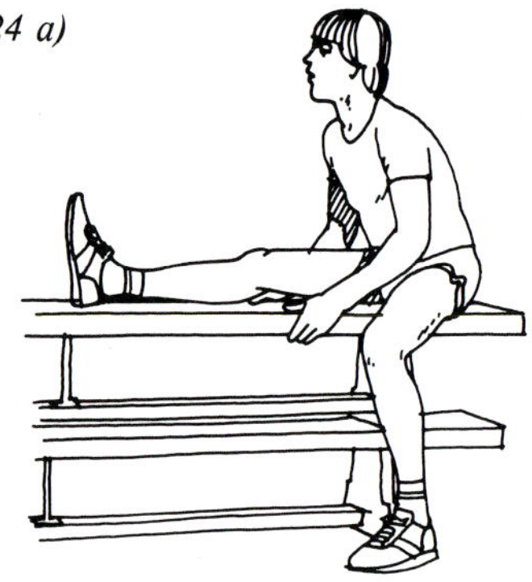

b) On se tient avec les genoux fléchis, les mains au sol. Ensuite, on étend les membres inférieurs jusqu'à ce que l'on ressente la tension voulue dans les muscles postérieurs de cuisse. Le rachis est soulagé en appuyant les mains au sol. Quand on fait cet exercice, sur une jambe à la fois, la position de la jambe porteuse apporte un soulagement supplémentaire au rachis. Cet exercice convient mieux aux personnes qui ont déjà des « Hamstrings » (des ischio-jambiers) relativement longs.

b)

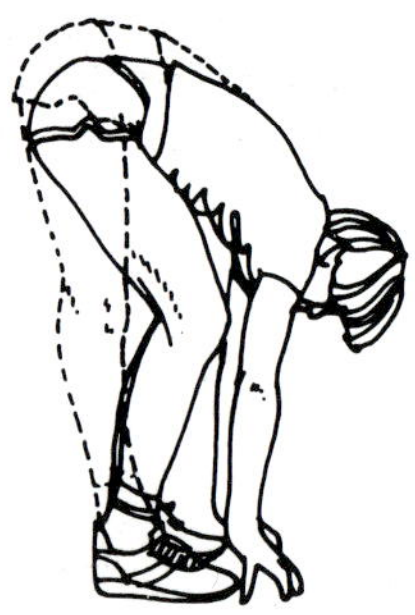

c) On est allongé sur le dos et l'on attire la jambe tendue vers la poitrine.

c)

Exercices de renforcement des fléchisseurs

Les exercices qui suivent visent à renforcer les muscles postérieurs de la cuisse.

Fig. 125 *a*) Un aide (ou un soulier lesté ou un sandow) exerce une résistance suffisante pour que l'on puisse fléchir le genou (travail musculaire concentrique) par des mouvements réguliers d'aller - retour tout en empêchant une extension trop rapide lors du retour du genou (travail excentrique). La résistance sera telle que l'on ne devra pas fléchir à la hanche pour pouvoir accomplir les mouvements.

Fig. 125 a)

b) En fléchissant la cuisse avec le psoas iliaque (M. ilio-psoas), c'est-à-dire en basculant le bassin en avant, on fait s'éloigner les tubérosités ischiatiques des jambes. On obtient ainsi un allongement des fléchisseurs du genou et par là même une augmentation de leur force (p. 16). Mais en même temps on surcharge de façon inutile le rachis ce qui peut provoquer l'apparition de douleurs. On doit appuyer le bassin au sol et ne pas charger trop afin que les mouvements puissent bien être réalisés le bassin au sol.

b)

c) L'appareil qui sert à l'entraînement des extenseurs du genou peut aussi servir aux fléchisseurs du genou.

c)

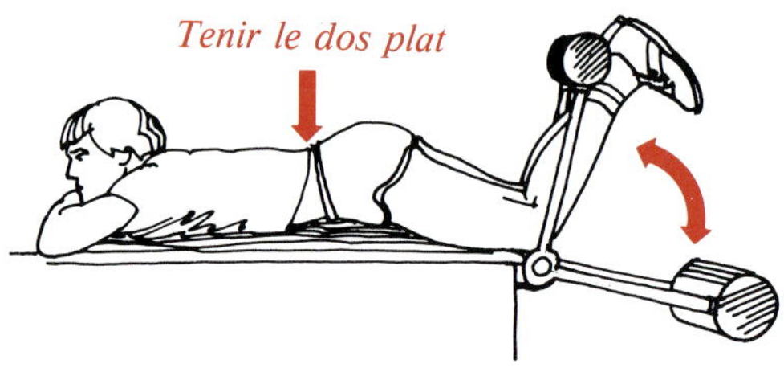

d) L'exercice suivant est très fatigant : on se tient à genou (sur un support mou) avec un appui sur les jambes. Ensuite, on laisse lentement tomber la partie supérieure du corps en avant puis on revient en arrière. Le bassin doit rester droit. Il est conseillé de commencer par des petites oscillations. Ce mouvement soumet les muscles à une contrainte très forte et peut facilement donner une tendance aux crampes si l'on n'est pas entraîné. Dans ce mouvement, seul le poids du corps intervient comme contrainte. Plus le centre de gravité du tronc est placé loin en avant du genou plus le moment cinétique des muscles fléchisseurs du genou augmente.

d)

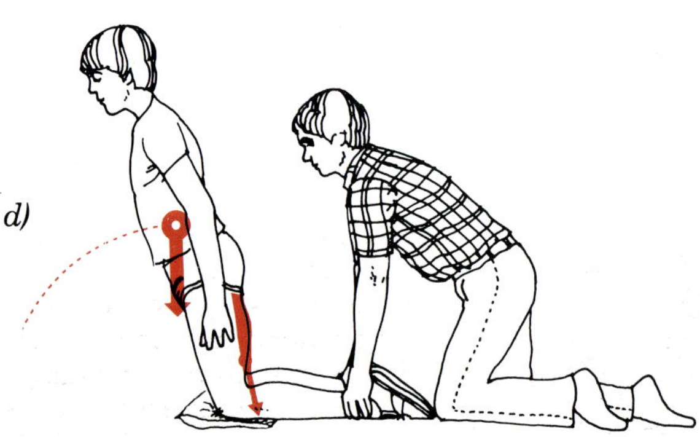

Pour entraîner la coordination et la rapidité des muscles postérieurs de la cuisse, il faut courir à petits pas, sauter, courir en essayant de se donner des coups de pied par derrière ou pédaler rapidement.

E. La jambe et le pied

Un groupe musculaire très important qui intervient vigoureusement dans le saut et la course est le *triceps sural* (M. Triceps surae). Ce muscle comprend trois parties : *a*) les jumeaux (M. Gastrocnemius) avec leurs deux origines à la face postérieure des condyles fémoraux. *b*) Le muscle soléaire (M. Soleus), un muscle plat avec son origine à la face postérieure de la jambe. Ces trois parties se réunissent en un tendon (tendon d'Achille) qui s'insère au calcanéum (calcaneus). Les muscles jumeaux (gastrocnemius) fléchissent la jambe (au genou) et agissent sur le pied en permettant de s'élever sur la pointe (flexion plantaire). Le soléaire agit uniquement sur le pied.

Fig. 126

a) Muscles jumeaux
b) Soléaire

a)

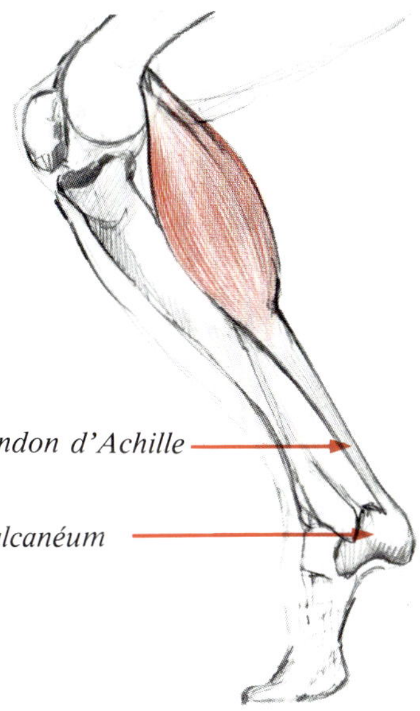

b)

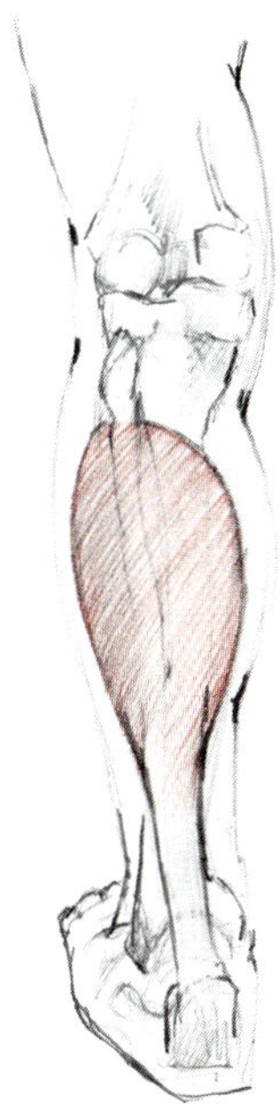

c)

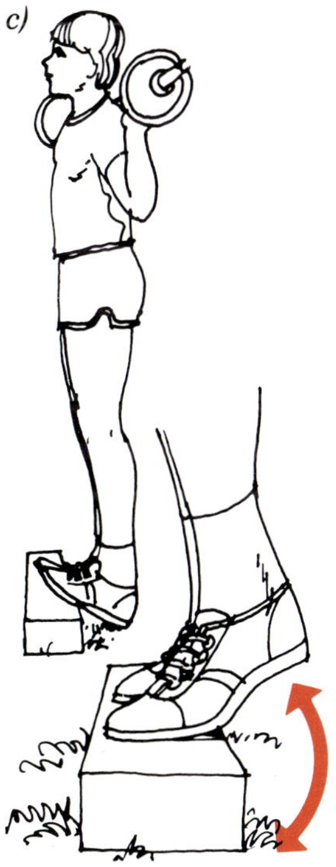

c) Les muscles du mollet sont entraînés correctement ainsi : on maintient la partie antérieure de la plante du pied en surélévation de 5 cm, on s'élève sur la pointe des pieds et on redescend. On peut faire cet exercice rapidement plusieurs fois (endurance dynamique) ou 5 à 6 fois avec une charge lourde (entraînement de la force maximale) (p. 24). Dans l'élévation les muscles accomplissent un travail concentrique et un travail excentrique à la descente.

Pendant un court instant, quand le talon est en contact avec le sol le muscle peut se relâcher tout en étant en tension. Cela provoque un certain « effet de stretching ». Si l'on veut seulement étirer les muscles du mollet, on peut faire l'exercice suivant : appuyé contre un mur (d) ou fléchi en avant (e) en appui sur les mains, on recule une jambe autant que possible le talon restant en contact avec le sol.

d)

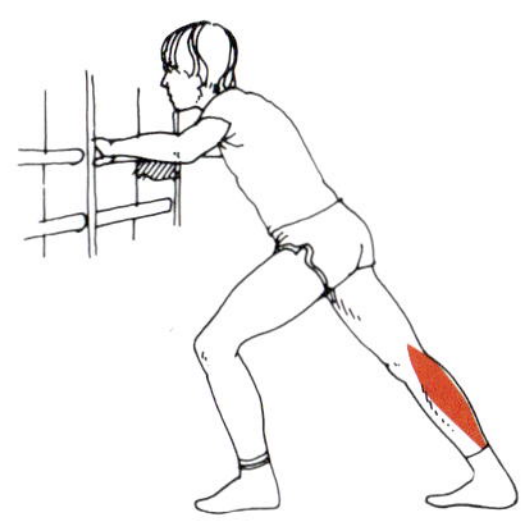

e)

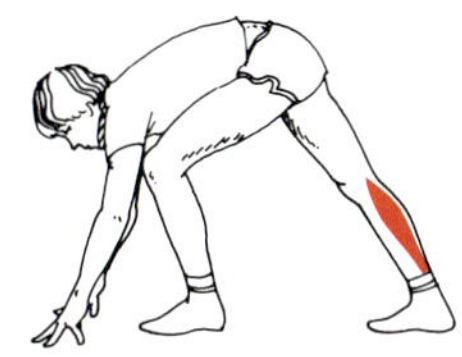

On mobilisera ces muscles selon la méthode proprioceptive (PNF), en appuyant la partie antérieure de la plante du pied contre le sol pendant quelques secondes. On peut aussi appuyer la partie antérieure de la plante du pied contre un arbre, tandis que les bras tirent en avant jusqu'à ce que le triceps se tende. Si l'on étend la jambe, on étire les jumeaux (d, e, f). Si l'on plie la jambe, on étire le soléaire (g). Ce dernier mouvement est souvent négligé : les mollets deviennent raides et douloureux.

f)

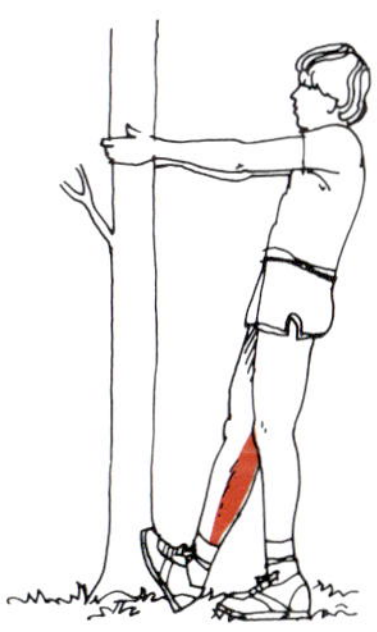

g)

LE PIED

Le raccourcissement des muscles du mollet peut aboutir à une position des pieds avec orteils pointés en bas. Les muscles entraînant une flexion dorsale du pied (fléchisseurs) qui se trouvent à la face antérieure de la jambe entre le tibia et le péroné (p. 45) doivent travailler constamment avec un tonus exagéré pour maintenir le pied en position normale. Ce tonus peut être une cause de douleur de la face antérieure de la jambe (p. 46) : ceci apparaît souvent après une grande séance d'entraînement, après une course sur revêtement dur, etc...

Fig. 127

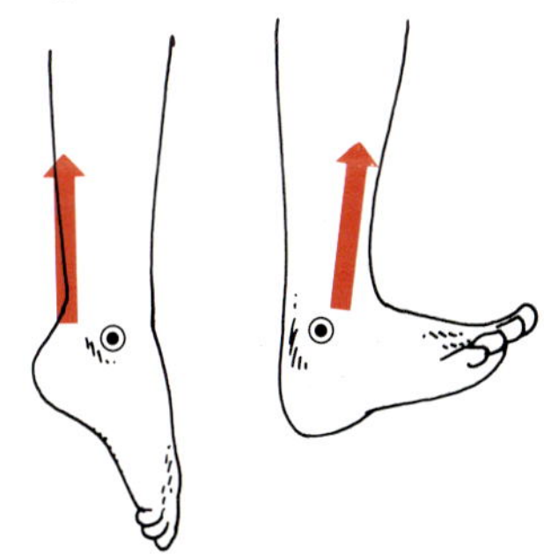

Si l'on examine de près la façon dont le tendon d'Achille se fixe au calcanéum, on constate que les muscles du corps répondent à une organisation mécanique exacte. Si le tendon d'Achille se fixait comme sur la figure a, le bras de levier, donc la possibilité de rotation du pied, serait moindre surtout dans l'élévation sur les orteils (ℓ_1 se réduit à ℓ_2).

Fig. 128

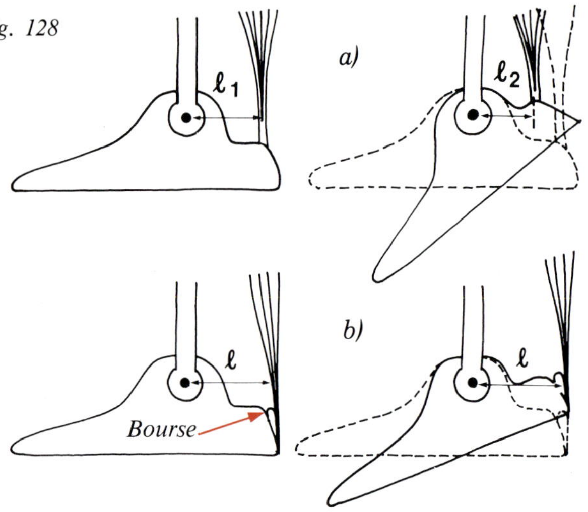

Le tendon d'Achille se fixe cependant plus bas sur le calcanéum : ce qui fait que le bras de levier reste à peu près le même que le pied soit à plat ou qu'il soit sur la pointe.

Fig. 129

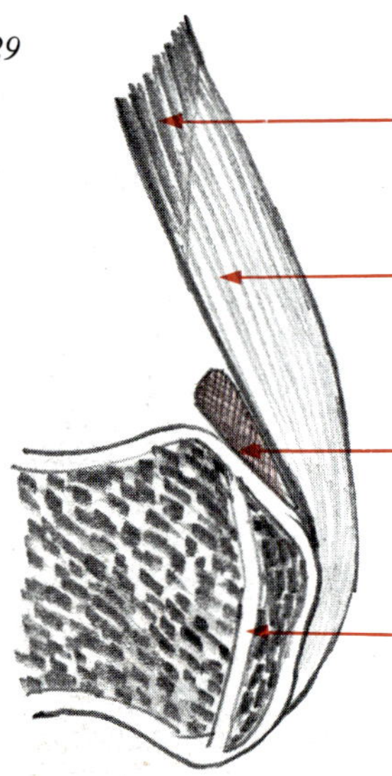

Le tendon est protégé du frottement contre le calcanéum par une bourse située entre le tendon et l'os.

Fig. 131 b)

Tarse

a) Calcanéum (calcaneus)
b) Astragale (talus)
c) Scaphoïde (navicular)
d) 1er cunéiforme
e) 2e cunéiforme } *Cunéiformes*
f) 3e cunéiforme
g) Cuboïde (cuboideum)

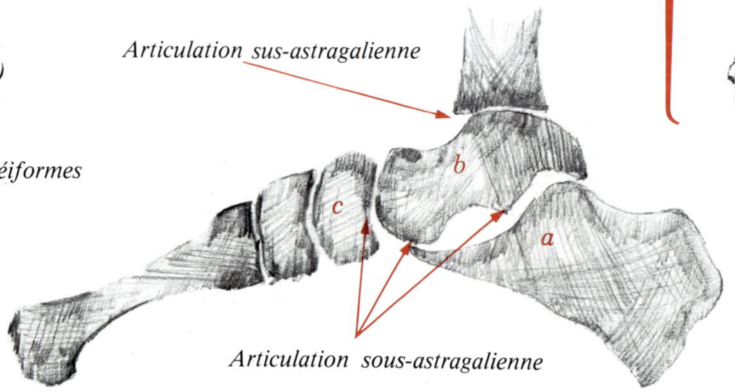

Mouvements du pied

Le pied peut se mouvoir autour de deux axes. Autour de l'axe 1, ce sont la flexion et l'extension. Autour de l'axe 2, la supination et la pronation.

Fig. 130

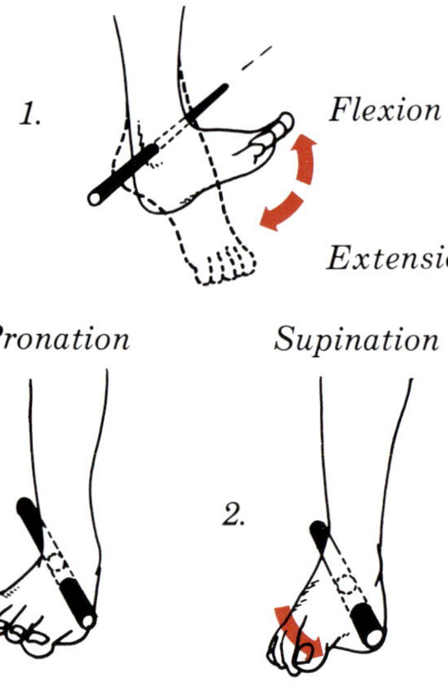

Squelette du pied

Le squelette du pied comprend les os du tarse (ossa tarsi), les os du métatarse (ossa métatarsalia) et les os des orteils (ossa digitorum pedis) ou phalanges. L'extension et la flexion se font entre l'astragale (talus) et la fourche formée par le tibia et le péroné : cette articulation est l'articulation sus-astragalienne. La supination et la pronation se font entre l'astragale et le calcanéum, le scaphoïde (naviculaire) et le calcanéum (calcaneus) : c'est l'articulation sous astragalienne.

Fig. 131 a)

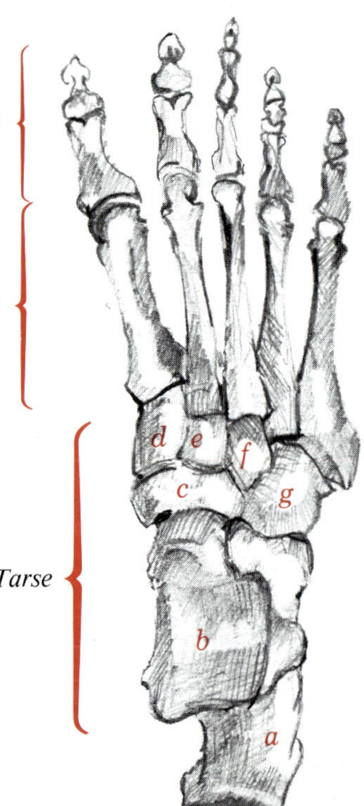

Dans cette articulation sous astragalienne, les mouvements s'effectuent simultanément sur plusieurs surfaces articulaires. Les mouvements des articulations sus et sous astragaliennes sont indépendants les uns des autres. Les mouvements de ces articulations du pied — comme dans les autres — sont commandés par des muscles. Si ces derniers ne peuvent pas supprimer les porte-à-faux importants ce sont, en dernier lieu, les ligaments du pied qui ont un rôle protecteur. Les ligaments partent des deux malléoles et se dirigent en rayonnant vers le bas en direction du tarse. Le ligament de la face interne du pied vient de la partie inférieure du tibia et s'insère sur le calcanéum, l'astragale et le scaphoïde : c'est le ligament deltoïdien (ligamentum deltoïdeum). Sur la face externe, se trouvent trois ligaments qui partent de la malléole péronière. L'un va en avant et se fixe sur l'astragale, l'autre va en arrière sur le calcanéum et le troisième en arrière sur l'astragale.

Fig. 132

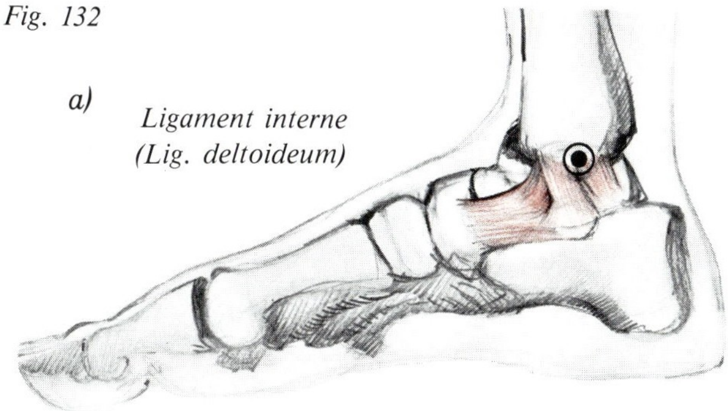

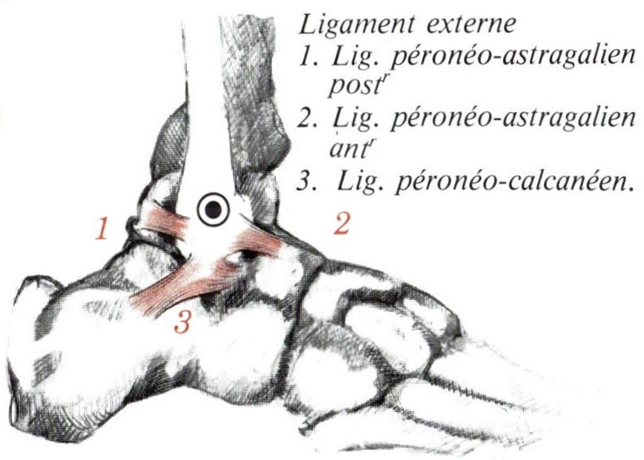

L'origine du ligament interne coïncide avec l'axe de rotation : c'est la raison pour laquelle le ligament est toujours en tension. L'origine des ligaments externes se trouve au-dessous de l'axe de rotation : ce qui explique que le ligament postérieur soit tendu quand le pied est dirigé en haut et que le ligament antérieur soit tendu quand le cou de pied est dirigé vers le bas. Lors de lésions, tout ou partie du ligament peut se déchirer. Dans certains cas, le ligament résiste mais c'est la malléole qui est arrachée.

Muscles du pied

Le muscle fléchisseur le plus important (voir p. 43) est le triceps sural. Celui-ci cependant agit avec d'autres muscles dont les tendons sont perceptibles en arrière des malléoles. Les muscles extenseurs les plus importants (1, 2, 3 - fig. 133) se trouvent à la face antérieure de la jambe entre le tibia et la péroné. Les tendons de ces muscles sont bien perceptibles sur le dos du pied tout près de l'extrémité inférieure du tibia : la pronation dépend de deux muscles dont les tendons sont perçus sous la malléole externe (4, 5). La supination dépend surtout de trois muscles dont les tendons passent en arrière et au-dessous de la malléole interne (7, 8, 9). La figure b montre la disposition de ces muscles par rapport aux différents axes de mouvement.

Fig. 133

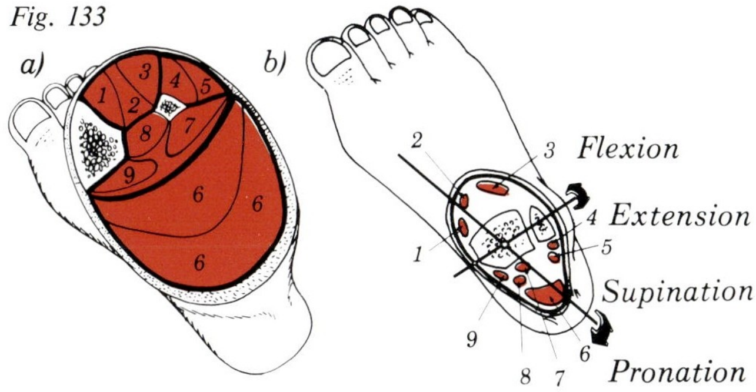

Les chiffres de ces figures correspondent aux muscles suivants et il en est de même pour ceux de la page 46.

1. Jambier antérieur (Tibialis anterior).
2. Long extenseur du gros orteil (Extensor Hallucis longus).
3. Long extenseur des orteils (Extensor digitorum longus).
4. Long péronier (Fibularis longus).
5. Court péronier (Fibularis brevis).
6. Triceps sural (Triceps surae).
7. Long fléchisseur du gros orteil (Flexor hallucis longus).
8. Long fléchisseur des orteils (Flexor digitorum longus).
9. Jambier postérieur (Tibialis posterior).

Quand on décrit un pied et sa fonction, on emploie le terme de voûte plantaire. Il en existe trois types :

I. La voûte interne (mediala) appelée aussi arche du mouvement.
II. La voûte externe (laterala) ou arche de l'appui.
III. La voûte transversale (ou voûte antérieure).

Fig. 134

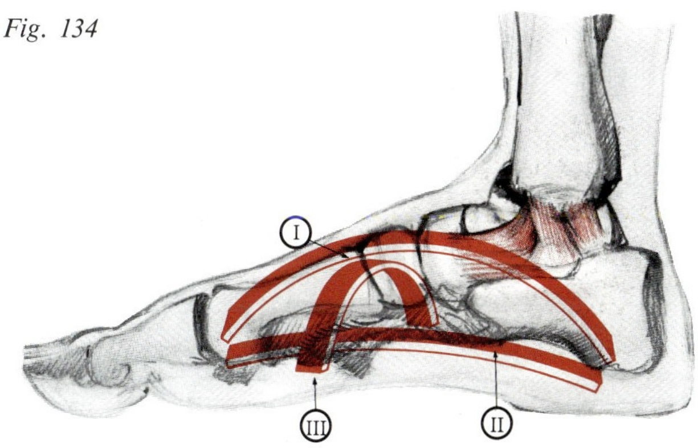

Lors d'une foulée, le poids du corps suit l'arche d'appui : le pied roule sur le sol de la partie externe du talon jusqu'au gros orteil. La souplesse est donnée par les autres voûtes qui sont soutenues par les ligaments et par un assemblage en coin d'os et de muscles. Les anomalies peuvent être soit une courbure trop importante — pied creux — (le moins courant) soit une courbure trop peu accentuée (pied plat). La cause de ce dernier peut être un relâchement du ligament sous l'effet de surcharge (course répétée sur sol dur sans soutien de la voûte plantaire ou un déséquilibre entre les forces exercées par les différents muscles. Les structures qui agissent sur la voûte interne (I) sont indiquées ci-dessous figure 135. Les structures marquées (+) ont tendance à creuser la voûte interne (arche du mouvement) celles marquées (–) ont tendance à aplatir cette voûte.

Fig. 135

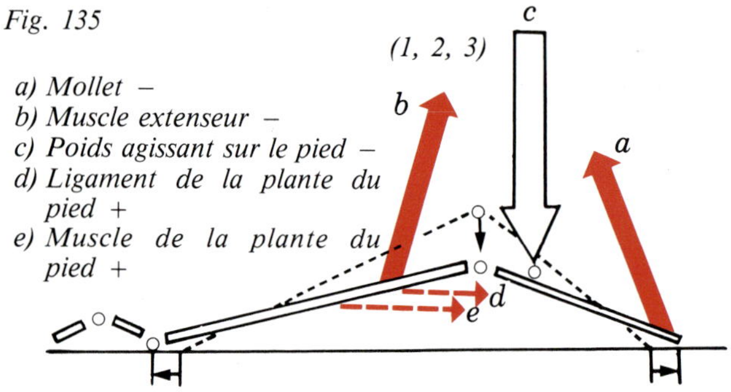

Les blessures les plus courantes sont celles qui intéressent le ligament externe. Ces blessures proviennent de mauvaises réceptions pour diverses raisons. Elles peuvent être évitées en grande partie avec des chaussures adaptées. Les chaussures usées (sur la partie externe du talon) sont souvent la cause d'accidents. Les sols antidérapants sont aussi une cause très fréquente d'accidents (pistes en tartan). L'adhérence y est trop forte et provoque le blocage du soulier au moindre contact avec le sol. Les muscles, qui contrôlent l'élévation du pied et qui en même temps assurent la pronation, c'est-à-dire élèvent le bord externe afin que le soulier ne s'accroche pas trop tôt au sol, sont le long péronier et le court péronier (M Fibularis longus et Fibularis brevis 4 et 5). La force et la rapidité de réaction de ces muscles sont très importantes. Leur entraînement en force et celui de leurs antagonistes internes (7, 8, 9) peuvent se faire en s'élevant sur la pointe des pieds. Si l'on prend la position a avec l'extrémité des doigts tournés en dedans et si l'on marche en équilibre sur l'extérieur du pied, on mettra en action 7, 8 et 9. Si l'on prend la position b avec les doigts pointés vers l'extérieur, on sollicitera 4 et 5.

Fig. 136

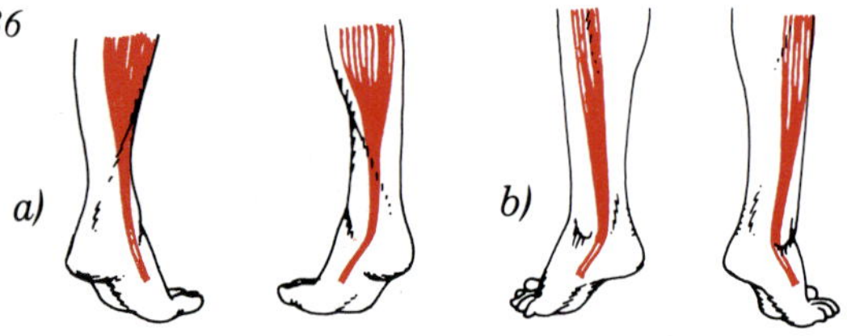

L'entraînement de la coordination de la vitesse sera obtenu en essayant de garder l'équilibre sur un objet instable.

On peut contrôler et entraîner son aptitude à ajuster la position de la surface du pied en se tenant en équilibre sur une jambe, le genou de la jambe d'appui légèrement fléchi, les bras balants et les yeux fermés. L'équilibre sur une jambe antérieurement blessée est sensiblement moins bon. La motricité fine des muscles n'est plus entraînée ; il y a un risque réel de nouvelle blessure si l'on n'intensifie pas le réentraînement.

Fig. 137

Périostite

Un problème que la plupart des sportifs rencontre tôt ou tard est l'inflammation du périoste ou *périostite.* Les muscles releveurs du pied (1, 2, 3) sont tous situés à la face antérieure de la jambe entre le tibia et le péroné et sont entourés d'un fascia (membrane conjonctive résistante) (fig. 133). Cette position interne entre le tibia et la membrane inter osseuse sert directement d'insertion à une partie des muscles. Le reste des muscles naît directement de la paroi osseuse, traverse le périoste qui est en contact étroit avec le fascia. Le périoste peut se détacher de l'os sous l'effet d'une forte contraction musculaire ou d'une tension importante du fascia qui est fixé à l'os par le périoste. Dans de microscopiques géodes, entre le périoste décollé et l'os, se produisent de petites hémorragies et inflammations (Périostite).

Comme cela a été dit plus haut, cette périostite survient souvent ches les coureurs. La guérison peut être difficile si l'entraînement de course est poursuivi et ne laisse pas le temps nécessaire à la cicatrisation (p. 23). Une autre cause de douleur peut être une intensification soudaine de l'activité sportive ou un changement de sol. Les muscles, déjà à l'étroit dans le fascia qui les entoure, augmentent en volume (afflux sanguin) plus que ne le permet ce fascia. Les pressions qui se manifestent provoquent des sensations douloureuses qui rappellent celles rencontrées dans la périostite. Une telle augmentation de volume est appelé « syndrome des espaces clos ». Dans les cas sévères d'hyperpression, la section chirurgicale du fascia musculaire à la verticale entre le tibia et le péroné, à la face antérieure de la jambe donne de bon résultat. Par ce moyen, on diminue la pression dans le compartiment musculaire le plus antérieur. Une affection ressemblant à une périostite peut apparaître quand on court trop sur sol dur. Les contraintes rapides et courtes qui surviennent à chaque pas peuvent, dans certains cas, provoquer des fissures microscopiques dans la couche lamellaire externe de l'os. Ce type de lésion est beaucoup plus difficile à guérir qu'une banale périostite.

De mauvaises chaussures dans une course sur sol dur peuvent créer un affaissement exagéré de la voûte plantaire qui se répète à chaque pas. Le muscle tibial antérieur (1) qui se termine sur la plante du pied (fig. 138) est attiré vers le bas et tire par conséquent sur son insertion supérieure avec force. C'est ce qui se passe lorsque l'on court en posant *tout le pied à plat* au lieu de poser le talon en premier. Les chaussures doivent assurer un support correct de la voûte plantaire pour empêcher tout affaissement de celle-ci.

Fig. 138

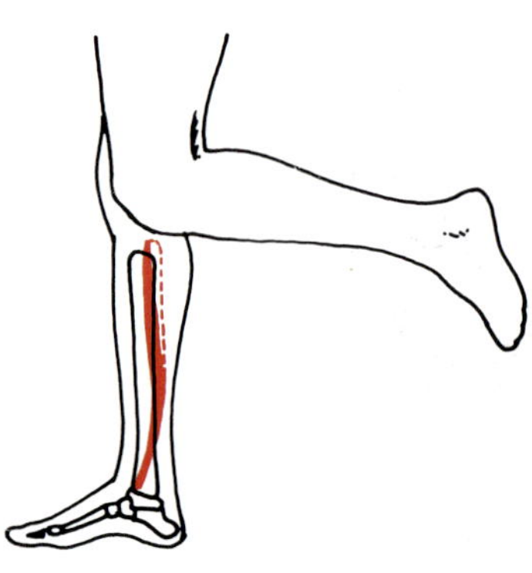

Chapitre IV

ANATOMIE ET FONCTION DU TRONC

Fig. 139

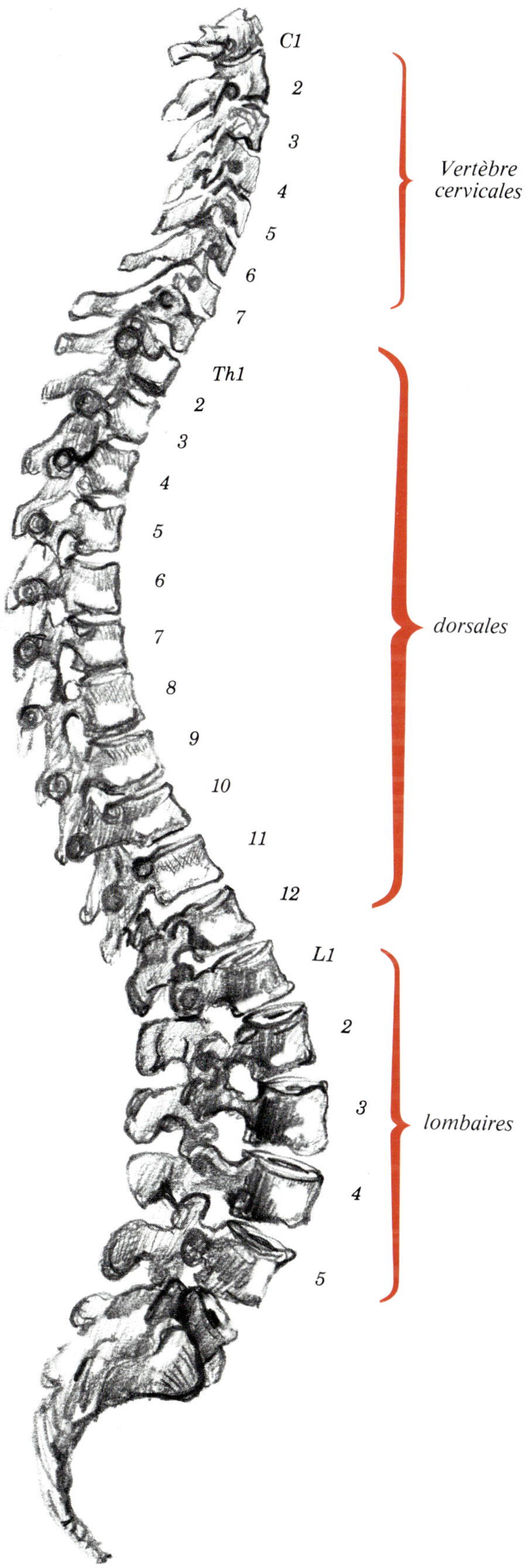

La colonne vertébrale (ou rachis) se compose de 7 vertèbres cervicales qui forment le cou C1, C2 à C7, de 12 vertèbres dorsales (vertebra thoracica) Th1 à Th12 et de 5 vertèbres lombaires (vertebra lombalis) L1 à L5. Entre chaque vertèbre se trouve un disque cartilagineux (anulus fibrosus) (1) qui possède un noyau central mou (nucleus pulposus) (2). Cet ensemble sert d'amortisseur et est appelé un disque vertébral. L'épaisseur de ce disque est égal à 1/3 du corps de la vertèbre. Les vertèbres sont empilées les unes sur les autres et entre chaque vertèbre existe un trou transversaire (foramen intervertebrale) (3), d'où sortent les nerfs issus de la moëlle épinière (4) et destinés aux différentes parties du corps.

Fig. 140

Vue supérieure

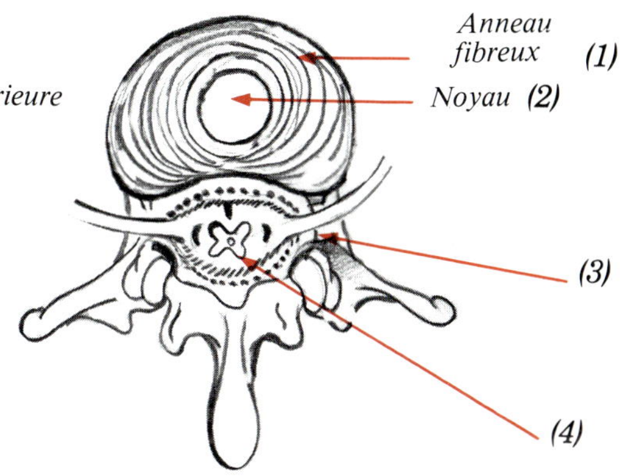

Fig. 141

Vue latérale

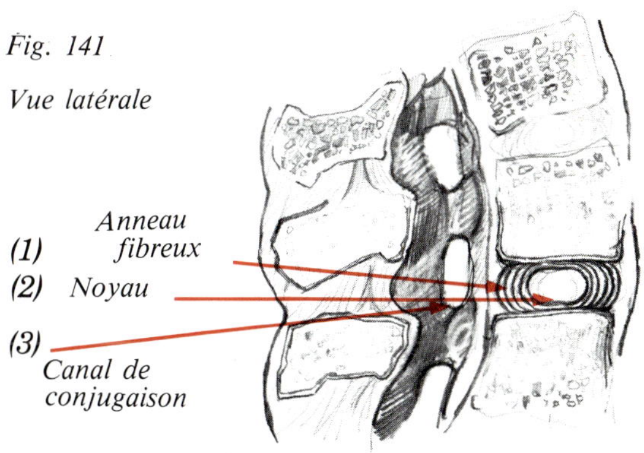

Fig. 142

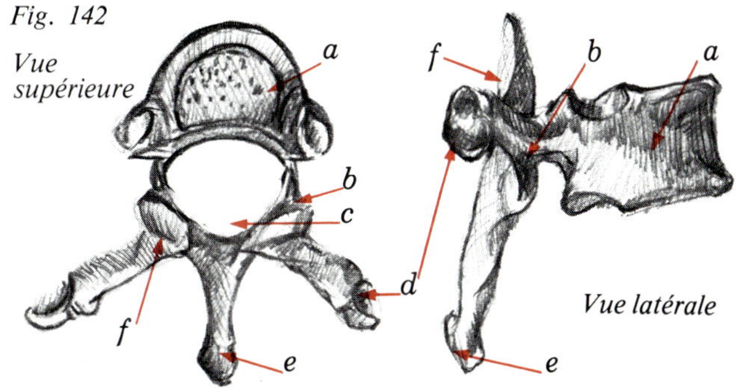

On trouve dans une vertèbre les parties suivantes :

a) Le corps vertébral (corpus vertebra).
b) L'arc vertébral (arcus vertebra) ou pédicule.
c) Le canal rachidien (foramen vertebrale).
d) L'apophyse transverse (processus transversus).
e) L'apophyse épineuse (processus spinosus).
f) L'apophyse articulaire (processus articularis).

Les flexions postérieures trop importantes du rachis sont limitées par les apophyses épineuses qui butent les unes sur les autres et par la tension du ligament vertébral commun antérieur (1) (Lig. longitudinale anterius) qui se trouve le long de la face antérieure du rachis.

Fig. 143

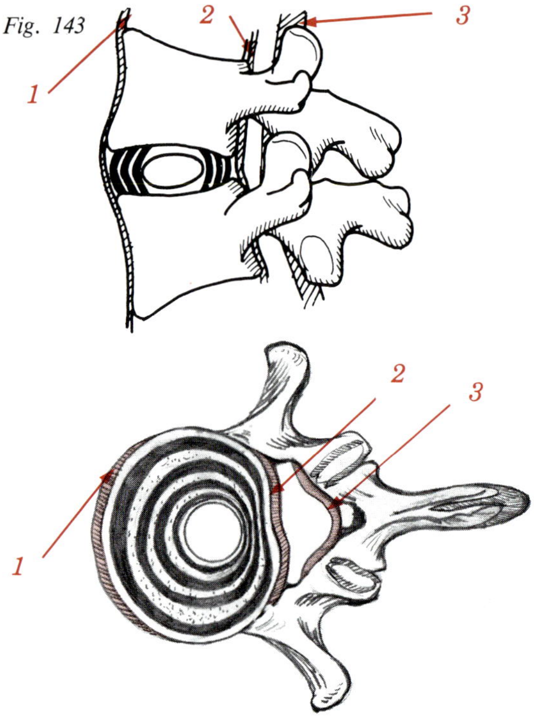

La flexion antérieure est limitées en partie par les muscles rachidiens et par un ligament élastique (3) qui est étendu entre la partie postérieure des pédicules, le ligament jaune (Lig. flavum) et en partie par le ligament vertébral (2) commun postérieur situé à la face postérieure des corps vertébraux (ou à la face antérieure du canal vertébral) (Lig. longitudinale postérius).

Les douleurs vertébrales dont se plaignent souvent les sportifs sont dues le plus souvent à des contraintes excessives, mal réparties, ou à des mouvements trop rapides d'amplitudes quasiment extrêmes.

Les douleurs dont se plaignent les non-sportifs sont dues souvent à un mauvais entraînement des muscles rachidiens (et aussi des jambes et de l'abdomen), à l'usure due à de nombreux efforts de lever du même côté, à une position de travail assise ou penchée en avant. La pression à l'intérieur du disque varie en fonction de la position du corps et de la charge extérieure. La plus faible pression dans le rachis lombaire est obtenue en étant allongé avec les genous surélevés : ainsi le psoas iliaque ne tire pas sur le rachis (et n'augmente pas ainsi la pression intradiscale) voir figures 149-150. La station assise entraîne une pression plus forte que la station debout : ce que beaucoup ne savent pas.

Fig. 144

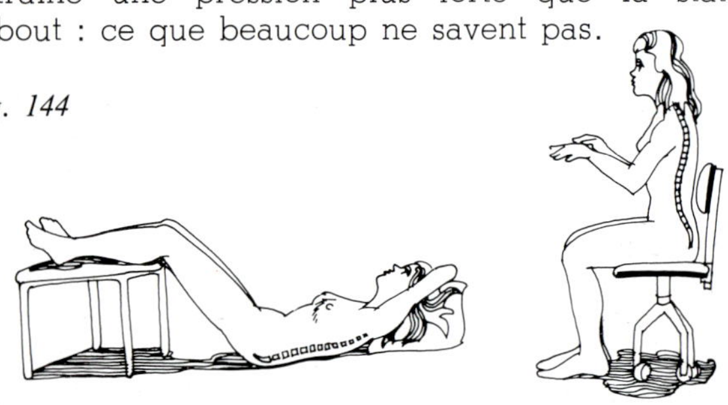

Ceci est dû au travail (statique) plus important des muscles rachidiens en station assise qu'en station debout. La pression dans le disque dépend du poids du corps (mg) sur le disque et de la force (F) avec lesquelles les muscles environnants se contractent (fig. 145).

La force de la pression résultante (dans la fig. 145) devient mg + F. On calcule la pression (P) en divisant la force par la surface du disque chez un homme adulte, le disque de L3 a une surface d'environ 10 cm². Un sujet jeune supporte une charge de 800 kg soit 8 000 N. Chez une personne âgée, la capacité à supporter une charge diminue de moitié. Un disque jeune et intact peut supporter aussi une pression de 800 N/cm². Comparons ces chiffres avec ceux de la page 50.

Fig. 145

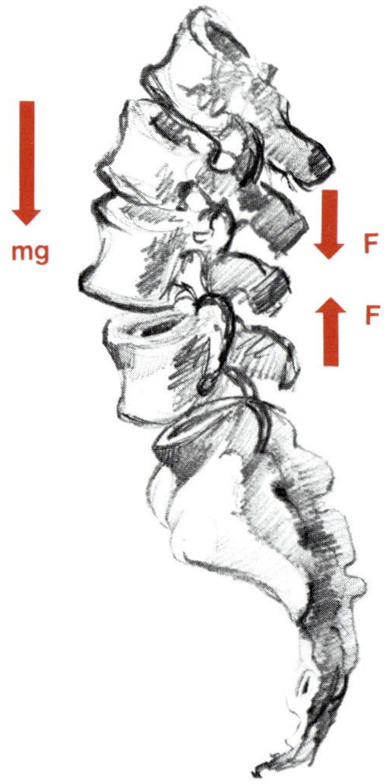

Si l'on porte un poids, la pression augmente naturellement dans le disque. Une contrainte asymétrique provoque une pression plus importante qu'une même pression symétrique (p. 50). Si l'on « se suspend » à un espalier, on soulage le rachis et la pression du disque diminue simultanément ou a un étirement des muscles rachidiens. On obtient un meilleur effet si l'on se suspend avec un *appui pour les pieds* et avec les hanches fléchies (M. psoas iliaque relaché : dos plat).

Fig. 146

On peut mentionner une chose curieuse : à savoir que si une charge est portée longtemps ou est trop forte, une certaine quantité de liquide est chassée du noyau et une diminution de la taille est constatée. Un haltérophile peut perdre quelques centimètres après une séance d'entraînement intensif. Le matin, les disques sont un peu plus épais qu'après une journée astreignante. On est ainsi un peu plus grand quand on se lève que quand on se couche.

La taille diminue avec l'âge : ceci est dû en grande partie au fait que les disques s'affaissent ensemble au fur et à mesure que leur tissu fibreux dégénère. Les causes de douleurs dorsales peuvent être multiples. Dans un cas courant, la partie fibreuse du disque se fissure, le noyau mou est comprimé en arrière et appuie sur le ligament vertébral postérieur dans le canal rachidien. Si le ligament est tendu, on a une sensation douloureuse à cause de cellules sensibles à la douleur, situées dans le ligament (dans le disque fissuré, il n'y a pas de nerfs sensitifs à la douleur). Ce type de douleur peut disparaître si l'on cesse de contraindre le rachis par des levers lourds, par une position de travail en flexion-avant, ou par des stations assises prolongées sans bouger. Si le noyau mou est poussé trop longtemps vers l'arrière (fig. 148), il peut comprimer la racine nerveuse qui passe par le trou de conjugaison. On ressent alors une douleur dans les muscles qui sont en relation avec ce nerf. On peut ainsi ressentir une douleur dans une épaule si l'on a un disque abîmé entre deux vertèbres cervicales. Un muscle tendu, de petits déplacements vertébraux ou un cartilage usé entre deux vertèbres peuvent exercer les mêmes pressions sur des nerfs et entraîner ainsi les mêmes douleurs. Si des douleurs apparaissent dans le membre inférieur, on parle de sciatique car le nerf qui est irrité s'appelle nerf sciatique.

Fig. 147

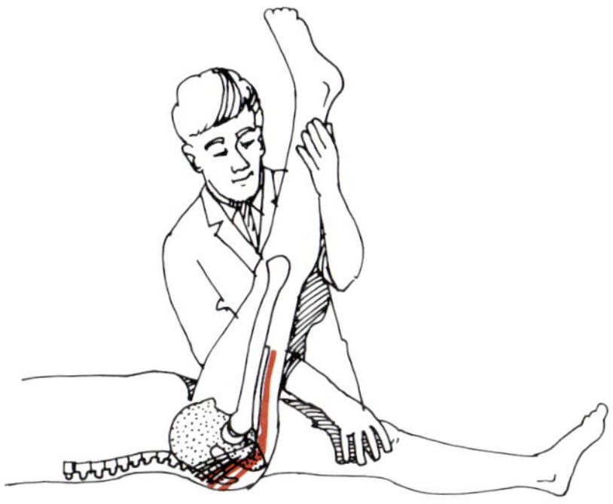

Une partie des nerfs qui sortent d'un trou de conjugaison pour aller dans un muscle peut être étirée un peu trop du trou par une tension du muscle. Cela entraîne une pression du nerf contre une convexité du disque et une intense sensation douloureuse de la jambe. On peut savoir si le nerf sciatique est irrité en allongeant le sujet sur le dos et en soulevant la jambe (voir fig. ci-dessus) : c'est le test de Lasègue. Ces douleurs ne doivent pas être confondues avec les douleurs qui apparaissent chez une personne raide qui essaie d'étirer, par des exercices d'assouplissement, les muscles postérieurs de cuisse (Hamstrings p. 41). La partie fibreuse du disque est composée essentiellement de fibres de collagène qui s'allongent sous l'effet d'une charge prolongée. Une position de travail où le disque est soumis longtemps à un déséquilibre est une cause fréquente de hernie. Un lever de charge lourde entraîne une augmentation de pression dans le disque : le noyau (1) (nucleus pulposus) peut alors enfoncer l'anneau fibreux (2) (anulus fibrosus).

Fig. 148

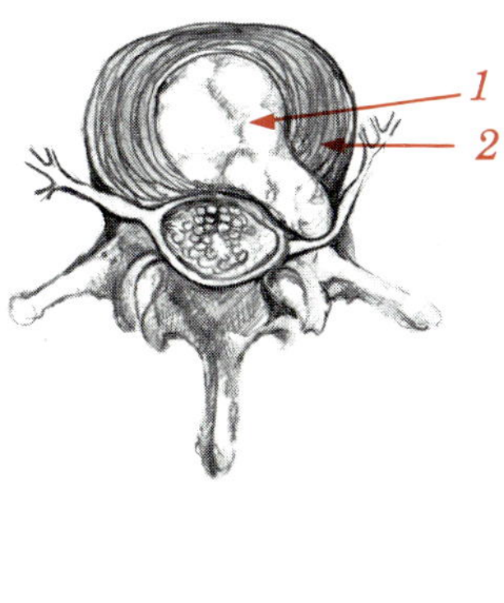

Des levers de charges lourdes conjuguées à une rotation du tronc (pelletage de neige) entraîne une très forte augmentation de pression sur la partie postérieure du disque qui n'est protégée par aucun ligament supplémentaire (fig. 148). Ces contraintes sont pour cette raison particulièrement dangereuses chez les personnes qui ont mal au dos. L'exemple ci-dessous indique la façon de calculer avec la loi des moments (p. 25) les charges supportées par les vertèbres dans différentes positions : porter, lever ou exercices d'entraînement. Dans l'exemple, le sujet pèse 80 kg et dont 40 kg se trouvent au-dessus de L3. La distance se mesure en cm et la force en Newton : 40 kg = 400 N.

Fig. 149

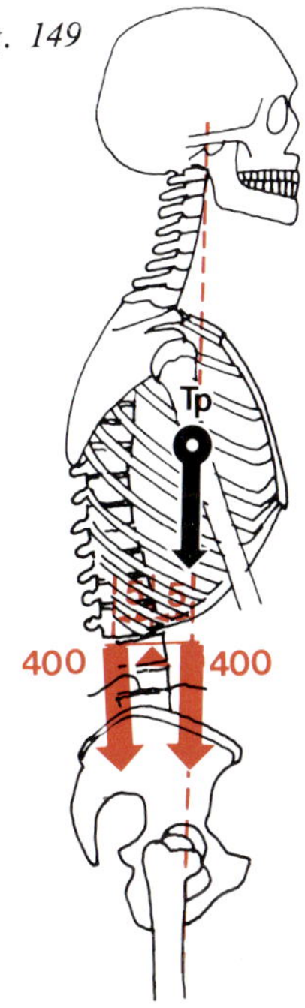

En position debout, la verticale qui passe par le centre de gravité tombe 5 cm environ en avant du centre du disque L3. Les muscles du rachis passent 5 cm environ derrière le disque, c'est pourquoi la force musculaire doit être égale à 400 N pour empêcher la partie inférieure du corps de tomber en avant.

Fig. 150

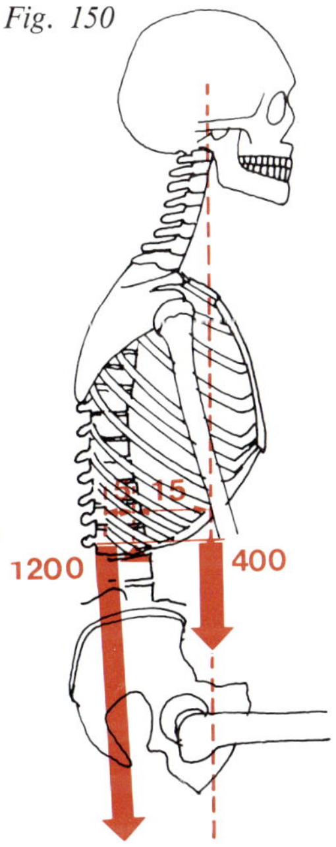

En position assise, la verticale qui passe par le centre de gravité tombe 15 cm environ en avant de L3. Le bras de levier des muscles est de 5 cm environ (comme lors de la position debout), ce qui nécessite une force de 1 200 N pour obtenir un équilibre. La force appliquée sur le disque sera de 1 200 + 400 = 1 600 N.

Lorsqu'on lève un objet, il faut se tenir de telle façon que le bras de levier externe (distance de L3 jusqu'au point d'application de la force exercée par les poids réunis du corps et de l'objet) soit aussi petite que possible. Dans l'exemple ci-dessous, le tronc (40 kg) + charge (10 kg) correspondent à 500 N. La musculature rachidienne travaille 5 cm en arrière de L3. Si l'on se tient correctement (b) on a un bras de levier externe d'environ 20 cm contre 30 cm dans une position de lever (a). En position assise (c), même des poids très légers entraînent des contraintes importantes pour le rachis (voir fig. 151).

Fig. 151

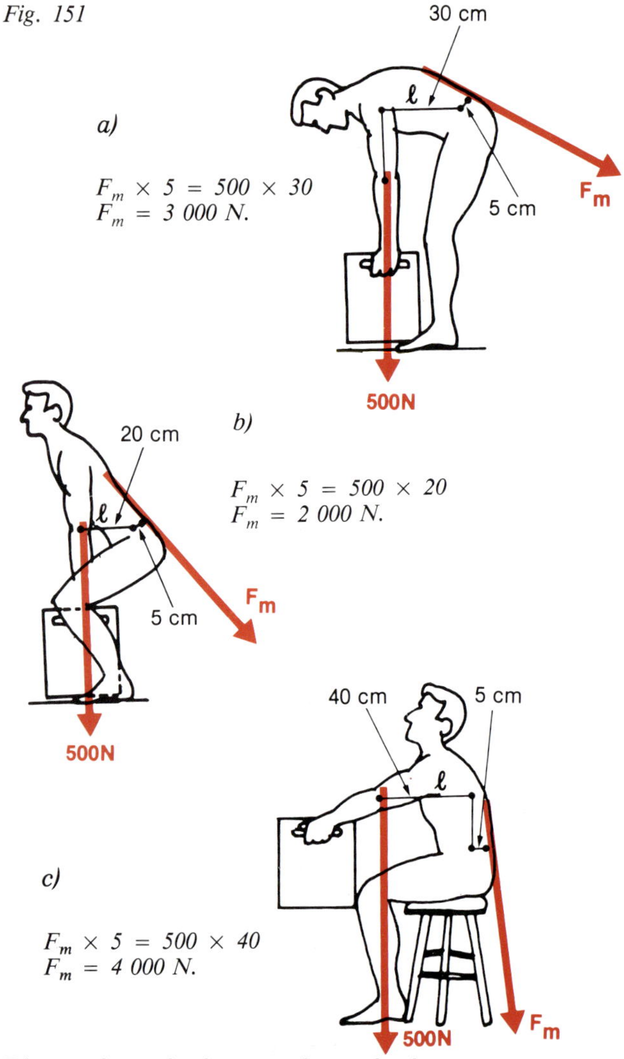

a)

$F_m \times 5 = 500 \times 30$
$F_m = 3\,000$ N.

b)

$F_m \times 5 = 500 \times 20$
$F_m = 2\,000$ N.

c)

$F_m \times 5 = 500 \times 40$
$F_m = 4\,000$ N.

D'après les calculs précédents, le disque est exposé à une pression des muscles égale à la moitié de ce qu'il peut supporter (8 000 N p. 48) quand il est sain. Ceci concerne un lever de « seulement » 10 kg en station assise. Le disque est cependant soulagé par une contraction instinctive des muscles abdominaux et du diaphragme (p. 57). Dans ce cas, se produit une augmentation de pression abdominale qui agit en se dispersant dans deux directions, en haut et en bas (ces pressions s'opposent l'une à l'autre). Les disques qui forment une partie de la paroi postérieure de la cavité abdominale s'opposent à une forte contrainte en se pressant. On peut avoir ainsi une façon de réduire l'effet de compression exercée par les muscles rachidiens d'environ 40 %.

Fig. 152

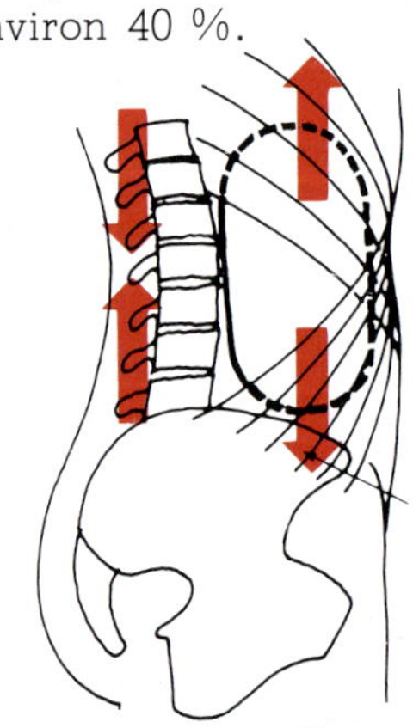

Les calculs ci-dessus montrent l'importance d'un entraînement correct des muscles abdominaux pour soulager le rachis et d'avoir de puissants muscles de cuisses pour lever en bonne position, c'est-à-dire avec les jambes fléchies.

Quand on répartit symétriquement une charge entre les deux mains, la contrainte est bien plus réduite que si l'on portait ce fardeau d'un seul côté. Sur le schéma, le sujet pèse 40 kg au-dessus de L3. La charge est de 30 kg. Le bras de levier des muscles rachidiens dans la flexion latérale est de 5 cm.

Lever symétrique

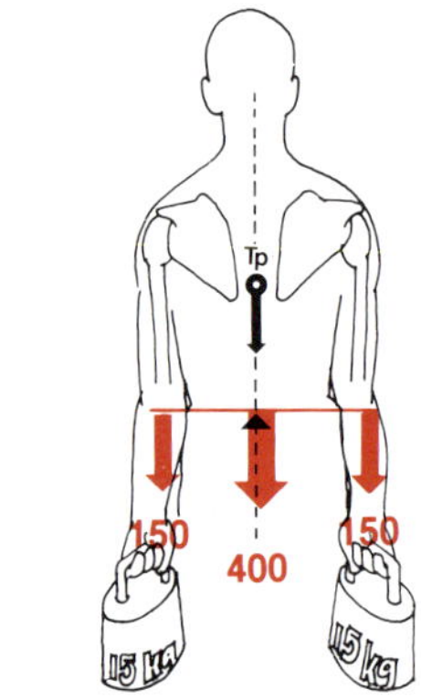

Charge totale
150 N + 150 N + 400 N = 700 N (on peut également se reporter à ce qui est indiqué dans la légende de la figure 145).

Fig. 153

Lever asymétrique

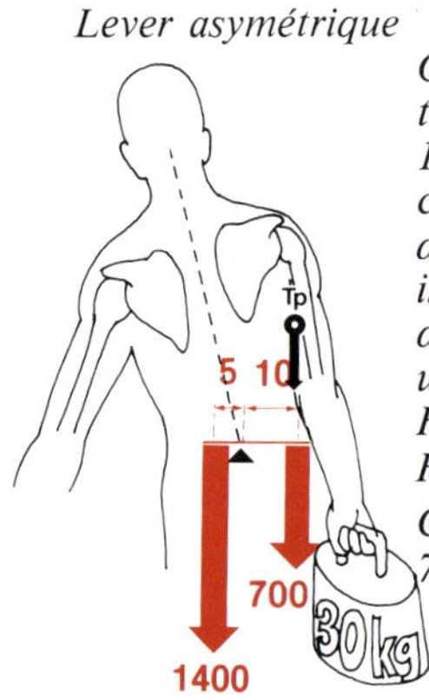

Observer que le centre de gravité résultant du corps et de la charge tombe à 10 cm latéralement par rapport à L3 (le centre de gravité résultant se situe à la droite de L3, bien que le sujet se soit incliné à gauche). Les muscles du rachis doivent exercer une contraction avec une force de :
$F_m \times 5 = 700 \times 10.$
$F_m = 1\,400$ N.
Charge totale :
700 N + 1 400 N = 2 100 N.

Fig. 154

Une lourde charge s'exerçant sur le rachis oblige le muscle psoas iliaque (p. 34) à travailler. Ce muscle travaille en statique pour lever la jambe raide quand on est suspendu à l'espalier. Si les jambes, chez une personne de 80 kg pèsent 30 kg, le centre de gravité des jambes est à 40 cm de l'articulation de la hanche et si le muscle psoas iliaque travaille avec un bras de levier de 5 cm, la force sera donc conforme au calcul ci-dessous.

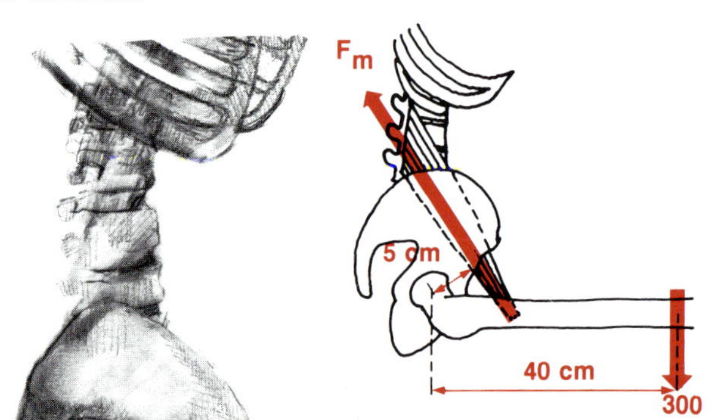

$F_m \times 5 = 300 \times 40$
$F_m = 2\,400$ N.

Fig. 155

Environ 1 100 N de cette force contribuent à augmenter la courbure lombaire. La force de compression sur les disques devient environ 2 200 N. Si on ne maintient pas le dos plat à l'aide des muscles abdominaux une force de 2 200 N donne une très haute pression dans certaines parties du disque.

Fig. 156

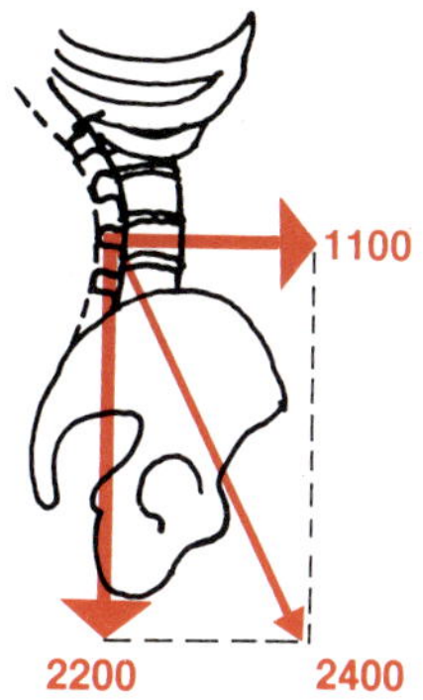

L'exercice n'est pas recommandé pour les personnes qui ont de faibles muscles abdominaux. Dans les activités athlétiques, on trouve cependant des exercices où les psoas-iliaques sont encore plus sollicités.

Fig. 157

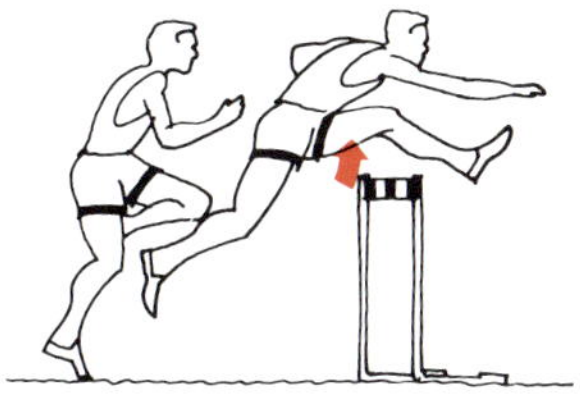

Nous pouvons par exemple comparer les forces nécessaires pour élever la jambe, chez le sprinter, le sauteur en hauteur, le coureur de haies, etc... Le poids de la jambe et l'accélération à laquelle elle est soumise fait que (surtout les psoas-iliaques) la force de contraction musculaire peut atteindre environ 4 000 N.

Lorsqu'on analyse les exercices dans lesquels sont engagés les muscles du dos, on doit aussi prendre en compte l'effet stabilisateur des muscles abdominaux. Les figures suivantes montrent quels types de muscles dorsaux et abdominaux nous possédons.

Les muscles du rachis (Erector spinae)

On peut schématiquement diviser les muscles du rachis en :

- Muscles longs (franchissant 7 vertèbres au moins).
- Muscles moyens (franchissant de 2 à 6 vertèbres).
- Muscles courts (allant à la vertèbre la plus proche).

Les muscles longs se trouvent le plus à l'extérieur :

a) M. ilio-costal (du bassin aux côtes),
b) M. long (de la crête de l'apophyse épineuse jusqu'à l'apophyse transverse et jusqu'aux côtes),
c) M. Epiépineux (entre les apophyses épineuses),

Fig. 158

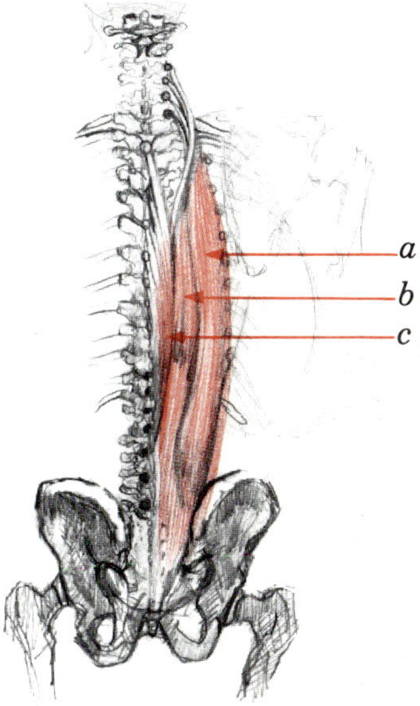

Les muscles moyens sont :
d) M. Demi-épineux (Franchit 4-6 vertèbres),
e) M. Epineux (Franchit 2-3 vertèbres).

Fig. 159

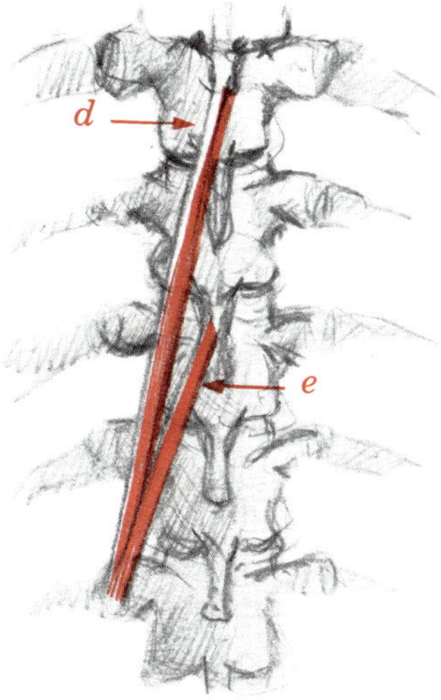

Les muscles courts relient les vertèbres entre elles :

f) M. Intertransversaires (entre les apophyses transverses),
g) M. Interépineux (entre les apophyses épineuses),
h) M. Rotateurs ou M. Transversaires épineux (entre les apophyses épineuses et transverses).

Fig. 160

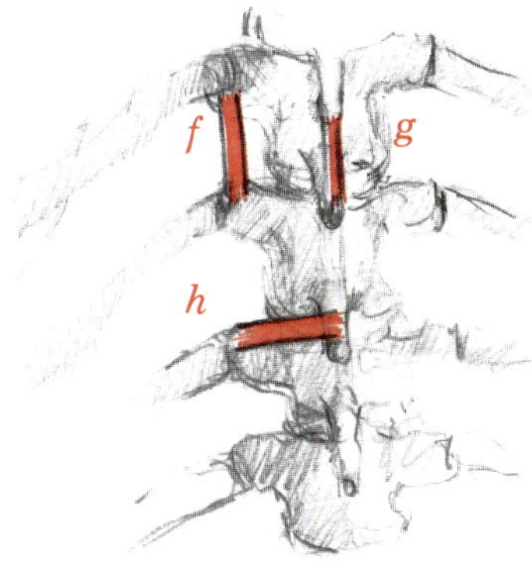

Ces muscles travaillent ensemble formant une entité ; toutefois, les M. Iliocostaux ont une plus grande capacité pour participer aux flexions latérales que les autres muscles. Les M. Rotateurs sont les muscles les plus importants dans les rotations du torse. Dans toutes les formes de lancers, la combinaison de flexion latérale et de torsion est un moment important.

Fig. 161

On pense que la crampe des muscles courts et surtout des M. rotateurs est l'accident le plus courant : c'est le lumbago. Lorsqu'un muscle a une crampe, les muscles voisins se contractent également afin de supprimer les mouvements susceptibles éventuellement, de déchirer ce muscle. Ceci supprime à son tour l'approvisionnement en sang du secteur, qui provoque l'apparition de crampes dans plusieurs muscles, etc.

Afin de réduire l'état de crampe, les muscles doivent être soulagés (repos) et décontractés (chaleur, massage, médicaments décontractants). La crampe peut apparaître après un entraînement intensif, un mouvement inattendu ou à la suite d'un déplacement vertébral lors d'un effort brusque. La meilleure prévention est une bonne musculature abdominale et rachidienne.

Exercices pour la musculature rachidienne

Voici un exemple d'exercice qui oblige les M. Rotateurs à travailler : On se tient « à quatre pattes » et l'on élève en même temps le bras droit et la jambe gauche. On obligera ainsi les obliques à travailler statiquement en empêchant l'omoplate droite ainsi que la jambe gauche de retomber. On gardera la position quelques secondes afin que les muscles exécutent un travail statique. Ensuite, on changera de côté en levant le bras gauche et la jambe droite.

Fig. 162

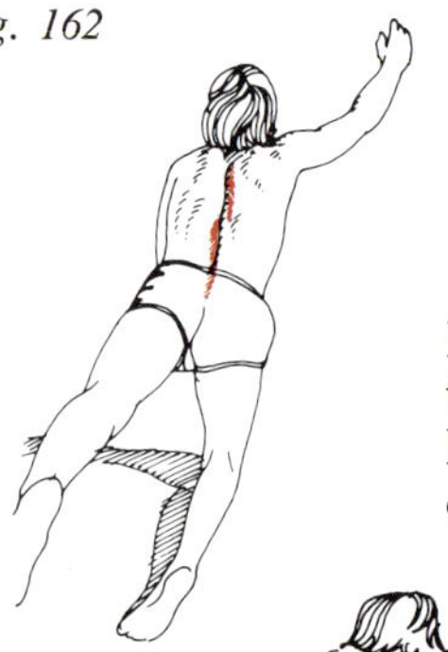

Les images ci-dessous montrent quelques exercices pour le dos et expliquent le but de ces exercices.

Fig. 163 a)

a) L'exercice doit se faire *lentement* en montant et en descendant. Pour des jeunes bien entraînés, l'exercice peut comprendre une rotation latérale dans la partie haute de celui-ci afin d'activer les rotateurs (M. Rotatores). La charge sur le rachis lombaire, augmente si les bras sont allongés vers l'avant : *n'exagérez pas* les flexions arrière du cou, *n'allez pas* trop haut.

b)

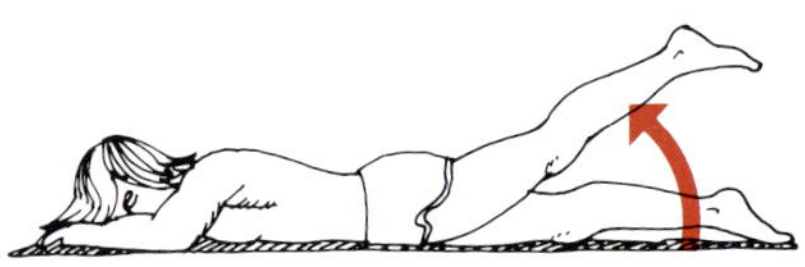

b) Elevez une jambe à la fois afin d'entraîner les hamstrings, le grand fessier, de même que les muscles lombaires. Faites l'exercice *lentement*. Faites *un arrêt* dans la position haute afin d'entraîner les muscles statiquement, *ne combinez pas* l'exercice a + b.

c)

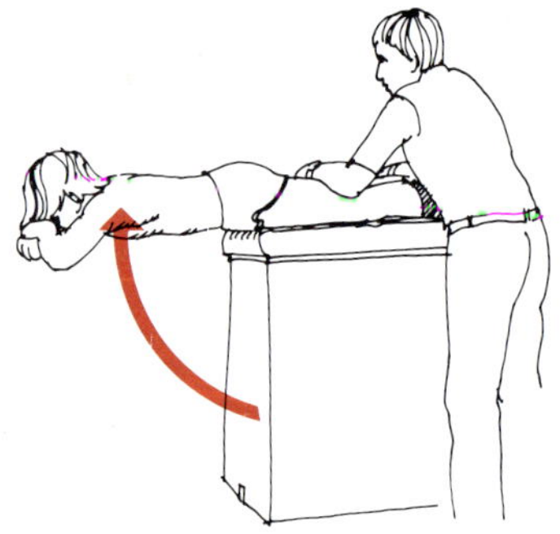

c) Allongé sur le ventre, le bassin en dehors du cheval d'arçon. Soulevez vous en gardant le dos droit *jusqu'à* ce que le corps atteigne le *plan horizontal*. On entraîne ainsi tous les muscles du dos en statique, de même on entraîne les extenseurs de la hanche de façon concentrique en montant et de façon excentrique en descendant. On peut doser l'exercice par la position des bras : faible charge avec les bras le long du corps et forte charge avec les bras derrière la nuque. De légers poids peuvent être utilisés.

d) Même exercice que c, mais on s'élève jusqu'au plan horizontal *en déroulant* les vertèbres une à une en commençant par le rachis lombaire. La musculature du dos doit alors faire un travail concentrique (dans l'ordre L5, L4 à C1) pendant l'élévation et excentrique pendant la descente (C1 à L5).

d)

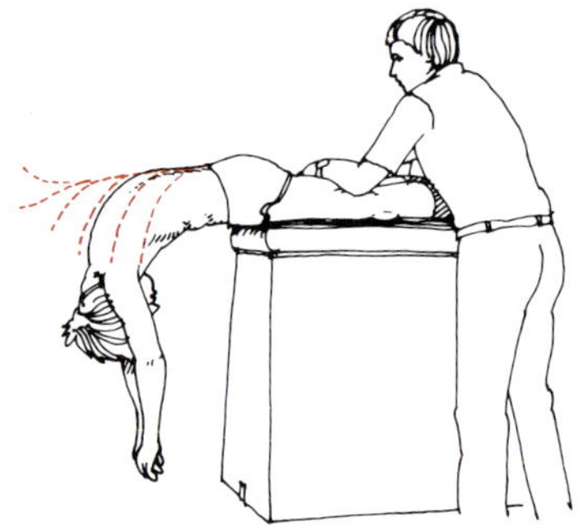

Les figures ci-dessous montrent quelques exemples de mise en tension de la musculature rachidienne en fléchissant vers l'avant sans charge pour que la musculature se relâche.

Fig. 164

a)

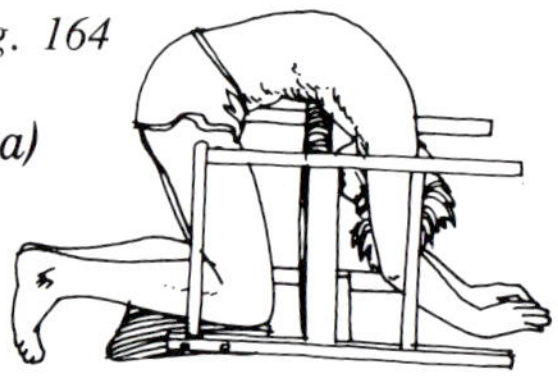

b)

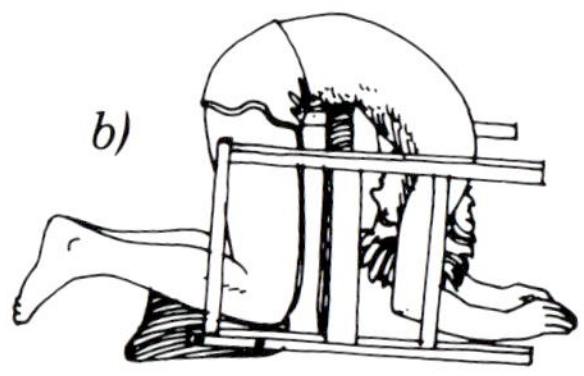

c)

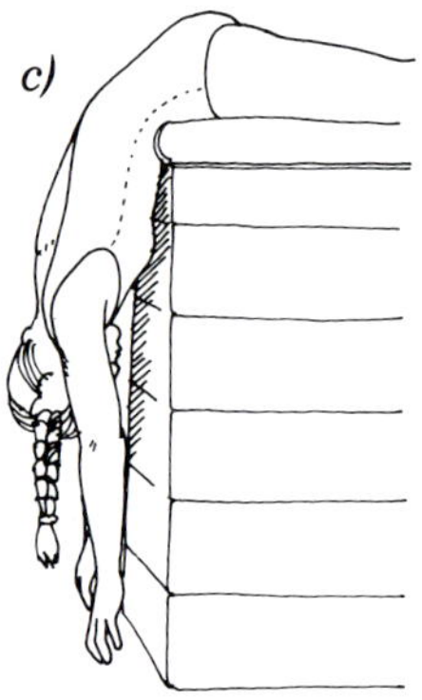

d)

e)

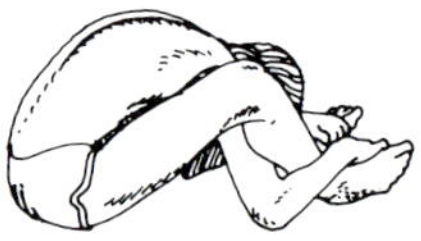

f)

Les positions ci-dessus réduisent la pression discale par traction du dos. Pour entraîner les muscles du rachis, on peut (1) faire une flexion avant du torse, les jambes tendues et en gardant le dos droit jusqu'au plan horizontal ; on fait ensuite (2) une légère flexion des genoux avec simultanément une flexion avant du dos.

Fig. 165

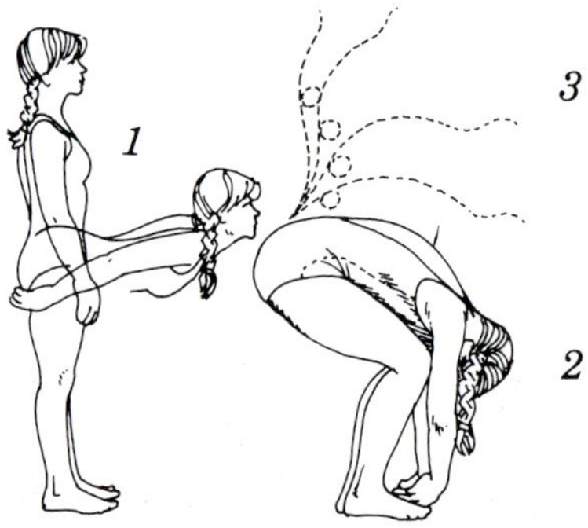

On retrouve ensuite à la position (3) horizontale en déroulant une à une les vertèbres en commençant par la partie lombaire. La première phase (1) charge statiquement les muscles du dos. La charge augmente jusqu'à ce que l'on atteigne la position horizontale.

On peut augmenter cette charge en exécutant des mouvements de nage lorsqu'on a la position horizontale, avec les bras ; de cette manière, on éloigne des hanches le centre de gravité du tronc. Si on laisse tomber le corps en dessous de l'horizontale, on réduit la charge des muscles du dos et la charge viendra solliciter à la place le ligament commun vertébral postérieur (p. 48). Ceci doit être évité par les personnes âgées ou celles ayant des problèmes de dos. Le déroulement (3) oblige les muscles du rachis à travailler concentriquement sur toute la longueur de la colonne vertébrale (comparez avec la fig. 163 d). On entend souvent dire que les rotations du tronc sont des exercices dangereux : aucune preuve ne peut confirmer cette hypothèse. Souvent les exercices de rotations du torse (a) sont confondus avec les mouvements de « Hula-Hop » b).

Fig. 166 a)

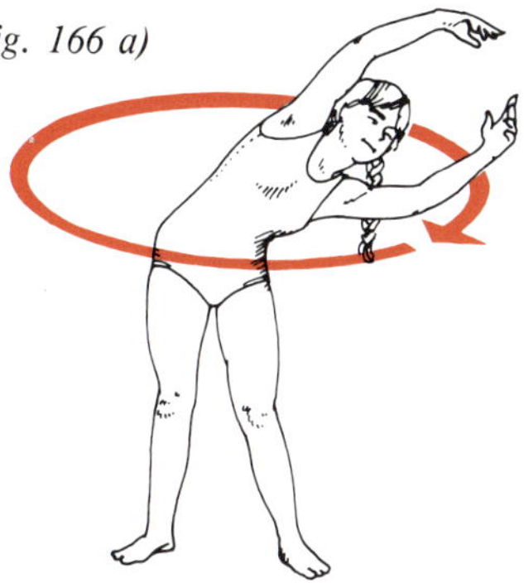

b)

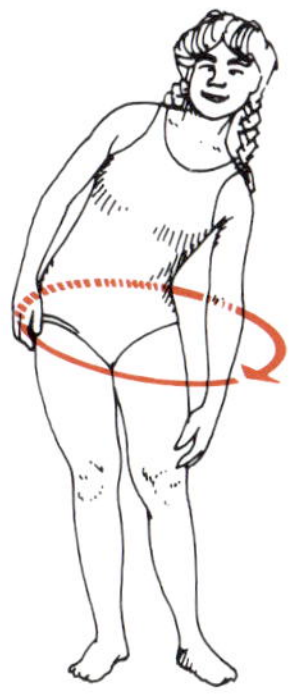

Les rotations du tronc se font de telle manière que celui-ci décrit de grands cercles tandis que les hanches et les jambes restent immobiles. Si le mouvement s'exécute lorsqu'on est échauffé et avec un contrôle de la vitesse, il n'y a pas de risque. On ne peut toutefois pas affirmer que cet exercice soit spécialement utile. Les mouvements de Hula-Hop entraînent la mobilité des articulations des hanches. Tandis que les pieds et la tête restent immobiles, les hanches suivent un trajet circulaire. En ce qui concerne la nuque, on ne doit pas faire ce que l'on appelle les roulements de tête. Si l'on fait de tels mouvements, on risque, si l'on agit *trop rapidement,* de dépasser la limite au-delà de laquelle les ligaments et les cartilages articulaires s'usent. La figure 167 montre à peu près la limite de mouvement de la tête. On ne peut pas plier de travers en arrière aussi loin que dans les autres directions. La partie hachurée indique les zones dangereuses que l'on atteint obligatoirement si l'on exécute des roulements de tête rapidement. Lentement et en contrôlant, on peut très bien suivre les limites de mobilité des vertèbres cervicales.

Fig. 167

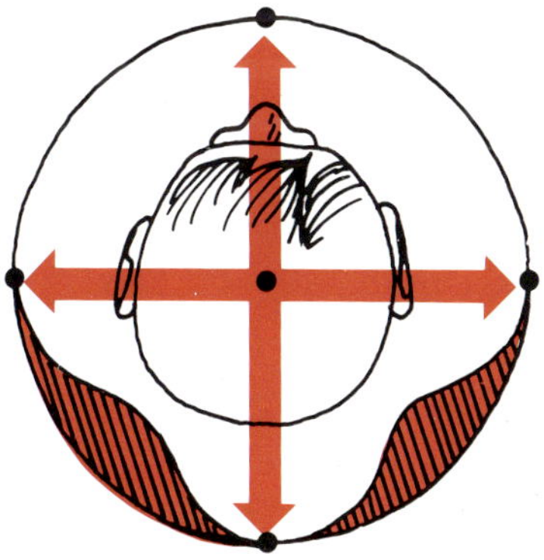

Musculature abdominale

Lorsqu'on observe les mouvements qui sont exécutés en position allongée sur le dos, on voit qu'une bonne musculature abdominale réduit la charge dans les levers et stabilise la colonne vertébrale (c'est l'antagoniste de la musculature dorsale). L'exemple page 50 montre que les muscles du dos sont toujours entraînés lorsqu'on soulève, lorsqu'on se tient debout, lorsqu'on est assis, etc... Chez la plupart des gens, la musculature abdominale est plus faible que la musculature dorsale. Un entraînement général de la musculature abdominale (a) peut aussi être recommandé pour tout le monde. Les athlètes doivent renforcer leurs muscles abdominaux avec des exercices utilisant de lourdes charges. (b) Ils peuvent par ailleurs entraîner la force des fléchisseurs des hanches (psoas-iliaque droit antérieur) et les extenseurs du dos (exercices déjà vus p. 35).

Fig. 168

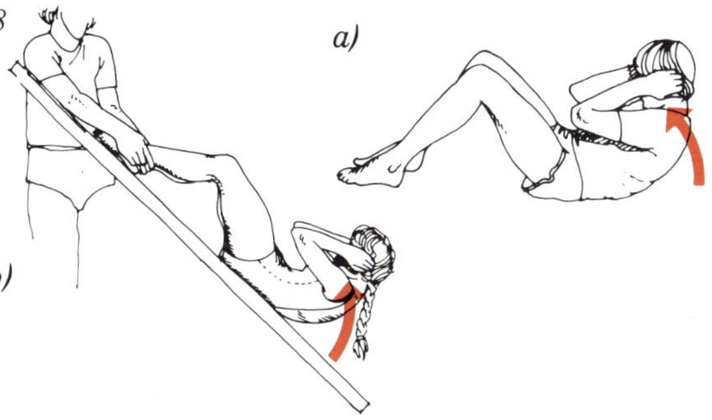

Afin de pouvoir choisir les exercices et de savoir les exécuter, on doit d'abord comprendre le fonctionnement des muscles abdominaux. Il est aussi important que l'on sente le lien entre la musculature dorsale et les fléchisseurs des hanches.

Les muscles abdominaux

Sont de quatre types différents.

Fig. 169

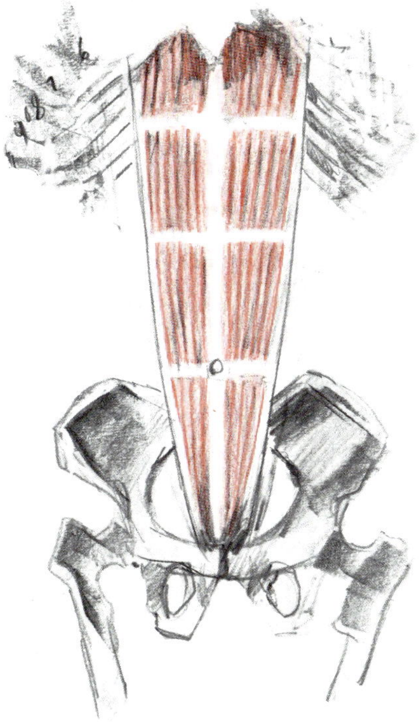

a) Le grand droit de l'abdomen

Le grand droit (Rectus abdominis) a son origine sur l'extrémité du sternum et s'insère au bord supérieur du pubis.

La contraction de ce muscle provoque la flexion vers l'avant des vertèbres dorsales et lombaires. Si l'on est allongé sur le dos (fig. 168) et si l'on élève le tronc aussi haut que possible sans faire basculer le bassin en avant (pas de mouvement de l'articulation de la hanche), on aura provoqué le raccourcissement maximum du grand droit de l'abdomen.

b) Le grand oblique externe de l'abdomen

(Obliquus externus abdominis) vient de la face antéro-inférieure de la cage thoracique et se transforme rapidement en une membrane tendineuse ou aponévrose qui recouvre le grand droit. Le grand oblique s'attache ensuite sur la hanche et sur l'arcade crurale.

Fig. 170

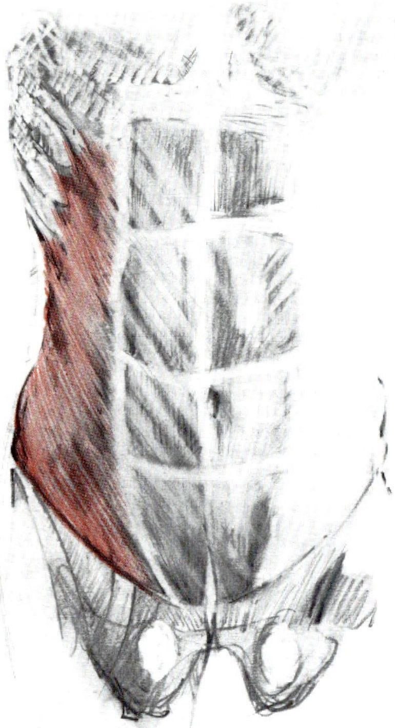

c) Le petit oblique interne de l'abdomen

(Obliquus internus abdominis) vient de l'os iliaque et de l'arcade crurale et se transforme tôt en une membrane tendineuse qui passe essentiellement au-dessus du grand droit de l'abdomen. La membrane du petit oblique s'attache à l'opposé sur la cage thoracique.

Fig. 171

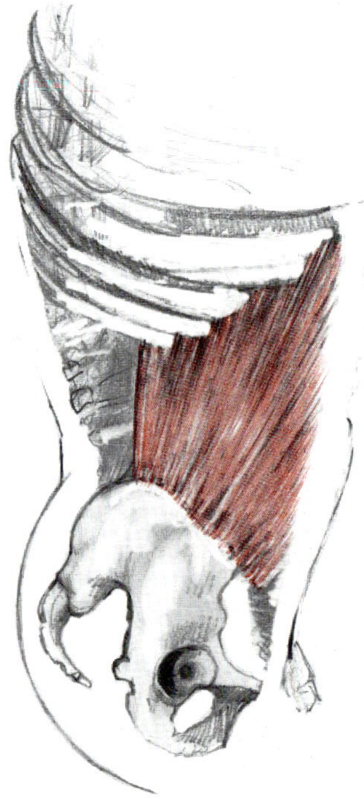

Les muscles obliques sont les aides des grands droits mais peuvent également faire pivoter le torse. En exécutant des assis-coucher de travers (fig. 172) la charge vient sur les muscles obliques et si l'épaule droite se penche vers la hanche gauche, on mettra en action le grand oblique droit et le petit oblique gauche.

Fig. 172

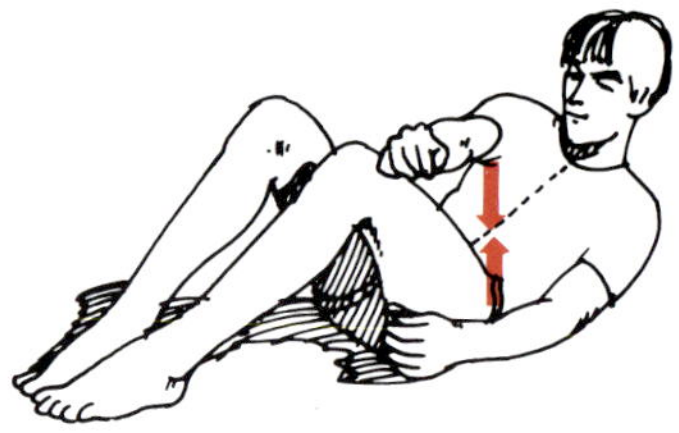

d) Le muscle transverse

(Transversus abdominis). Il n'intervient pas dans le mouvement, il participe seulement au maintien de la silhouette « rentrer le ventre ». Il joue un rôle lorsque la pression sur l'abdomen augmente. Tous les muscles abdominaux en se contractant augmentent la pression abdominale (qui est dispersée). De cette manière, les disques peuvent être déchargés lors des levers (p. 50).

Fig. 173

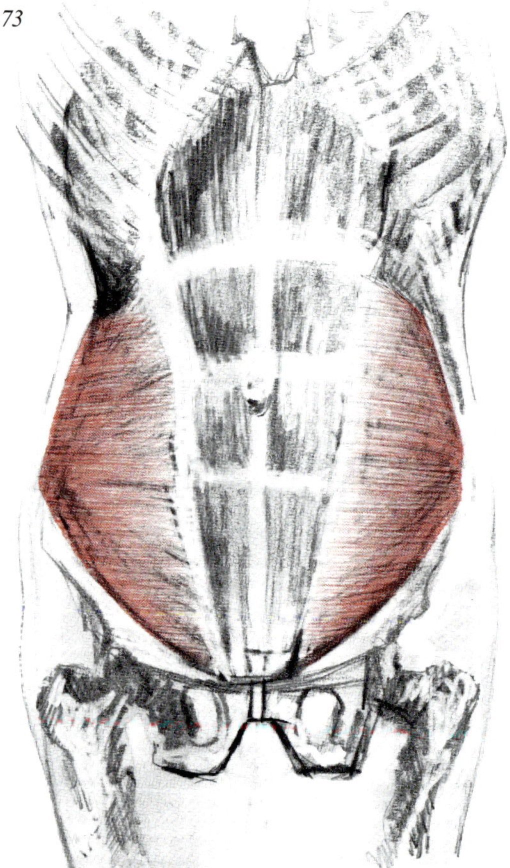

Fig. 174

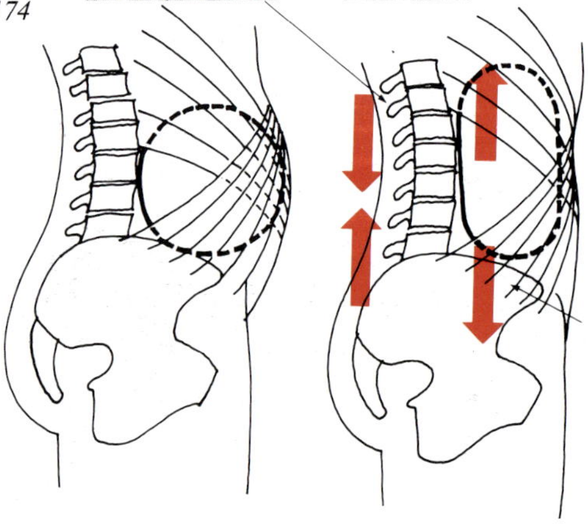

La figure ci-dessous montre une coupe horizontale du corps et les rapports des différents muscles du dos et du tronc.

Fig. 175

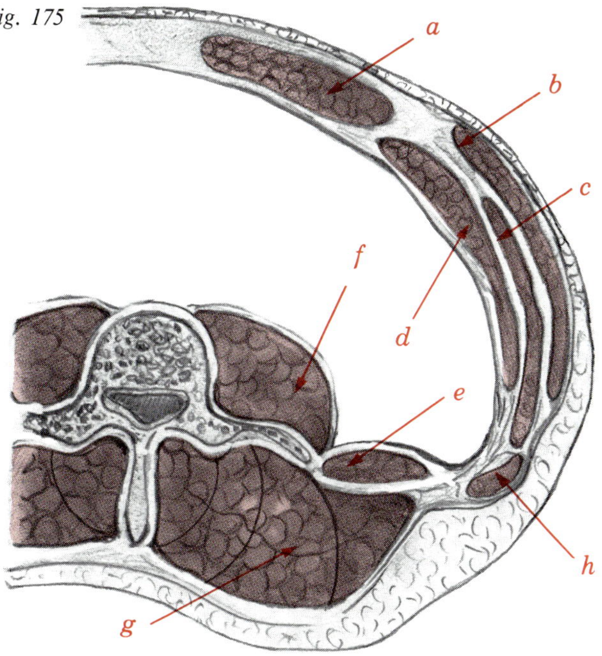

a) Muscle droit de l'abdomen (Rectus abdominis)
b) Muscle oblique externe (Obliquus externus)
c) Muscle oblique interne (Obliquus internus)
d) Muscle transverse (Transversus)
e) Muscle Carré des lombes (Quadratus lumborum)
f) Muscle psoas-iliaque (Iliopsoas)
g) Muscles extenseurs du rachis (Erector spinae)
h) Muscle grand dorsal (Latissimus dorsi) voir p. 62.

M. Carré des lombes (Quadratus lumborum)

Fig. 176

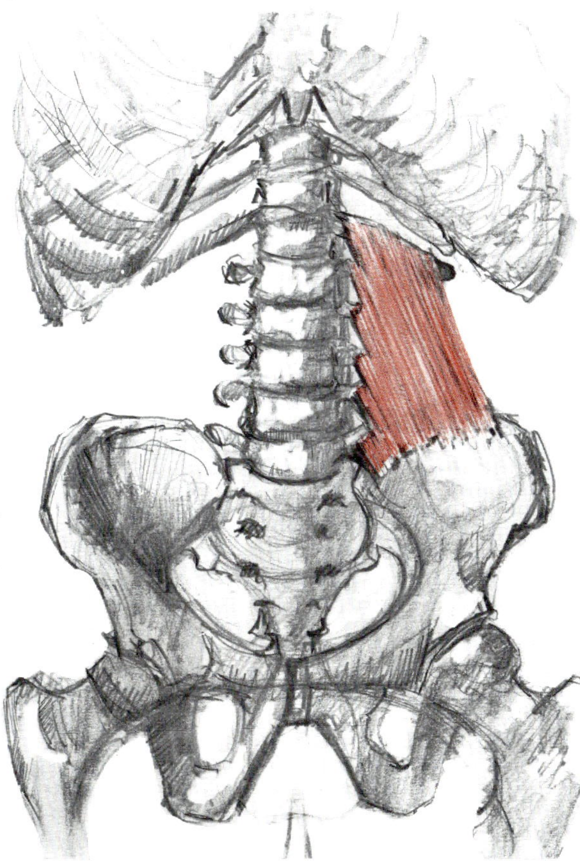

Fig. 177

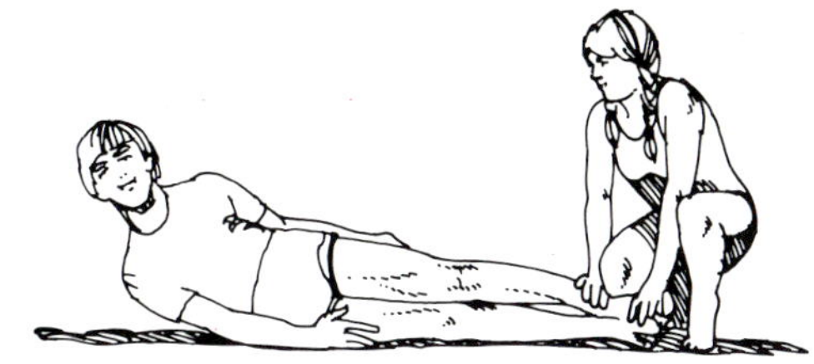

Dans ce contexte, le muscle *fléchisseur latéral* le plus puissant est le Quadratus lumborum. Il prend part à la flexion latérale lorsque le mouvement atteint le rachis lombaire. Voir l'exercice page 31 où le mouvement se passe dans la hanche mais intéresse aussi les abducteurs.

Fig. 178

a)
b)

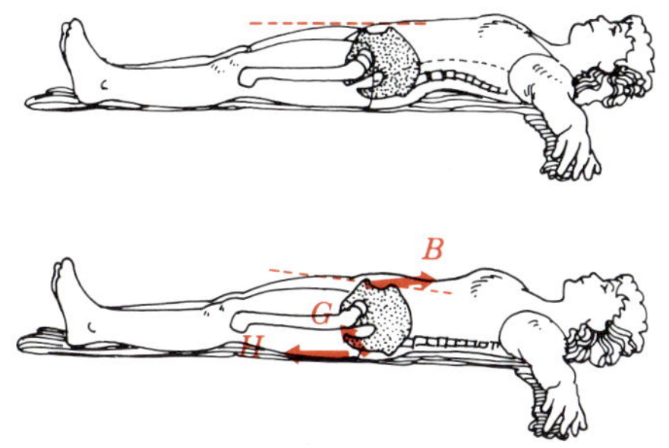

En position allongée sur le dos, on a une certaine cambrure lombaire qui provient de la courbure naturelle de la colonne vertébrale ou éventuellement d'une tension des muscles psoas-iliaques. Le dos peut être plaqué contre le sol (fig. b) par la rotation du bassin avec l'aide des muscles abdominaux (B) des muscles fessiers (G) et des hamstrings (H) : ce n'est pas facile à réaliser si l'on a les muscles psoas-iliaques et rachidiens trop courts. On facilitera l'exercice en pliant les genoux et en élevant la tête quelque peu. On relâchera de ce fait les psoas-iliaques provoquant ainsi le redressement de la colonne vertébrale.

Fig. 179

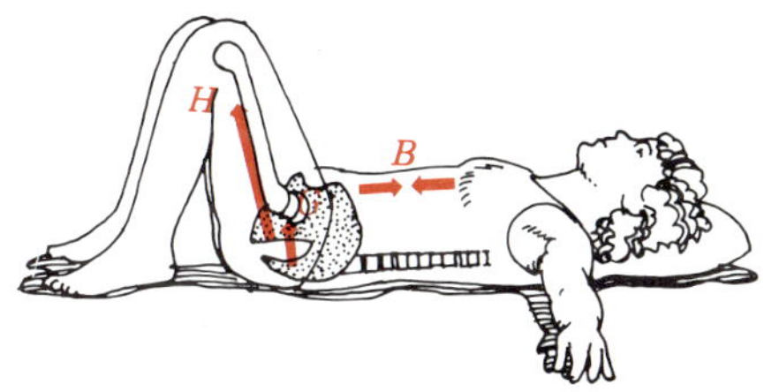

Si l'on est allongé sur le dos les jambes tendues en l'air, le dos va facilement se cambrer au niveau de la partie lombaire. La cambrure sera plus importante que dans la position debout. Ceci provient du fait que la force utilisée par les psoas-iliaques pour soulever les jambes agit également sur la colonne vertébrale provoquant une augmentation de la cambrure (voir aussi p. 50).

Fig. 180

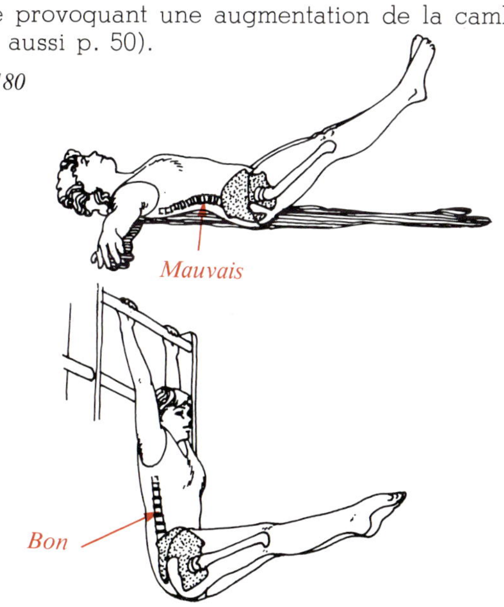

Les exercices qui consistent à élever les jambes tendues ou à résister à la flexion des articulations des hanches (p. 34) doivent seulement être exécutés aussi longtemps que l'on peut stabiliser le dos (en faisant pivoter le bassin) avec l'aide des muscles abdominaux. Ces exercices sont destinés aux personnes relativement bien entraînées et consistent en fait à renforcer les fléchisseurs des hanches. On obtient également un effet d'entraînement statique pour les muscles abdominaux. Si l'on veut uniquement entraîner les muscles abdominaux, on doit s'assurer que le mouvement se fait au niveau de la colonne vertébrale et non au niveau des hanches. L'exercice le plus courant pour l'entraînement de la musculature abdominale est le « assis-couché ». La meilleure manière d'éviter que le « assis-couché » ne se fasse avec l'aide des psoas-iliaques est d'avoir une flexion des hanches, afin que le muscle ne puisse pas se contracter avec une quelconque force. Une faute courante est de plier les genoux (avec une flexion des hanches) avec les pieds sous une barre d'espalier. La flexion des hanches est dans ce cas insuffisante pour éliminer l'action des psoas-iliaques et avec un appui pour les pieds, on peut atteindre la position assise sans employer suffisamment les muscles abdominaux. Dans la même position que la figure 181, mais sans appui au-dessus des pieds, on doit enrouler les vertèbres l'une après l'autre, donc utiliser les muscles abdominaux avant que l'on puisse éventuellement, avec l'aide des jambes comme contre-poids, fléchir les hanches et ainsi s'asseoir.

Fig. 181

La meilleure façon d'entraîner les muscles abdominaux est de faire une grande flexion des hanches et de ne pas avoir d'appui sur les pieds. C'est la seule manière de faire un 1/2 assis-couché et d'avoir une contraction maxima des abdominaux sans flexion des hanches.

Fig. 182

Si l'on se tient dans la position ci-dessus en faisant quelques rotations de chaque côté, on entraînera statiquement le grand droit et on augmentera en même temps la charge des muscles obliques. L'exercice peut être dosé : 1) Les bras sont tendus le long du corps (facile). 2) Les bras sont croisés sur la poitrine. 3) Les mains viennent recouvrir les oreilles (difficile). On peut ensuite augmenter la charge à l'aide de poids. Si l'on analyse l'évolution de la charge externe pendant l'exercice assis-couché (fig. 183), on voit que le centre de gravité du tronc se trouve à une distance de la hanche qui se réduit au fur et à mesure que les vertèbres s'enroulent une à une (fig. 183 a). La charge externe se réduit dès que les muscles abdominaux se contractent. Si l'on est couché sur un plan incliné, plus on s'élève, plus la charge externe augmente et plus les muscles se raccourcissent (c'est-à-dire deviennent plus faibles). L'exercice devient ainsi très éprouvant (fig. 183 b).

Fig. 183

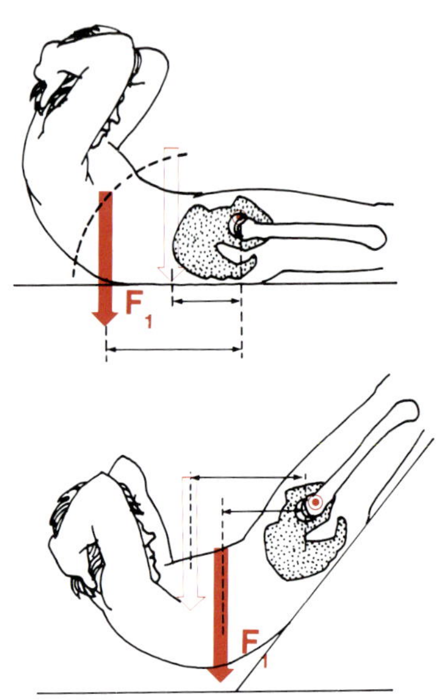

a)

b)

Lequel est le plus éprouvant ? l'exercice sur un plan incliné (45° d'inclinaison) ou l'exercice allongé sur le sol avec un poids de 10 kg sur la poitrine ? Essayez !

L'exercice sur un plan incliné nécessite un appui pour les pieds, c'est-à-dire que dès le début, on sera tenté d'utiliser les psoas-iliaques au lieu d'enrouler les vertèbres une à une, donc de faire travailler les muscles abdominaux.

Les quatre exemples suivants ont pour but d'éclaircir la relation entre les forces externes (poids du haut du corps et poids des jambes) et les forces internes (M. Psoas-iliaques et muscles abdominaux).

Fig. 184

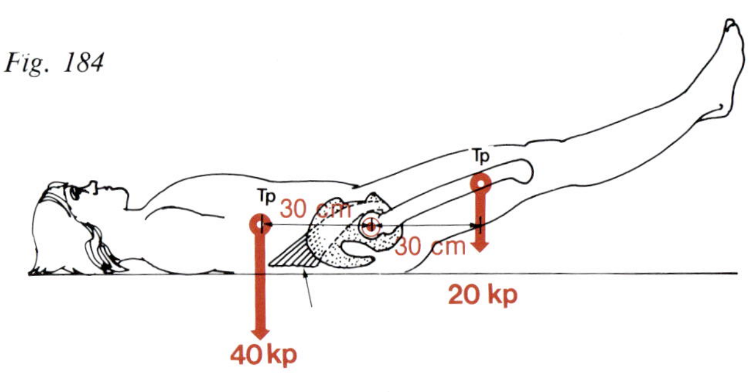

1) Une personne pesant 60 kg, est allongée, comme sur la figure ci-dessus. Le haut du corps pèse environ 40 kg, le centre de gravité se situe à 30 cm au-dessus de l'articulation de la hanche. Les jambes pèsent 20 kg et ont leur centre de gravité à 30 cm des hanches. La formule sera $M = F \cdot \ell$ ce qui donne : moment cinétique du haut du corps $M = 40 \times 30 = 1\,200$ kgcm ; moment cinétique des jambes $M = 20 \times 30 = 600$ kgcm.

Fig. 185

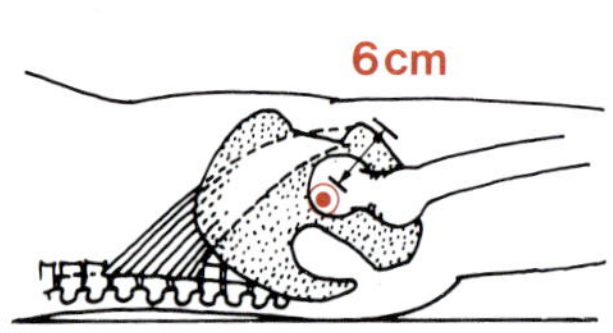

2) Le principal groupe musculaire qui assure la flexion des hanches (psoas-iliaques) est supposé avoir une position telle que son point d'attache se trouve à 6 cm de l'axe des hanches. Si la force musculaire des psoas-iliaques atteint 100 kg, le moment cinétique sera $100 \times 6 = 600$ kgcm, c'est-à-dire le même que le moment cinétique externe des jambes (voir fig. 184). On peut ainsi commencer à soulever les jambes. Plus la force musculaire est grande, plus on soulève les jambes rapidement.

Fig. 186

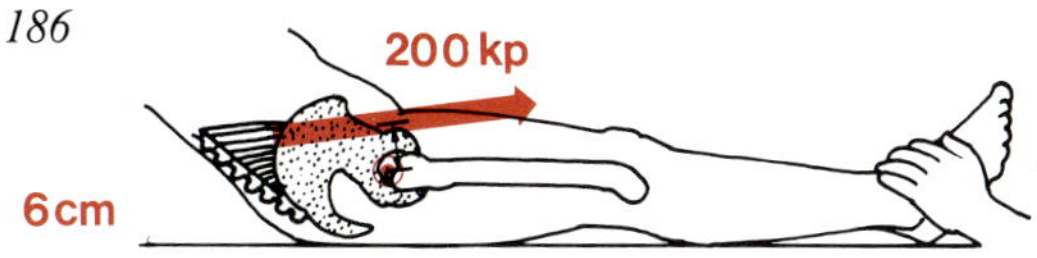

3) Si l'on fixe les jambes et si l'on contracte les psoas-iliaques avec une force de 200 kg, le moment cinétique du muscle sera 200.6 = 1 200 kg et l'on pourra soulever le haut du corps (fig. 186).

Fig. 187

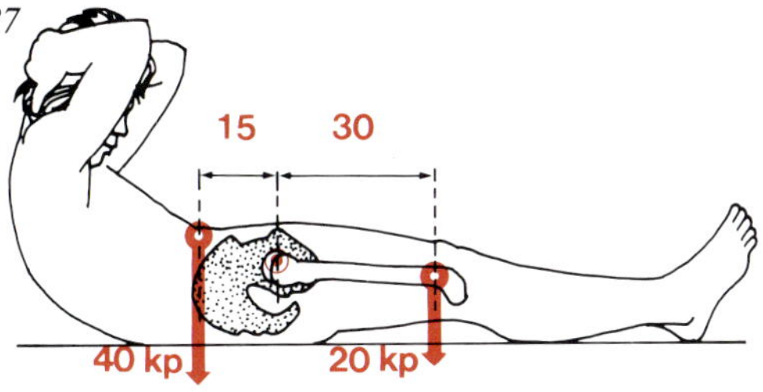

4) Pour pouvoir se soulever sans appui sur les jambes ; on doit enrouler les vertèbres une à une à l'aide des muscles abdominaux jusqu'à ce que le centre de gravité du haut du corps se trouve à 15 cm de l'axe des hanches au lieu de 30 cm. Les psoas-iliaques parviendront alors à soulever en même temps le haut du corps et les jambes. Une petite flexion supplémentaire vers l'avant du rachis fait que l'on peut s'élever sans que les jambes ne bougent. Les jambes pliées sans appui obligent les muscles abdominaux à travailler encore plus longtemps avant que la flexion des hanches puisse se faire. Les images ci-dessous montrent quelques variantes d'exercices abdominaux. On doit toujours veiller à ce que le mouvement se fasse d'abord dans la colonne vertébrale (légère flexion vers l'avant) avant de se faire dans les hanches. Ne jamais charger les jambes plus que ne peut le supporter la musculature abdominale (celle-ci doit pouvoir maintenir le dos en légère flexion antérieure).

Fig. 188 a)

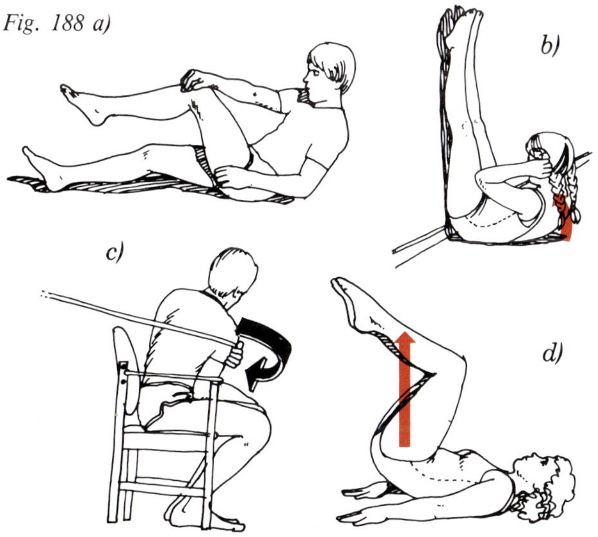

On trouvera par ailleurs quelques exercices de stretching pour les muscles abdominaux.

Les muscles de la respiration

La fonction respiratoire de la cage thoracique sera traitée ici très sommairement. Le lecteur devra consulter la littérature physiologique de la spécialité pour une étude plus approfondie. La cage thoracique se compose de 12 paires de côtes (costa). Les dix paires supérieures se rattachent devant au sternum à l'aide de cartilages. Les paires de côtes 11 et 12 sont flottantes, à la partie inférieure de la paroi de la cage thoracique.

Fig. 189

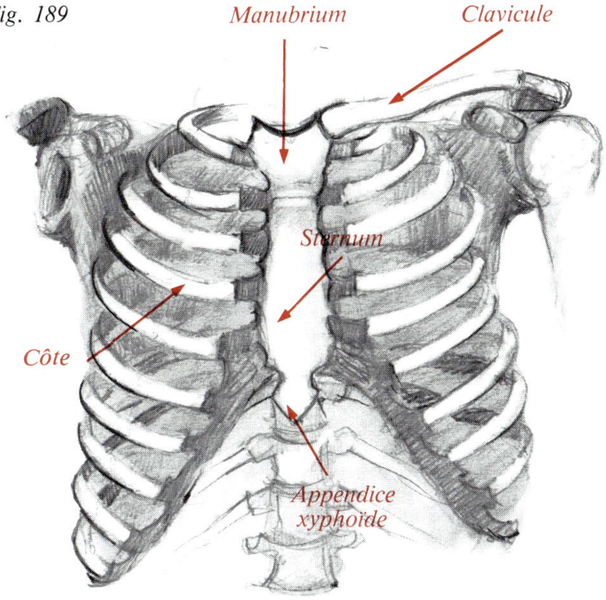

La cavité thoracique et la cavité abdominale sont séparées par un muscle respiratoire très important le Diaphragme (M. Diaphragma). Ce muscle a son insertion sur les vertèbres lombaires, sur les côtes inférieures et sur l'appendice xyphoïde. Le muscle s'élève comme une coupole (fig. 190) dans la cavité thoracique. La partie supérieure de la coupole est une membrane plane (1), qui s'abaisse d'un coup lorsque les fibres musculaires (2) se contractent. La contraction augmente le volume de la cavité thoracique (inspiration) ; en même temps le volume de la cavité abdominale diminue. Le ventre est amené ainsi à se rentrer. On appelle ce type de respiration : respiration abdominale.

Fig. 190

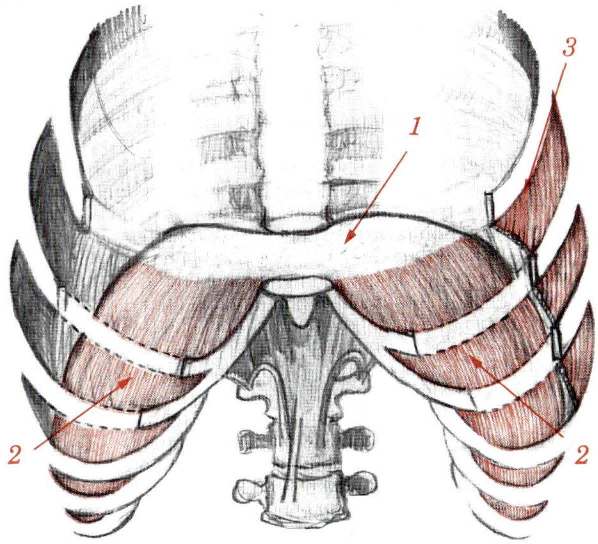

Outre sa fonction de muscle respiratoire, le diaphragme augmente, avec les muscles abdominaux, la pression abdominale. Ceci est important dans les levers lourds (voir p. 50). Le volume de la cavité thoracique peut également augmenter lorsque les côtes s'élèvent : ceci grâce aux muscles intercostaux. Ces muscles ont une direction des fibres qui permet d'élever la côte inférieure vers la supérieure (3). Ces muscles sont les M. Intercostaux externes (M. intercostalis externus). Ce dernier type de respiration est appelée respiration thoracique. Lors d'inspiration forcée, un grand nombre de muscles est capable d'agir sur la cage thoracique (muscles du dos, de la poitrine, du cou, etc...).

Chapitre V

ANATOMIE ET FONCTION DU MEMBRE SUPÉRIEUR

ARTICULATION DE L'ÉPAULE

Les mouvements du bras font agir beaucoup de muscles. La mobilité de l'omoplate dépend de trois groupes musculaires différents.

Fig. 191 A

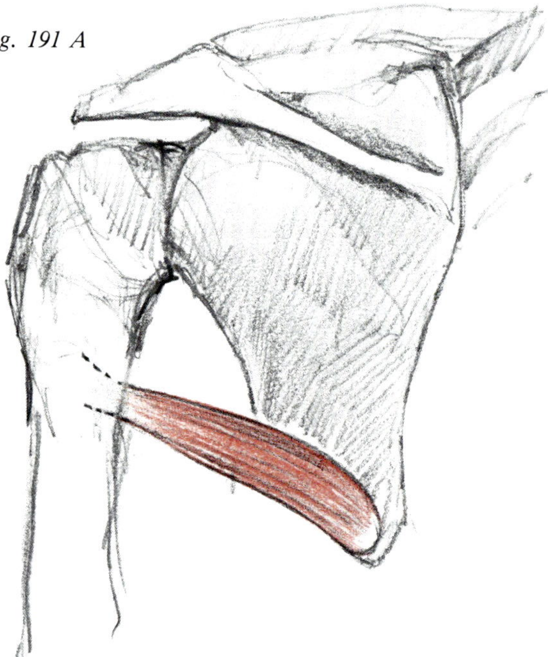

Vue arrière de l'omoplate

Groupe A. Les muscles qui ont leur origine sur l'omoplate et qui s'attachent sur l'humérus.

B

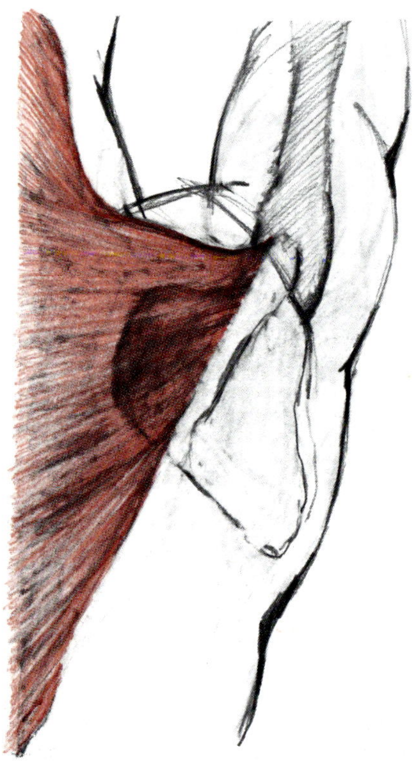

Groupe B. Les muscles qui ont leur origine sur le tronc et qui s'attachent sur l'omoplate.

C

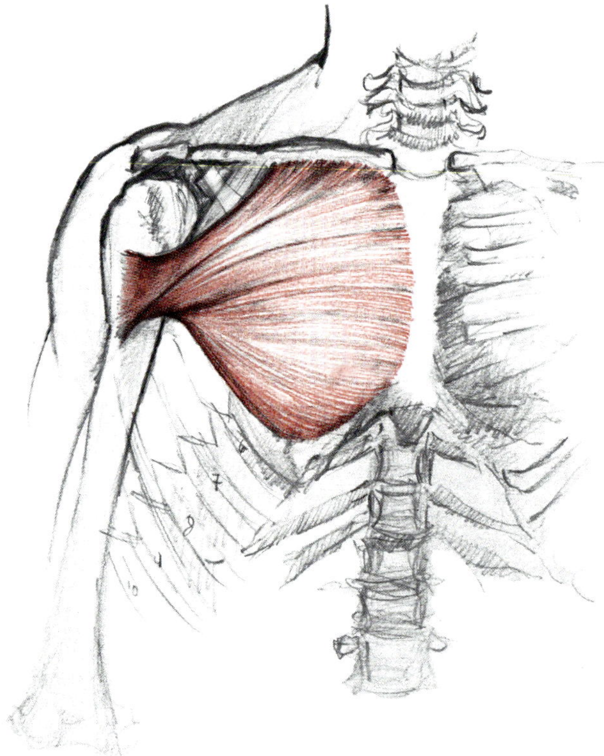

Groupe C. Les muscles qui partent du tronc et s'attachent sur le bras.

Fig. 192

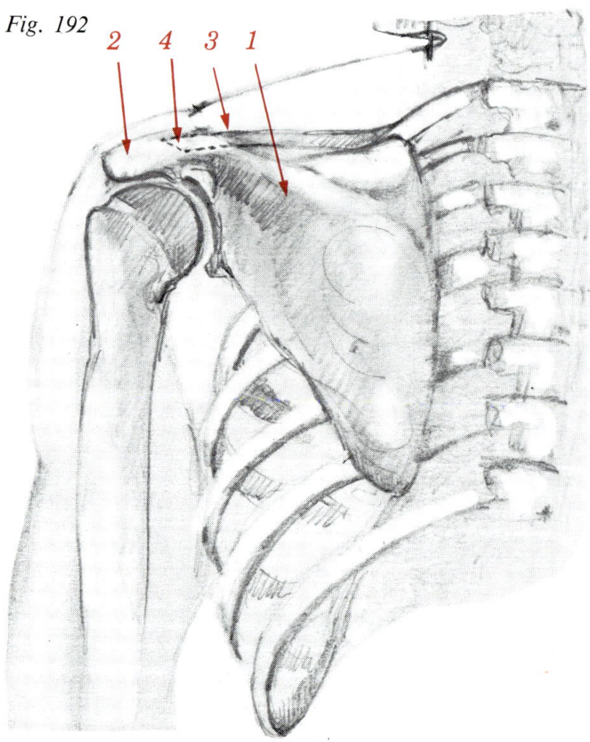

L'omoplate (scapula) à la forme d'un triangle. En arrière, une épine osseuse effilée (1) (spina scapulae) dessine deux cavités sur la face postérieure de l'omoplate. La partie externe de l'épine forme un toit plat (acromion) (2) qui recouvre l'articulation de l'épaule. La clavicule (3) s'articule avec la partie antérieure de ce toit réalisant l'articulation externe de la clavicule (ou articulation acromio-claviculaire) (4).

La partie interne de la clavicule (5) s'articule avec le sternum (6). La partie la plus externe de l'omoplate forme une cavité articulaire peu profonde (7) (cavitas glenoidales) ou cavité glénoïde avec laquelle s'articule l'humérus (8). Légèrement en dessous de la clavicule, se trouve une grosse saillie qui, entre autre, sert d'insertion au muscle fléchisseur du coude le plus important (biceps brachii) ou biceps brachial ; c'est l'apophyse coracoïde (9) (processus coracoideus). En fait, l'omoplate sert de surface d'insertion pour les muscles. Sur l'extrémité supérieure de l'humérus, on peut distinguer deux tubérosités desquelles se forment un renflement qui descend le long de l'os. La grosse tubérosité (10) (trochiter) et la petite tubérosité (11) (trochin) avec leurs aspérités propres que l'on appellera dans ce livre, la surface d'attache extérieure et la surface d'attache antérieure.

Fig. 193

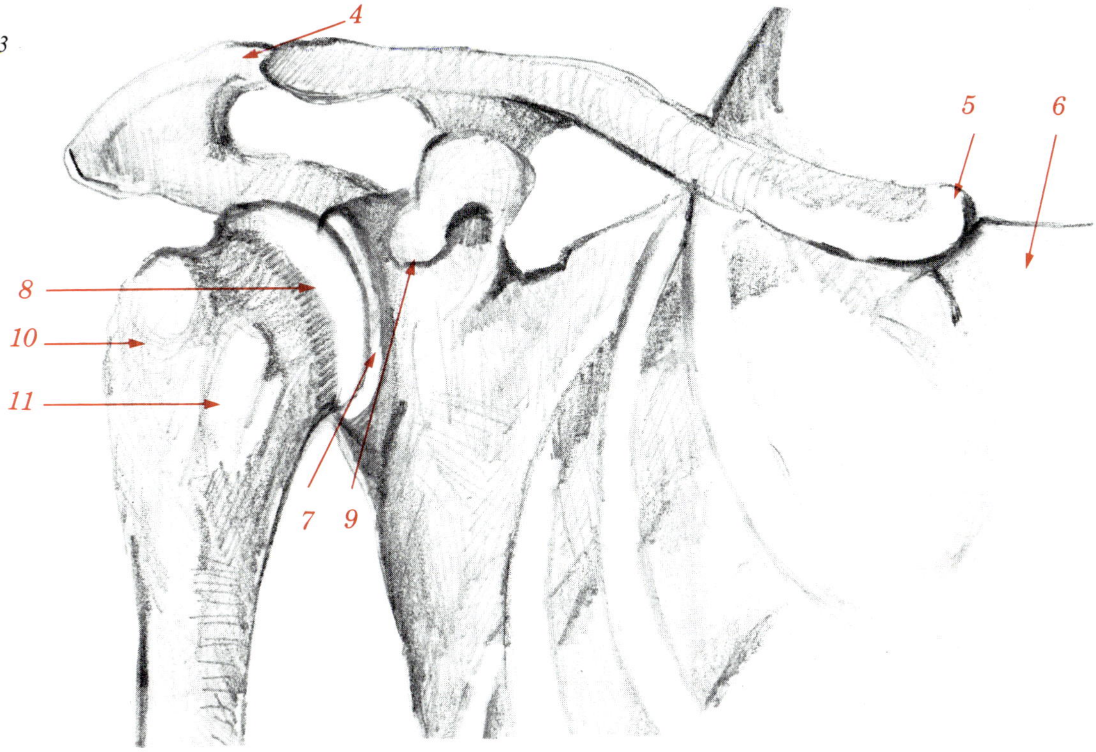

Les mouvements du bras sur l'omoplate se font par l'intermédiaire d'une articulation sphérique. On peut faire des mouvements dans toutes les directions :

1) Extension — flexion (balancement avant arrière).
2) Abduction — adduction.
3) Rotation externe — Rotation interne.

Groupe A

Le groupe A se compose des cinq muscles suivants :

Fig. 194

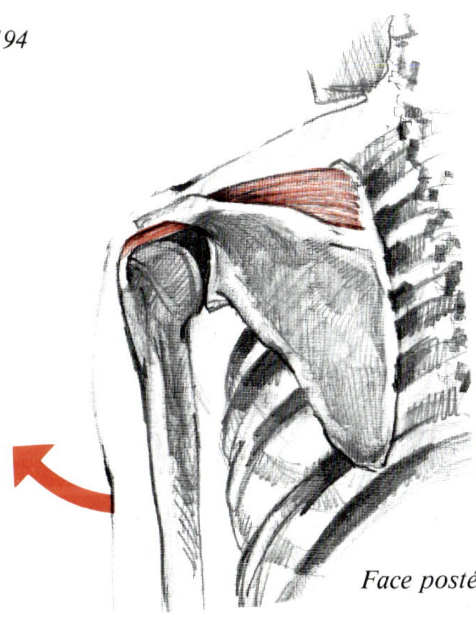

Fig. 195

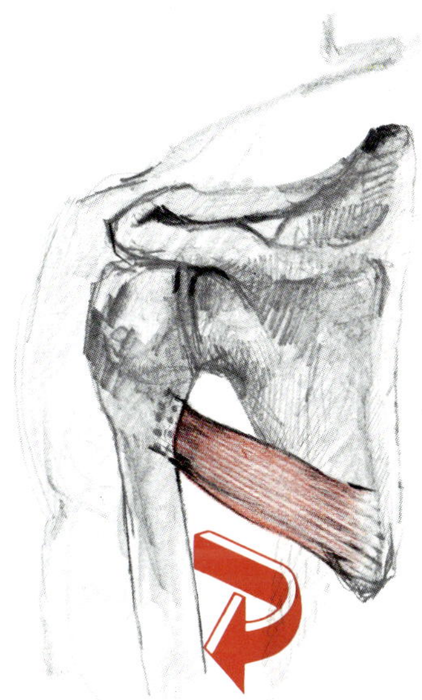

Face postérieure de l'épaule gauche

1) M. Supraspinatus ou sus épineux (supra : au-dessus — spina : sommet). Il soulève le bras vers l'extérieur (abduction). Ce muscle est recouvert par le grand muscle qui dessine le galbe de l'épaule : le Deltoïde (p. 62).

2) M. Teres major ou grand rond (teres : rond — major : grand). Il tire le bras vers le corps et en même temps, il fait tourner le bras vers l'intérieur. C'est un muscle qui aide le grand dorsal (M. Latissimus dorsi — p. 62).

3) M. Infraspinatus
ou sous épineux

4) M. Teres minor
ou petit rond

Au-dessous des muscles déjà cités se trouvent deux muscles qui, ensemble, attirent le bras en dedans et lui font exécuter une rotation externe. Ces muscles sont : M. Infraspinatus (infra : dessous) ou *sous épineux* et le M. Teres minor ou *petit rond.*

Fig. 196

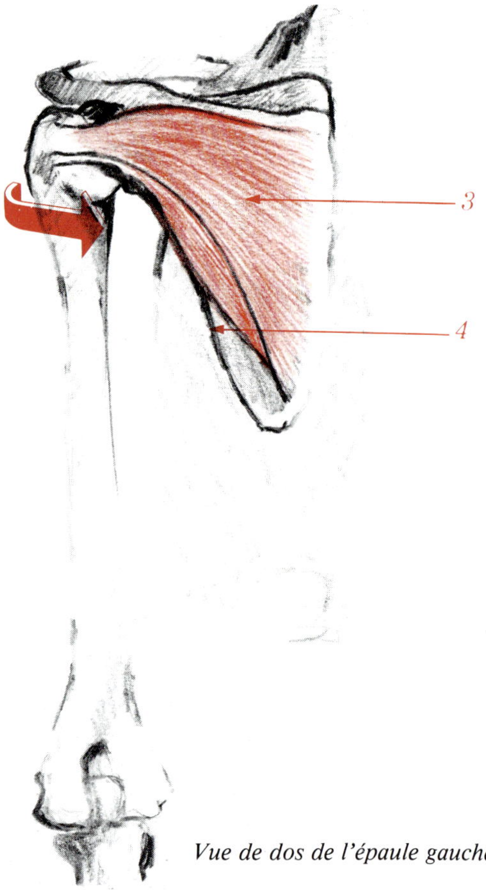

Vue de dos de l'épaule gauche

5) M. sous scapulaire (M. Subscapularis)

Toute la partie interne de l'omoplate (contre la partie postérieure de la cage thoracique) est occupée par ce muscle, qui tire le bras vers l'intérieur et permet à celui-ci de faire les rotations internes (Sub : dessous — scapula : omoplate).

Fig. 197

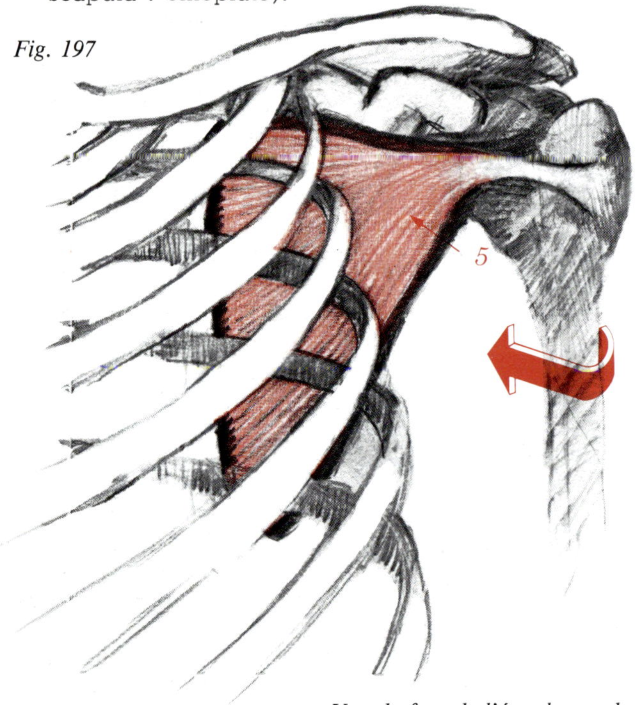

Vue de face de l'épaule gauche

Groupe B

Lorsque le bras doit se mouvoir, les surfaces articulaires de l'omoplate doivent être dirigées de telle sorte que le bras ait la meilleure position d'exécution et que le mouvement puisse se faire avec force et une amplitude optimale. L'omoplate peut : 1) s'élever — s'abaisser (10-12 cm). 2) Sortir — rentrer (abduction — adduction) (15 cm). 3) Faire une rotation externe ou interne. On entend par rotation externe que la surface articulaire de l'omoplate se dirige vers l'extérieur et vers le haut (fig. 200). Les muscles élévateurs de l'omoplate sont :

1) M. levator scapulae ou angulaire de l'omoplate (levator : qui élève).

2) M. Rhomboïdeus (rhomboïde)
En même temps que l'élévation se produit une légère rotation interne.

Fig. 198

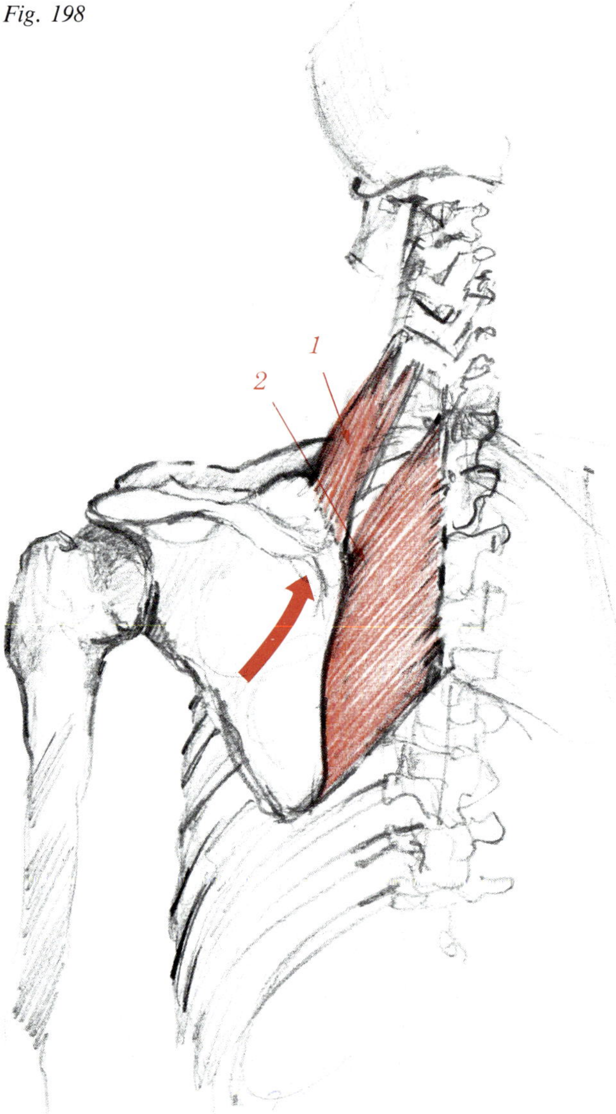

Les deux muscles ci-dessus sont recouverts par le trapèze (M. Trapezius).

3) Le trapèze (M. Trapezius)
Origine : de la partie postérieure de l'occiput et du cou, et des vertèbres dorsales. Terminaison : sur l'épine de l'omoplate et la partie externe de la clavicule. Fonction : attirer l'omoplate en dedans (adduction), la faire tourner en dehors. Tourner la tête et fléchir le cou en arrière.

Fig. 199

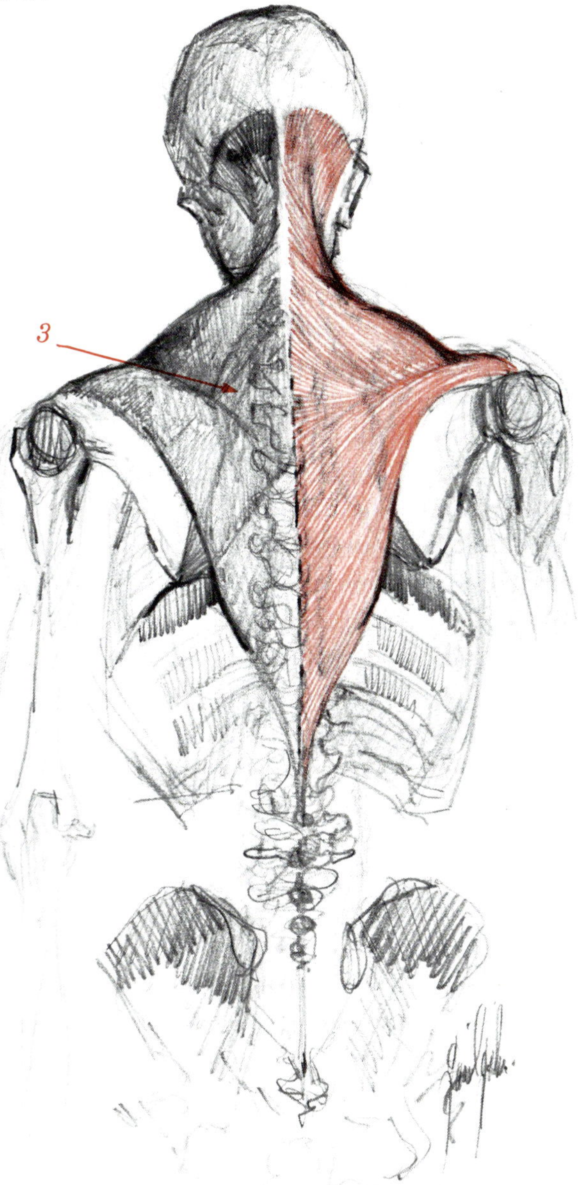

Fig. 200

Actions :

Plier et tourner le cou

Tirer en dedans ou faire pivoter l'omoplate vers l'extérieur

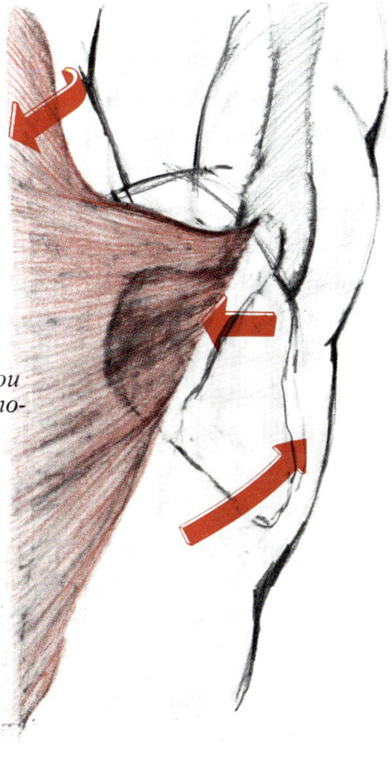

Groupe C

Les grands muscles superficiels qui viennent du tronc et vont au bras, sont les plus importants pour assurer la force et la mobilité.

1) Le grand pectoral (M. Pectoralis major)

Fig. 201

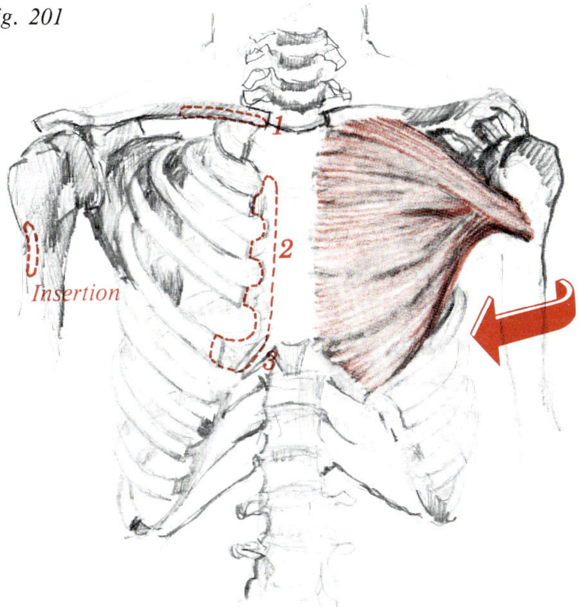

Origine : 1) Partie interne de la clavicule. 2) Le sternum. 3) Une partie de cartilages costaux (articulations sterno-costales). Insertion : Sur la face externe de l'humérus (coulisse bicipitale). Fonction : Ce muscle qui constitue la paroi antérieure de la poitrine, attire le bras vers l'intérieur jusqu'à l'axe médian et permet la rotation interne du bras. Il abaisse le bras lorsque celui-ci est en position haute et assure l'élévation en avant du bras quand celui-ci est baissé (antépulsion). Les exercices pour le grand pectoral sont indiqués sur les figures ci-dessous.

Fig. 202

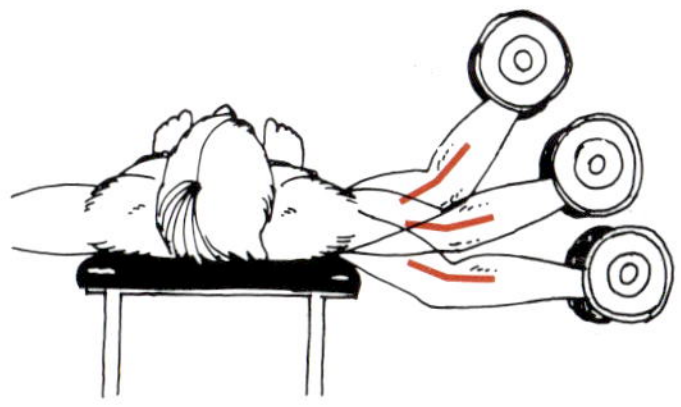

Fig. 202. Allongé sur un banc, les haltères à la main, on soulève ensuite en pliant légèrement les bras afin de ne pas surcharger les coudes. On fait un travail concentrique en levant et excentrique en redescendant.

On peut doser la charge en fléchissant plus ou moins le coude. Une légère extension supplémentaire du bras en descendant crée une charge un peu plus importante : le muscle travaille ainsi de façon excentrique.

Fig. 203

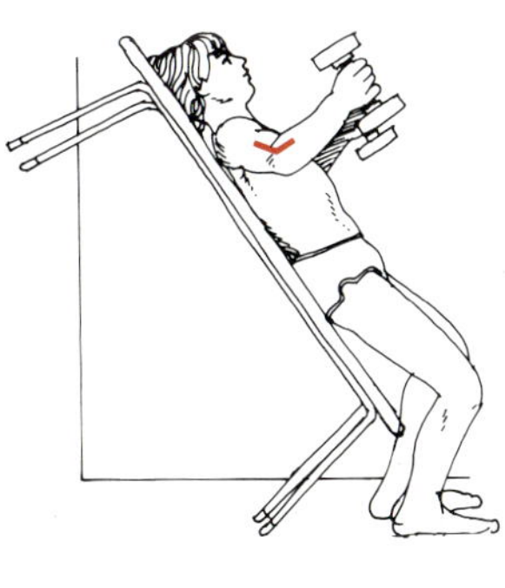

Fig. 203. Même exercice qu'à la figure 202. On entraîne seulement ici la partie supérieure du muscle (1) et principalement la partie qui à son insertion sur la clavicule (c'est-à-dire qui empêche le bras de tomber). Deux autres grands muscles agissent également ce sont : le M. Deltoïde (fig. 206) et le biceps brachial (fig. 216).

Fig. 204

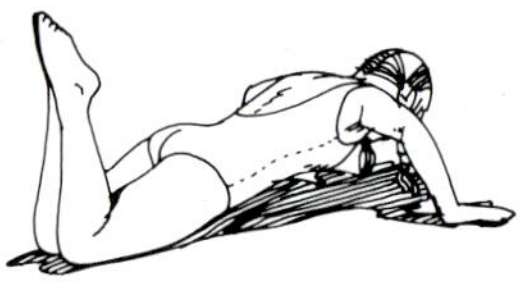

Fig. 204. Les flexions — extensions des bras avec un grand écartement des mains sollicitent le grand pectoral (Triceps brachial, Deltoïde, Grand Dentelé, Trapèze). On fait un travail statique (de ce muscle) en pressant les paumes des mains l'une contre l'autre. On peut changer la position des mains (et les mettre en avant du corps).

Fig. 205 a)

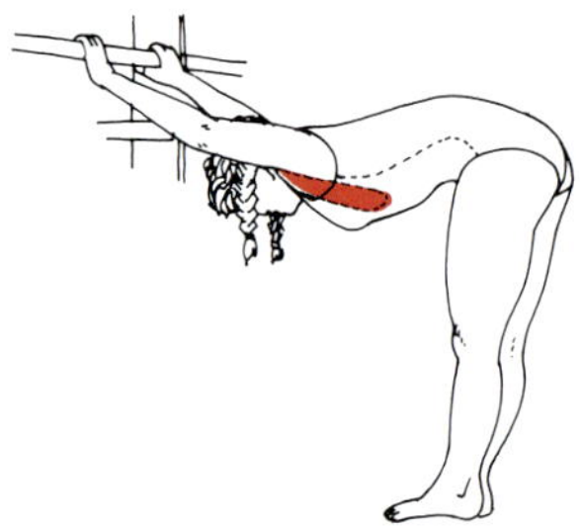

b)

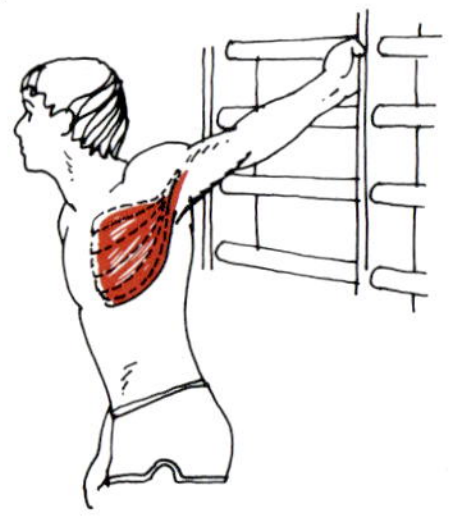

On peut également terminer l'entraînement du grand pectoral par quelques exercices d'étirements suivant la méthode proprioceptive (PNF) (fig. 205 a, b).

2) Le Deltoïde (M. Deltoïdeus)

Fig. 206 a)

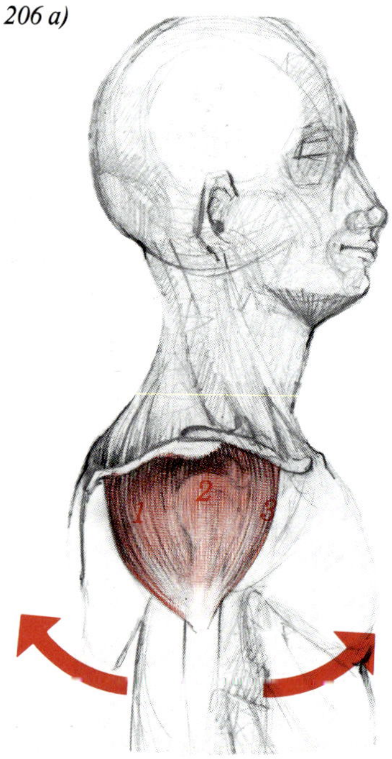

b)

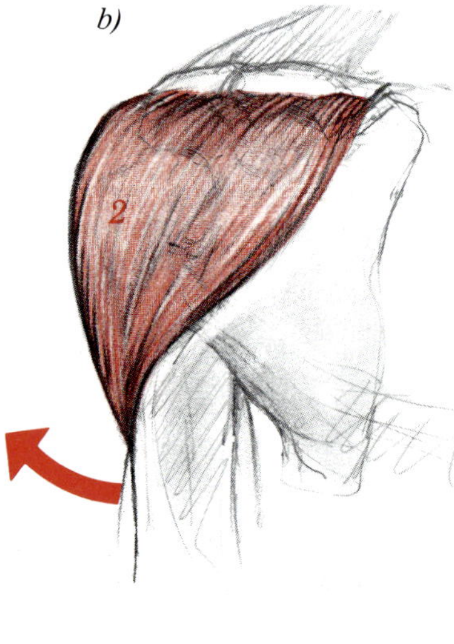

Origine : Sur la partie externe de la clavicule et tout le bord postérieur de l'omoplate (il pourrait également appartenir au groupe A). Insertion : Au milieu de la partie externe de l'humérus (Tuberositas deltoïdea). Fonction : Du fait que l'insertion entoure l'articulation de l'épaule, ce muscle peut participer à tous les mouvements du bras. Sa fonction la plus importante est l'élévation du bras tendu (2) vers l'extérieur et vers le haut (abduction). La partie du muscle qui vient de l'omoplate (1) provoque le balancement arrière ainsi que la rotation externe du bras. La partie qui vient de la clavicule (3) provoque le balancement avant ainsi que la rotation interne du bras. Le bras peut également être ramené le long du corps (adduction).

Fig. 207 a)

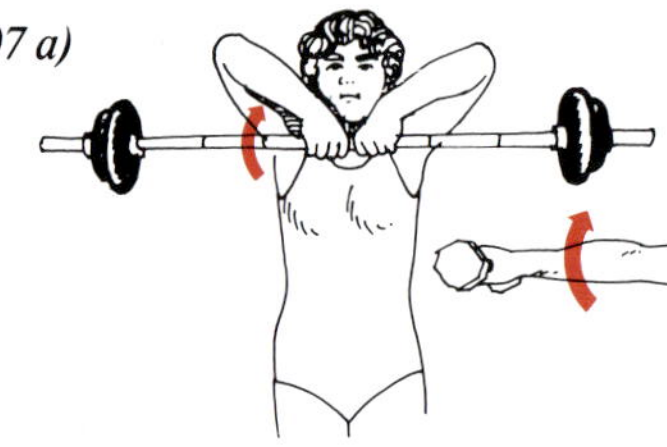

b)

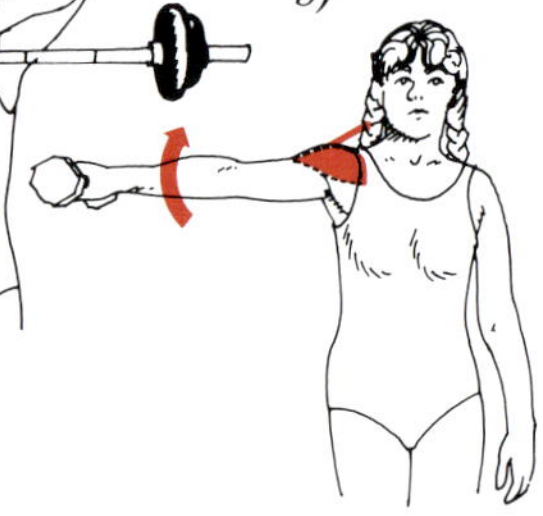

Le deltoïde est mis en jeu dans presque tous les exercices auxquels les bras participent. Si l'on soulève comme sur la figure 207, le muscle est entraîné dans sa totalité. On ne doit pas — sous peine de surcharge — effectuer plus de 6 à 8 mouvements dans chaque sens avec les bras tendus. On doit descendre à la même vitesse que celle employée lors de la montée (ces exercices font travailler également le M. Supraspinatus — voir fig. 194).

3) Le grand dorsal (Latissimus dorsi)

Fig. 208

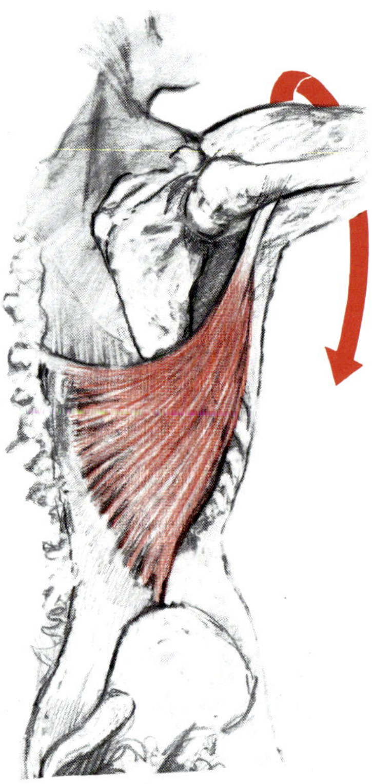

Origine : De la moitié inférieure de la colonne vertébrale de la crête iliaque. Insertion : Sur la partie antérieure supérieure de l'humérus (coulisse bicipitale). Fonction : C'est le muscle qui forme la paroi postérieure de l'aisselle. Il attire le bras derrière le dos, provoque le balancement arrière ainsi que la rotation interne du bras.

Dans la plupart des salles de musculation, on trouve un appareil pour grand dorsal. On doit le charger de sorte à pouvoir faire 6-8 mouvements (c'est suffisant pour travailler la force maxima). En exerçant une traction de sorte que la tête vienne devant la barre b, on entraîne les mêmes muscles que sur la figure a, mais avec une charge supérieure (le poids total du corps). Dans ces deux exercices, participent également les muscles suivants : Biceps brachial (flexion des bras). Trapèzes (fixation des omoplates). Grands pectoraux (adduction des bras).

Fig. 209

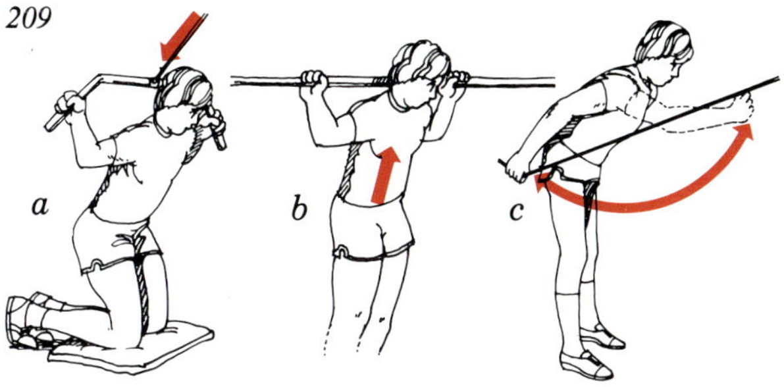

La figure c montre comment l'on entraîne le grand dorsal avec des sandows. Ce muscle n'a en général pas besoin d'exercices d'assouplissement. Dans une flexion latérale en force avec les bras tendus au-dessus de la tête, on peut éventuellement sentir ce muscle freiner le mouvement. Les exercices ci-dessous sont des exemples de mouvements types de rotation des épaules. On est allongé sur le ventre sur un banc, les coudes tournés vers le haut, on soulève une haltère en arrière (rotation interne) puis en avant (rotation externe).

Fig. 210

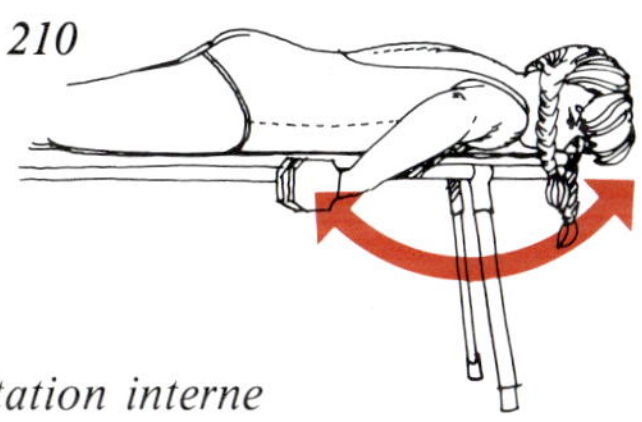

Rotation interne par rapport à l'épaule

Rotation externe par rapport à l'épaule

La rotation interne se fait principalement avec l'aide de :
— M. Suscapulaire,
— M. Grand pectoral,
— M. Grand dorsal,
— M. Grand rond.
La rotation externe se fait principalement avec l'aide de :
— M. Sous-épineux,
— M. Petit rond.
L'amplitude du mouvement vers l'intérieur et vers l'extérieur du bras peut être testée dans la position ci-dessous.

Fig. 211

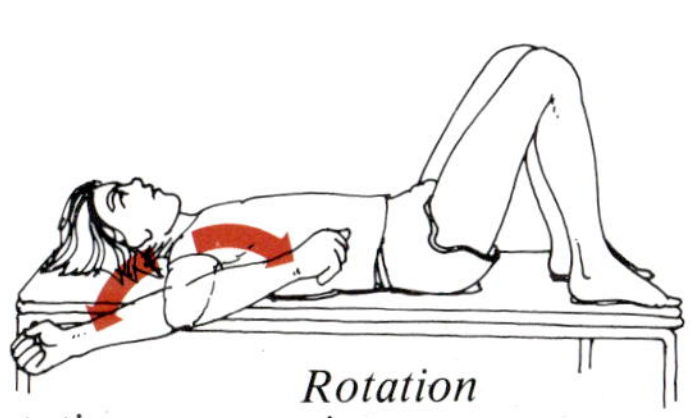

Rotation externe

Rotation interne

4) Le grand dentelé (M. Serratus anterior) est un muscle très important pour la fixation de l'omoplate. Il vient de la 9e côte et longe la cage thoracique en arrière sous l'omoplate, et s'attache sur le bord interne de l'omoplate.

Le grand dentelé (fig. 212 a) empêche l'omoplate d'être propulsée en arrière lorsque le bras supporte toutes formes de charge. Le muscle est mis en jeu si l'on se penche en avant ou lorsqu'on s'appuie sur les bras (c).

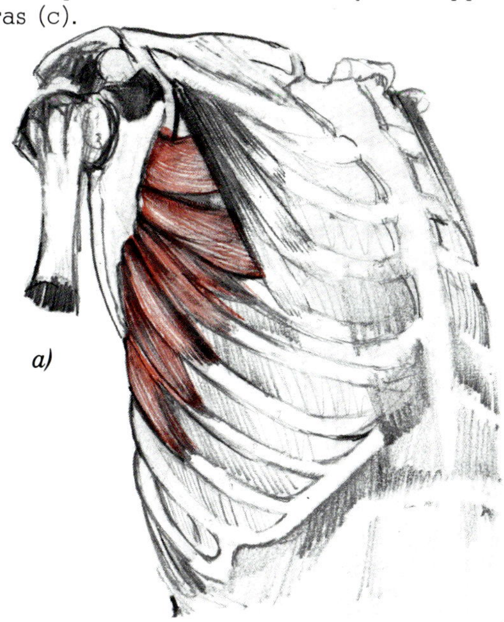

Fig. 212

La figure b montre le mouvement des omoplates lorsque les grands dentelés se contractent.

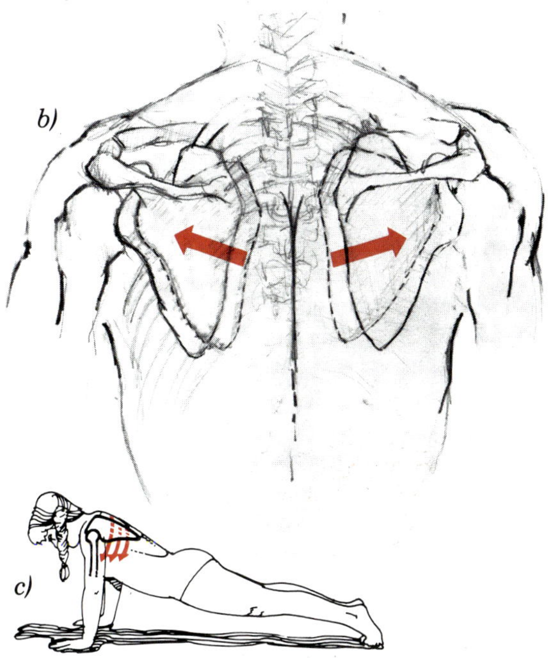

Les deux muscles suivants n'ont pas de rôle important dans les activités athlétiques mais néanmoins ils contribuent à stabiliser les omoplates.

Fig. 213

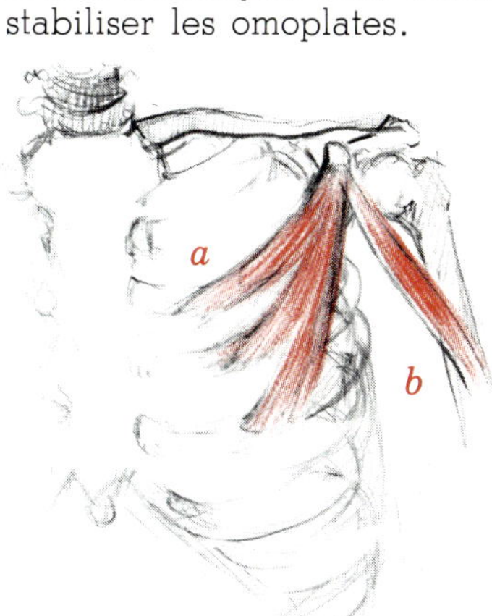

Fig. 213. Montre la position a du petit pectoral (pectoralis minor) b du coracobrachial (coracobracialis).

L'ARTICULATION DU COUDE

Les mouvements de l'articulation du coude se font à l'aide de trois articulations différentes, c'est-à-dire : une articulation en charnière entre l'humérus et le cubitus (ou trochléenne) ; une articulation pivot entre le cubitus et le radius (ou trochoïde) ; une articulation sphérique entre l'humérus et le radius (ou en condylienne).

Fig. 214

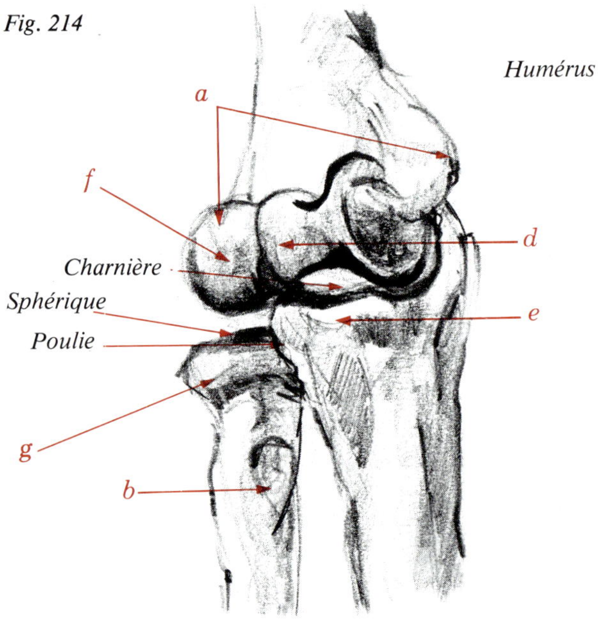

Coude droit vue de face (la paume de la main tournée vers l'avant)

Fig. 215

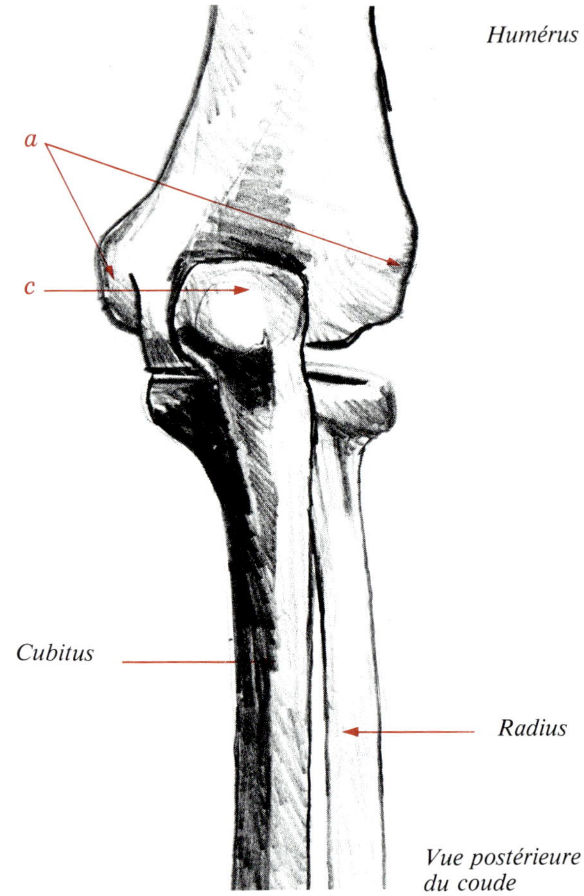

La figure ci-dessus montre les éléments et les surfaces articulaires servant au fonctionnement du coude.

a) Sur l'épicondyle se trouve l'origine des muscles qui mobilisent la main.

b) Sur la tubérosité radiale est l'insertion basse du biceps brachial (p. 65).

c) L'olécrâne sert d'attache au triceps brachial (p. 66).

d) La surface articulaire de l'humérus est en forme de trochlée (trochlée : poulie).

e) Surface articulaire du cubitus dans l'articulation charnière du coude (processus coronoïdeus : apophyse coronoïde).

f) Surface articulaire sphérique (capitulum : petite tête).

g) Tête du radius (caput radii) qui s'articule avec la surface sphérique. Il est courant en comparant les hommes et les femmes de constater chez ces dernières que l'olécrâne (c) va plus en avant lorsque le bras est tendu : les femmes ont une hyperextension plus fréquente du bras que les hommes.

Flexion du coude

Les trois plus importants muscles fléchisseurs sont :

a) Le biceps brachial (biceps brachii)

Bi = deux ceps = tête

Origine :
1. Apophyse coracoïde.
2. Au-dessous de la surface articulaire de l'omoplate.

Insertion :
3. Sur la tubérosité radiale (une surface rugueuse sur le radius).

Fonction :
a) Il fléchit le coude.
b) Il tourne l'avant-bras et dirige la paume de la main vers le haut (ce mouvement s'appelle supination).
c) Il balance le bras vers l'avant.

Fig. 216 a)

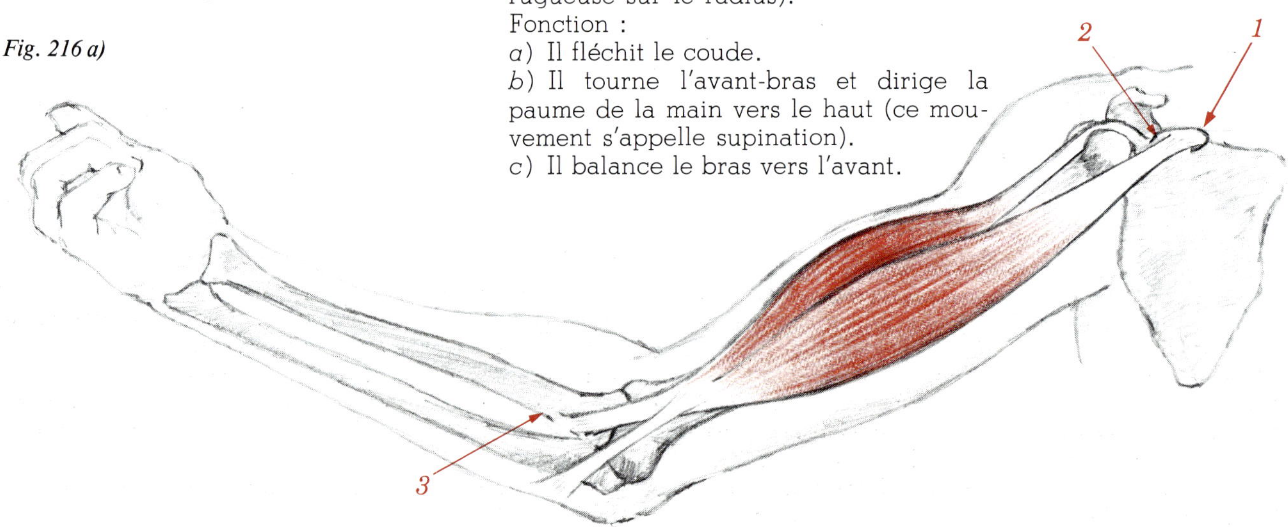

b) Le brachial antérieur (brachialis)

Il fléchit le coude

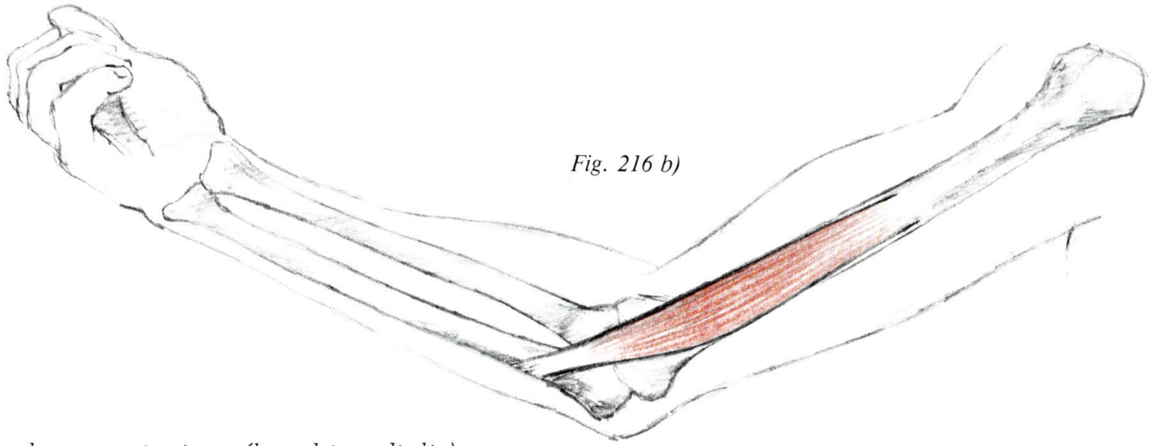

Fig. 216 b)

c) Le long supinateur (brachioradialis)

Fléchisseur du coude permettant également d'effectuer une rotation de l'avant-bras.

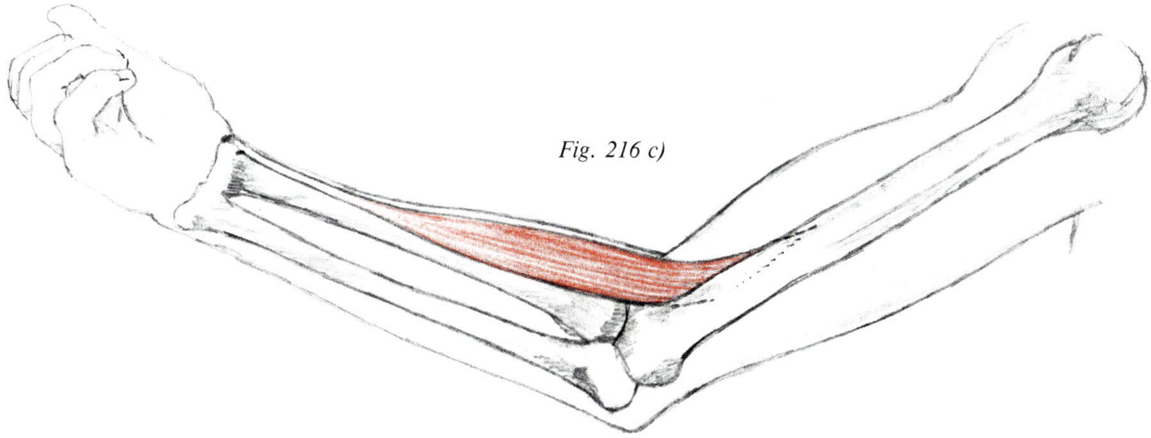

Fig. 216 c)

Fig. 217

Si l'on veut entraîner en force les fléchisseurs du coude, on doit savoir que les biceps ne peuvent travailler avec une force maximale que lorsque l'on tient la barre avec les paumes des mains dirigées vers le haut.

La figure ci-dessus montre une prise de main en supination (en dessous) ; on peut ainsi travailler au maximum avec tous les muscles fléchisseurs.

La figure ci-dessus montre une prise de main en pronation (au-dessus) ; le biceps ne travaille pas ainsi avec la force maxima. Les autres muscles fléchisseurs travaillent plus intensément. Dans un entraînement général on doit varier entre les différentes positions. La figure de droite montre les exercices de traction

Fig. 219

a

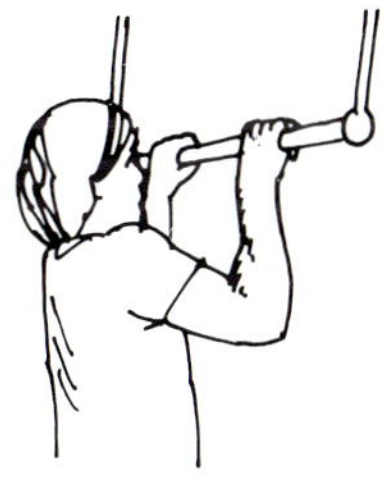

b

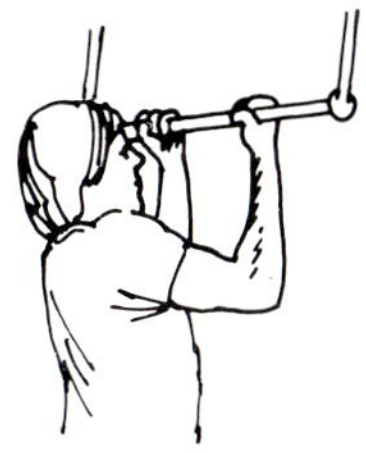

des bras, *a*) mains en pronation et *b*) mains en supination.

Le tendon d'origine du biceps, marqué par 2 à la figure 216 et 220, passe dans l'articulation et ressort de la capsule articulaire, traverse la gorge (ou coulisse) située entre la grande tubérosité (tuberculum majus) et la petite tubérosité (tuberculum minus) (fig. 193). Par cette situation, le biceps contribue grandement à stabiliser l'articulation de l'épaule. Une personne qui a eu une luxation de l'épaule a intérêt à renforcer le biceps afin d'éviter de nouvelles luxations. La force du biceps dépend, entre autre, de la position du bras. La distance entre les insertions du biceps est plus grande avec le bras tendu en haut du corps qu'avec le bras pendant.

Fig. 220

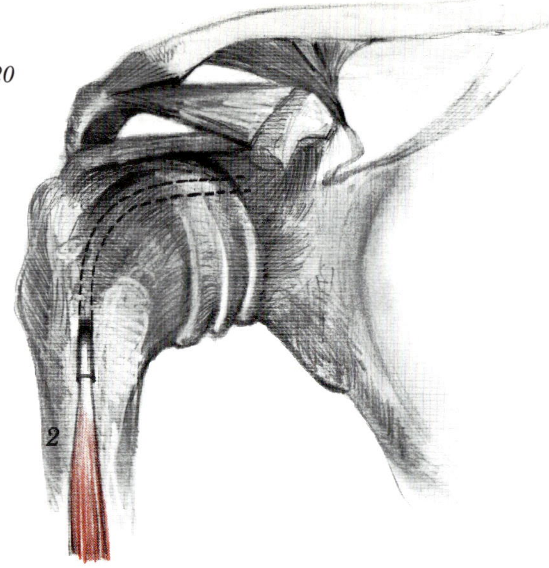

La capacité du biceps à plier le bras en force est ainsi plus grande lorsque le bras est tendu vers le haut (p. 16). Les chiffres de la figure 221 donnent une relation approximative entre la force que l'on peut porter, tirer ou soulever.

Fig. 221

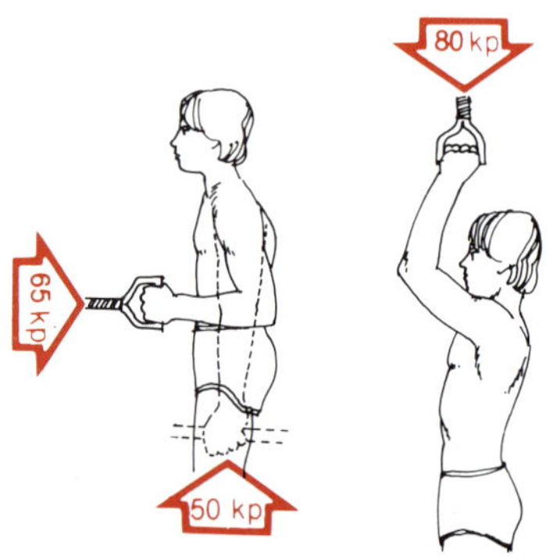

En résumé nous pouvons dire, d'après ces chiffres, que le corps humain semble plus apte à se suspendre à un arbre qu'à porter des paniers à provisions.

Extension de l'avant-bras

Le muscle extenseur du bras est le triceps brachial. Il s'attache sur l'olécrâne du cubitus. Le muscle a trois portions. L'une vient de l'omoplate et les deux autres viennent du dos de l'humérus. La fonction de ce muscle est de tendre l'avant-bras et d'élever le bras vers l'arrière lors du balancement avant arrière.

Fig. 222

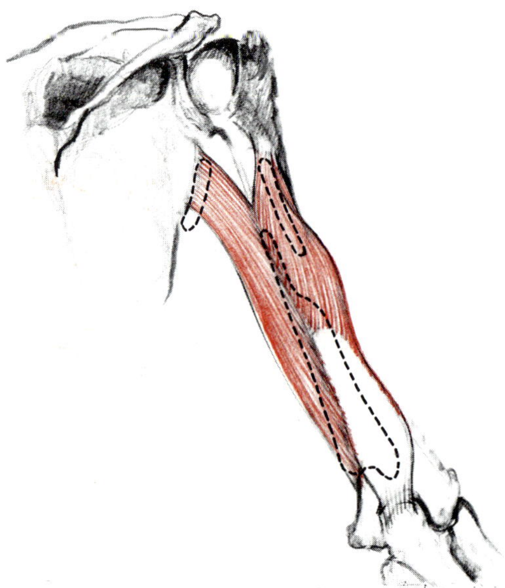

Dans cette figure la branche interne est cachée sous la longue branche.

On a une force différente dans différentes positions : celle-ci dépend de la longueur du muscle et du bras de levier de force par rapport au coude (p. 16). On observe que l'insertion du muscle se trouve loin en arrière de l'olécrâne pour que le bras de levier soit aussi utile que possible dans toutes les positions du coude.

Fig. 223

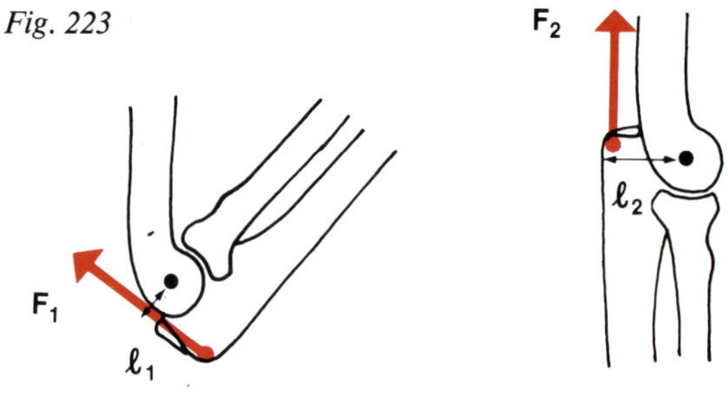

Quand l'avant-bras est très fléchi, le bras de levier des muscles extenseurs est très faible (ℓ_1) mais en revanche, la force musculaire est très forte. On a la force la plus petite (moment cinétique) dans une articulation étendue en raison d'une force musculaire peu élevée (F_2). La force de l'articulation du coude dépend aussi de la position du bras par rapport à l'omoplate. Dans la flexion du bras, la longue branche du muscle est dans une plus mauvaise position (plus courte distance entre les insertions) que si le bras était levé droit vers le haut. La figure ci-dessous montre le rapport approximatif entre les forces de pression vers le bas, en avant, vers le haut.

Fig. 224

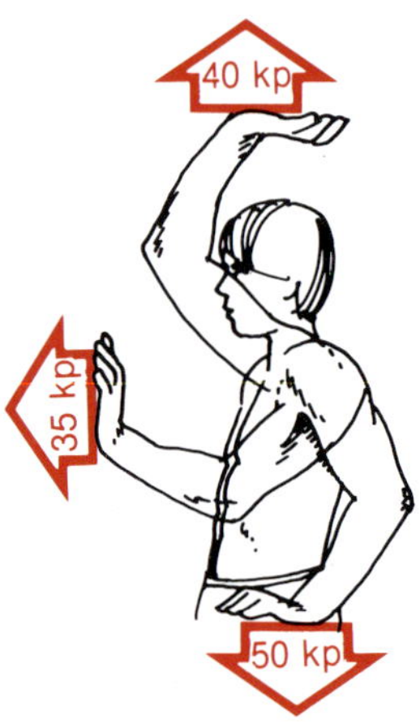

Fig. 225

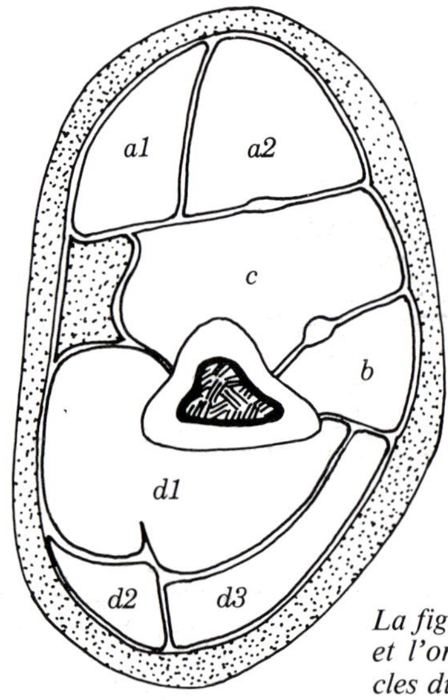

a) Biceps
a1 branche courte
a2 branche longue
b) Brachial antérieur
d) Triceps brachial
d1 branche interne
d2 branche longue
d3 branche externe

La figure 225 montre la situation et l'ordre de grandeur des muscles du bras.

Fig. 226. Différents exercices de musculation du triceps brachial.

Fig. 226

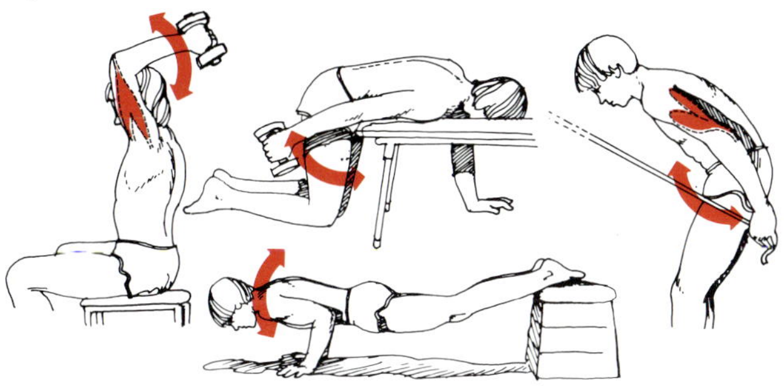

La main

La main se compose de 8 os, de 5 métacarpiens et de 5 doigts.

Les mouvements de la main se font grâce à une articulation ovoïde entre les 5 os du carpe et le radius.

Fig. 227

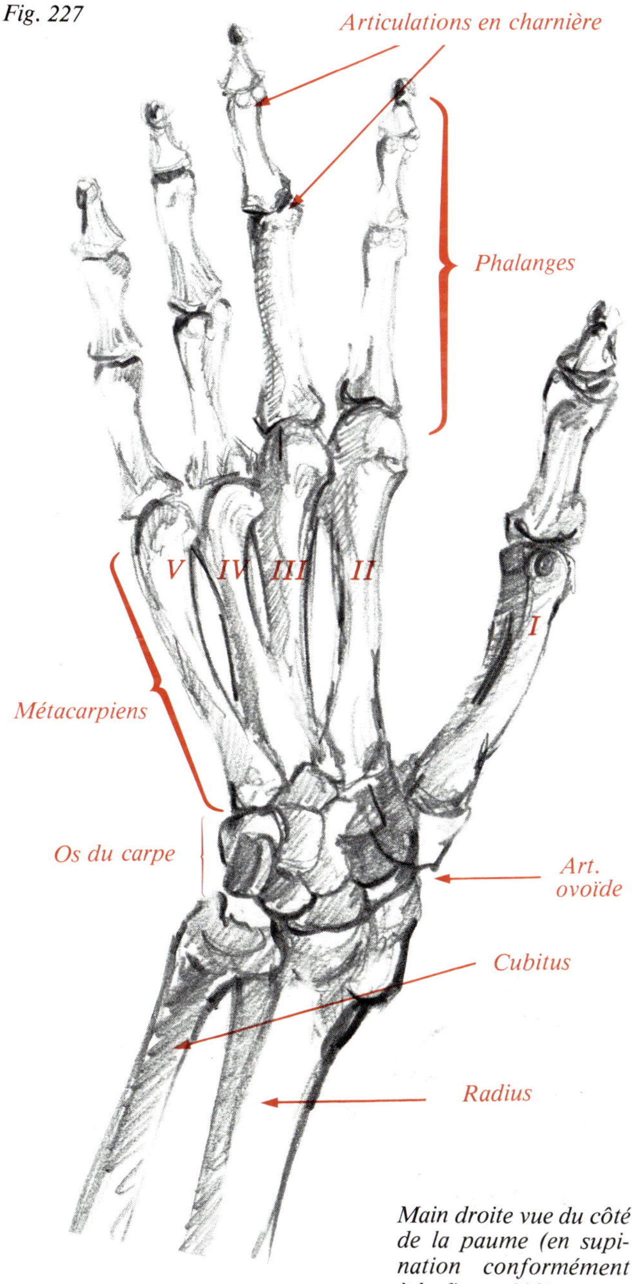

Main droite vue du côté de la paume (en supination conformément à la figure 228).

Les mouvements de la main sont :

a) La flexion b) L'extension
c) L'abduction d) L'adduction

Fig. 228

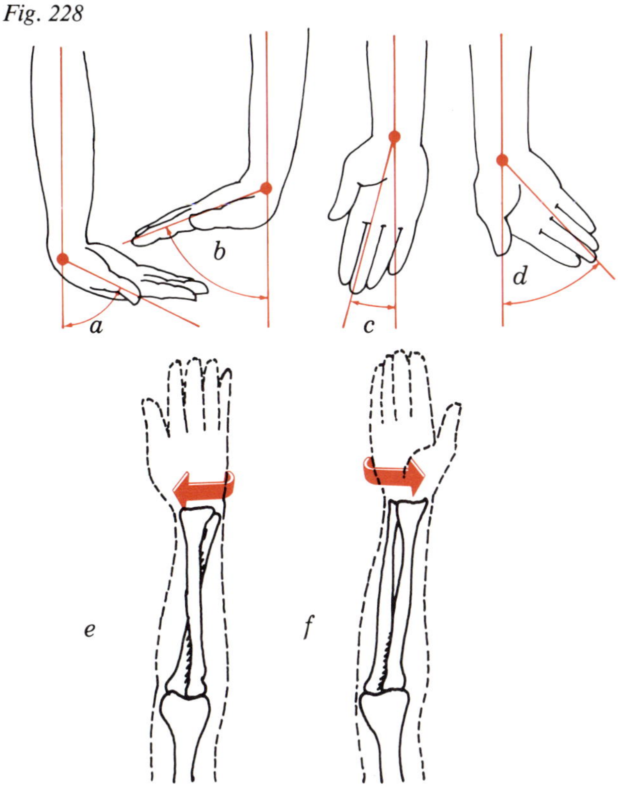

Lorsque l'on tourne la main, on exécute des mouvements e) de pronation, f) de supination. Ces mouvements ne se font pas dans l'articulation du poignet mais seulement entre les deux os de l'avant-bras le radius et le cubitus (voir fig. 214). Les muscles qui créent la rotation de l'avant-bras et qui font ainsi pivoter la main sont les muscles pronateurs et les muscles supinateurs. Les figures suivantes nous montrent les plus importants de ces muscles.

Fig. 229

M. supinateur

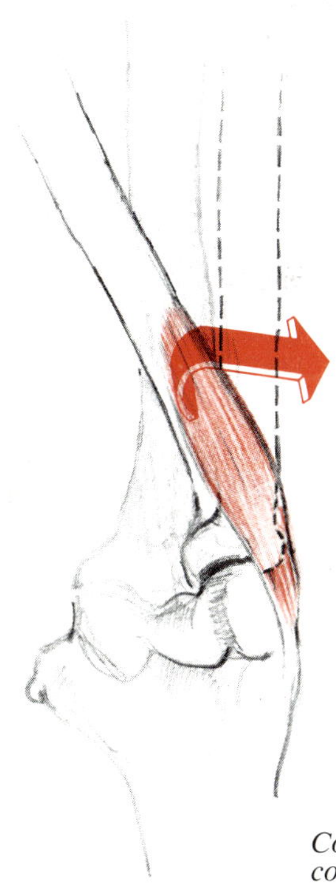

Coude droit vu comme à la figure 229 e

M. rond pronateur

Fig. 230

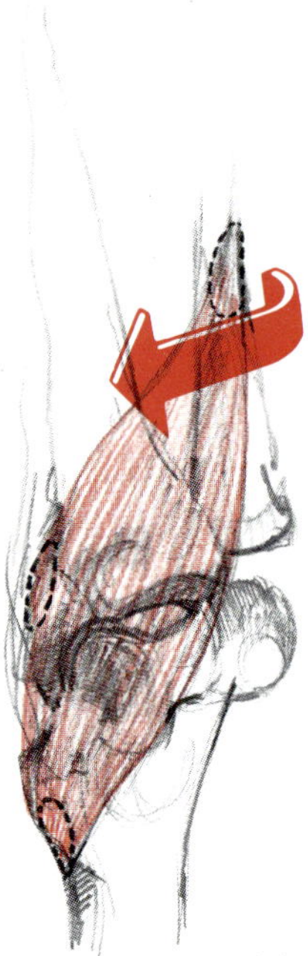

Coude droit vu de face

M. carré pronateur

Fig. 231

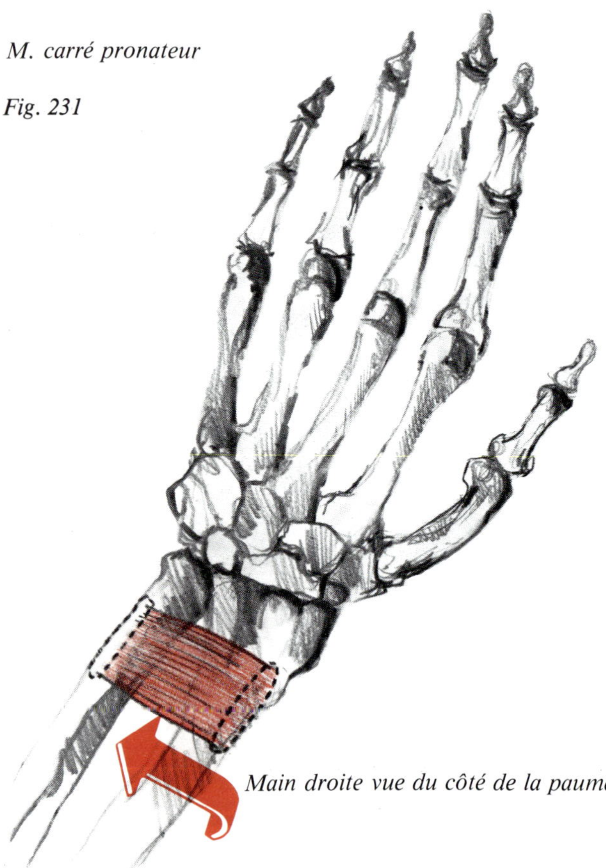

Main droite vue du côté de la paume

Le plus puissant de tous les muscles qui assurent la supination de la main est certainement le biceps brachial (p. 65). Les supinateurs sont plus puissants (ont un plus grand moment cinétique) que les pronateurs. Nous en avons un exemple en vissant une vis. Une personne droitière travaille avec un mouvement de supination et les muscles travaillent concentriquement. Il est facile de sentir que le biceps brachial participe avec une grande puissance. Si la vis résiste, on bloque l'articulation de la main (laissant les supinateurs travailler statiquement : ce qui est meilleur d'après la courbe p. 18 et la rotation se fait, avec le coude plié, par une rotation externe de l'articulation de l'épaule.

Parmi les 20 muscles environ qui assurent les mouvements de la main, les plus gros et les principaux viennent de l'épicondyle de l'humérus. De l'épicondyle externe viennent les abducteurs et les extenseurs de la main.

Fig. 232

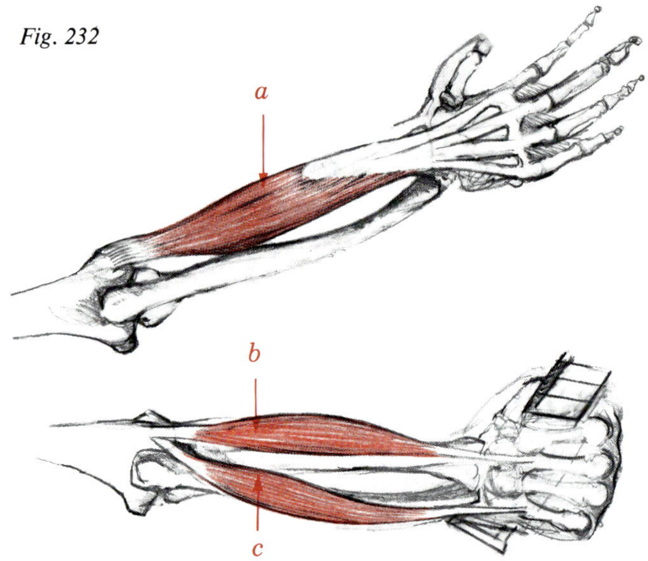

Main droite vue de dos

Ces figures nous montrent quelques muscles qui sont sollicités par exemple lorsque l'on frappe d'un revers pour les sports de raquettes, lorsqu'on soulève un marteau, etc... Le terme de « tennis elbow » signifie que les régions d'insertion de ces muscles sont lésées.

On voit sur la figure ci-dessus :

a) Le muscle extenseur (M. Extensor digitorum) des doigts.
b) Les muscles extenseurs du carpe (M. Extensor carpi radialis) qui descendent le long du radius (ce sont les radiaux).
c) Le muscle extenseur du carpe (M. Extensor carpi ulnaris) qui descend le long du cubitus (cubital postérieur).

Les adducteurs et les fléchisseurs du poignet viennent de l'épicondyle interne (ou épitrochlée). Ils travaillent, par exemple, dans les lancers de toutes sortes, coup avec club de golf, smash sur coup droit, etc...

Les figures ci-dessous montrent quelques muscles de l'épicondyle interne (ou épitrochlée).

d) Le fléchisseur des doigts (M. Flexor digitorum).
e) Le grand palmaire (M. Flexor carpi radialis).
f) Le fléchisseur qui va le long du cubitus (M. Flexor ulnaris) ou cubital antérieur.

Fig. 233

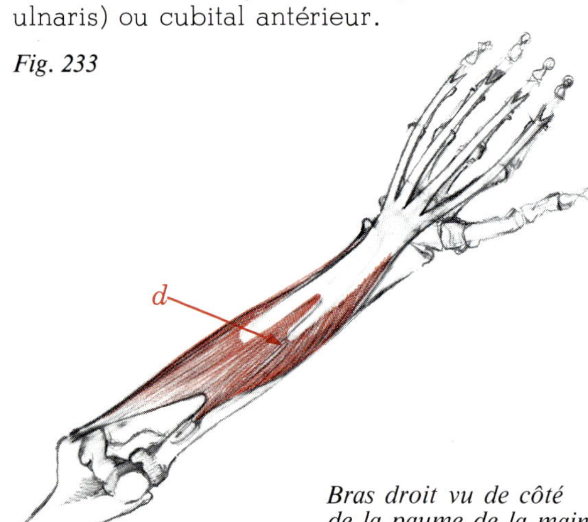

Bras droit vu de côté de la paume de la main

Fig. 234

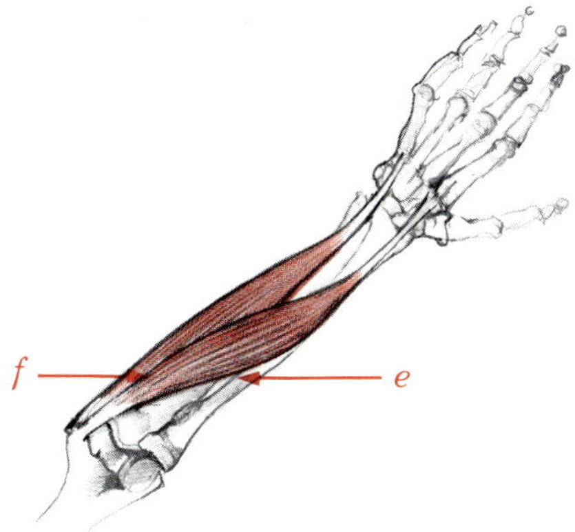

Pour rééduquer une lésion telle que le tennis elbow, on doit entraîner la musculature de façon pondérée. Les exercices doivent être exécutés avec de petites charges. Ils doivent être à la fois statiques et dynamiques. On emploie, par exemple, des haltères ou une raquette, un club... et l'on exécute les différents mouvements du poignet.

Fig. 235

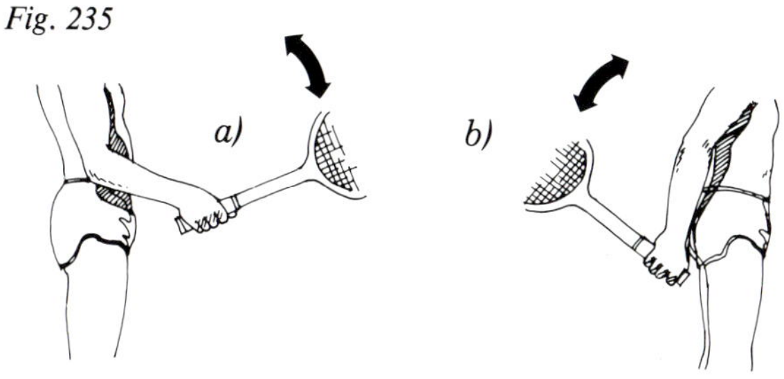

Côté du pouce (abduction)

Côté du petit doigt (adduction)

Flexion

Extension

Fig. 236

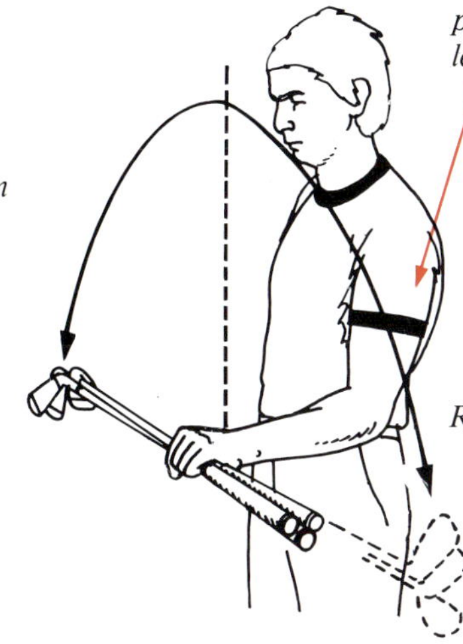

Pour assouplir les poignets et éventuellement étendre les muscles du poignet, on peut recommander les mouvements décrits ci-dessous :

Fig. 237

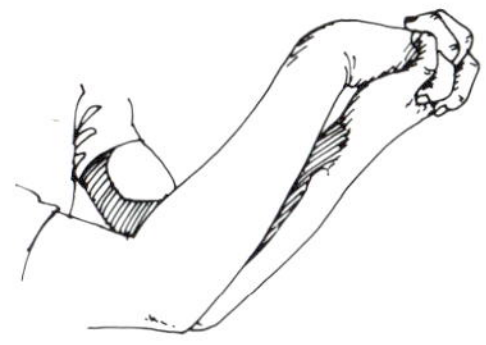

a) Faire des rotations des mains avec les mains jointes peu serrées.

b) Les mains au sol, appuyer doucement les avant-bras en extension, le poignet en flexion dorsale et essayer d'amener le poignet au moins à un angle de 90°.

c) Même exercice que b, mais avec le dos de la main appuyé contre un mur ou à l'aide de l'autre main.

Il faut remarquer que les mouvements de flexion (c) sont moins amples que les mouvements d'extension (b).

Chapitre VI

BIOMÉCANIQUE

Pour l'étude des mouvements, il est nécessaire d'avoir certaines connaissances des lois mécaniques. On augmente ainsi les chances de comprendre les mouvements que l'on doit analyser ou exécuter. Quand les exercices sportifs sont décrits à l'aide des lois mécaniques, le raisonnement est malheureusement souvent beaucoup trop théorique. Dans ce chapitre, on fera ressortir quelques notions qui seront directement applicables dans la pratique pour faciliter la compréhension « du comment et du pourquoi » de ces exercices. C'est à l'aide de dessins (et non de formules) que l'on expliquera : I Les forces, II Le centre de gravité, III Le moment d'inertie. La notion de moment cinétique a déjà été traitée page 25-28 et dans plusieurs exemples du chapitre sur l'anatomie (p. 39, 49, 50, 56). C'est pourquoi cette notion n'est illustrée ici qu'avec un seul exemple.

Forces

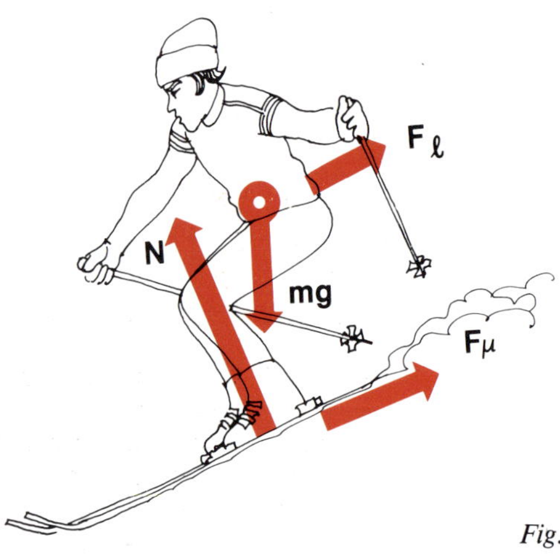

Fig. 238

Une force est représentée par une flèche qui indique à la fois sa grandeur et sa direction. On fait la différence entre les forces extérieures et les forces internes. Les forces extérieures, dont on doit tenir compte dans les activités physiques sont :

a) La force de gravité d'un corps (mg).
b) La force de réaction du sol sur le corps (appelée force normale) (N).
c) La force de friction entre le pied et le sol (Fμ).
d) La force de résistance de l'air (Fℓ).

On entend par forces internes :

e) Les forces musculaires (F_m).
f) Les forces des tendons, des ligaments, du tissu conjonctif (F).

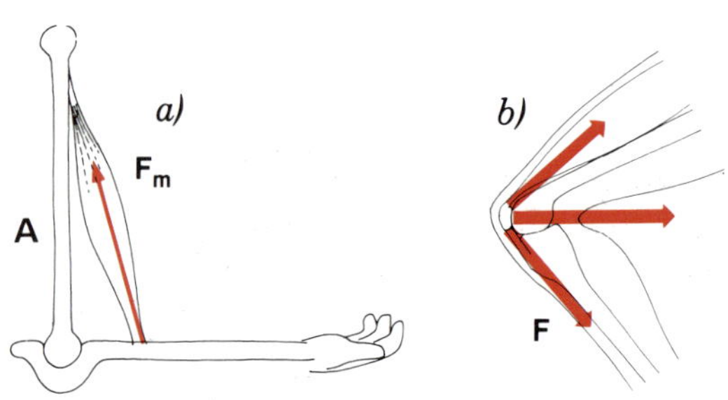

Fig. 239

Nous allons voir maintenant quelques propriétés de ces différents types de force.

a) Force de gravité

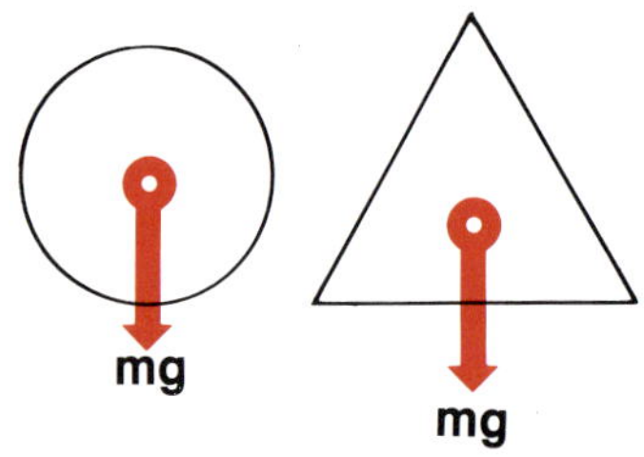

Fig. 240

La force de gravité est une force qui agit au centre de gravité du corps (p. 75). Cette force dépend de l'attraction terrestre (la terre attire tous les objets vers son centre). La grandeur de cette force dépend du poids du corps. 60 kg correspond à 600 N. La correspondance entre 1 kg et 1 Newton est : 1 kg = 9.81 N. Ce facteur de correspondance (9.81) est représenté par la lettre g. La force de gravité qui pèse mkg sera donc m.g Newton on écrit mg.

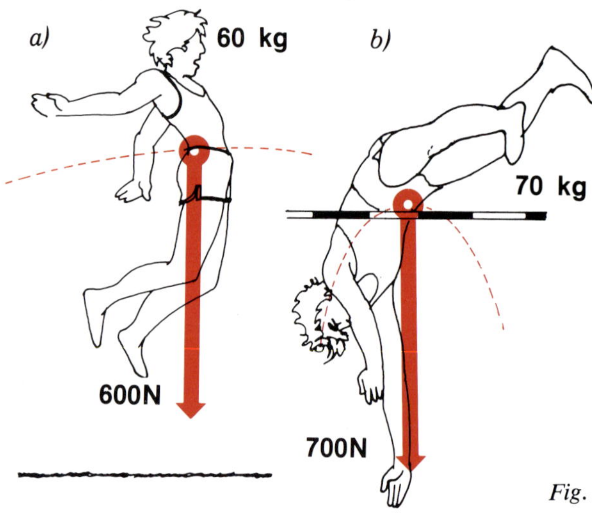

Fig. 241

b) Force normale (N)

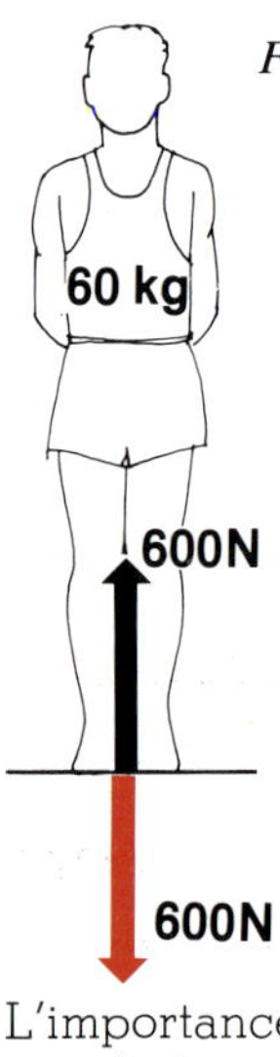

Fig. 242

La force normale apparaît lorsqu'un corps appuie sur le sol. Si une personne pesant 60 kg se tient debout immobile sur un sol plat, elle appuiera sur le sol avec 600 N. La force de réaction du sol sera aussi 600 N dirigée vers le haut. Ces deux forces qui agissent pour deux raisons différentes sont identiques et opposées. Elles forment ce que l'on appelle un couple de forces : elles se nomment aussi forces d'action-réaction réciproques. Plusieurs exemples de ces forces d'action-réaction se trouvent page 72.

L'importance de la force normale dépend de l'intensité de la pression exercée par la personne sur le sol, c'est-à-dire du poids et de l'intensité de l'action des muscles extenseurs de la hanche du genou et de l'articulation du pied. Dans l'appel ou dans la réception d'un saut, la force normale peut atteindre 3 à 4 fois le poids du corps (mg).

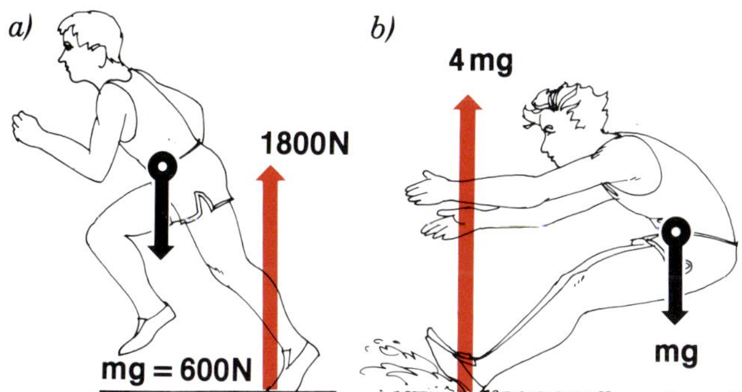

Fig. 243

Si l'on part de la position debout et si l'on fait plusieurs flexions-extensions, la force normale variera. Les variations peuvent s'expliquer en analysant le travail des différents muscles. Les figures montrent un skieur qui plie et tend les jambes :

Les muscles travaillent statiquement aussi longtemps qu'il skie sans s'accroupir. La force normale est 600 N si le skieur pèse 60 kg. De 1 à 2, il relâche un peu les muscles. De ceci résulte une moindre pression sur le sol, c'est-à-dire une moindre force normale (par exemple 400 N). De 2 à 3, il freine le mouvement de descente qui a commencé en 1-2. Le freinage se fait par un travail excentrique des muscles et l'appui sur le sol augmente. De 3 à 4, les muscles travaillent concentriquement et appuient toujours fortement sur le sol (max. 800 N d'après notre exemple). En 4, le skieur a une telle allure qu'il peut s'élever sans appuyer particulièrement. Il peut même obtenir une phase de relâchement (400 N). A partir de 5 et ensuite, il reste de nouveau debout immobile et la charge revient à 600 N pour un travail musculaire statique.

Fig. 244

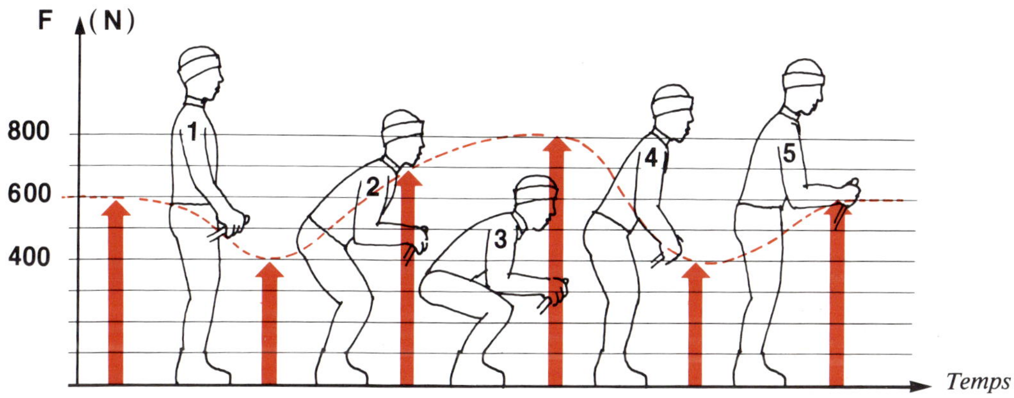

Fig. 245

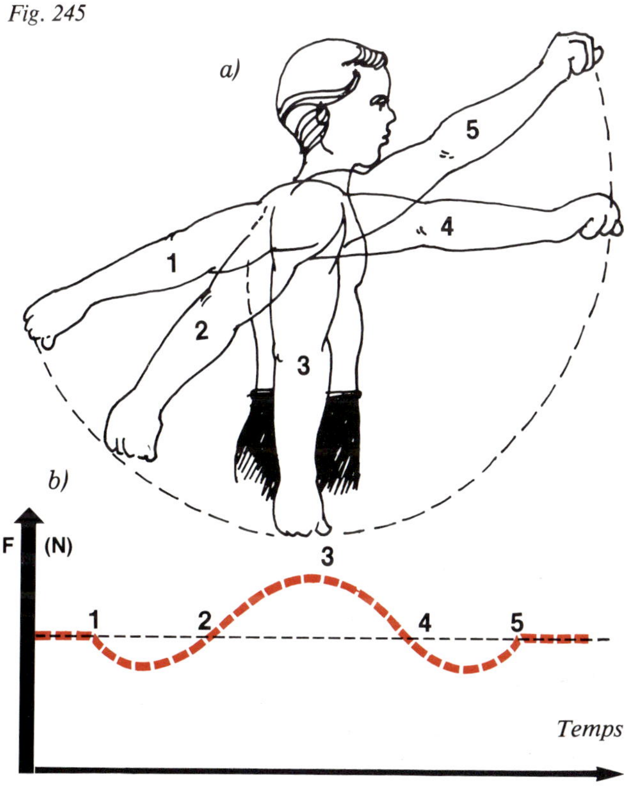

Si l'on balance les bras, la force normale varie. On se sert des mouvements des bras pour décharger ou pour charger le corps lors des différentes activités. Quelle est la signification du balancement des bras en course, en saut, lors de réceptions ou pour les passages de barre, ou encore en ski de slalom, dans un shoot, dans une volte, pour maintenir l'équilibre, etc... ?

Analysez un mouvement que vous connaissez bien et essayez de penser à la fonction des bras.

Fig. 246

Fig. 246

En général, on peut dire que le changement de la vitesse des bras exige une force. Cette force agit à la fois sur l'origine et sur l'insertion du muscle avec des forces de même grandeur mais opposées. C'est-à-dire que le bras et le corps sont sollicités dans différentes directions.

Fig. 247

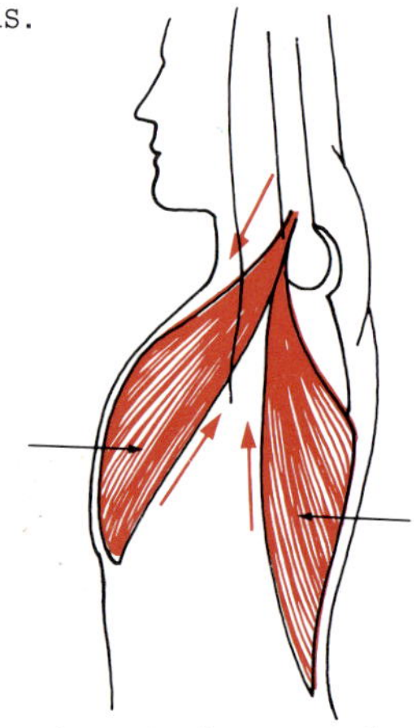

Lorsque l'on accélère le bras ou lorsqu'on le freine avec le grand pectoral ou le grand dorsal, le corps est sollicité dans des directions opposées. Les flèches de la figure a-d montrent de quelle manière se produit cette action. Il en résulte une variation de la vitesse du bras. La flèche noire représente la force du bras, la flèche rouge celle du torse. La force est la même que ce soit sur l'origine ou sur l'insertion du muscle. Si le bras :

a) Va en arrière mais se freine en haut.
b) Est propulsé en arrière (derrière le dos).
c) Est propulsé en avant.
d) Va en avant mais se freine,

le corps est alors sollicité comme le montrent les flèches rouges.

Fig. 248

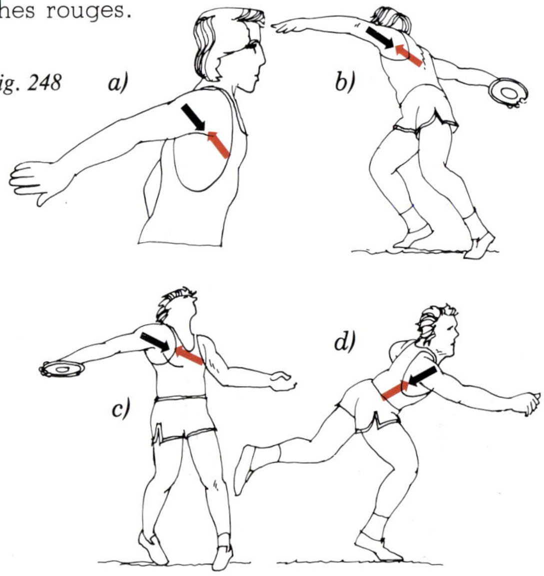

Fig. 249

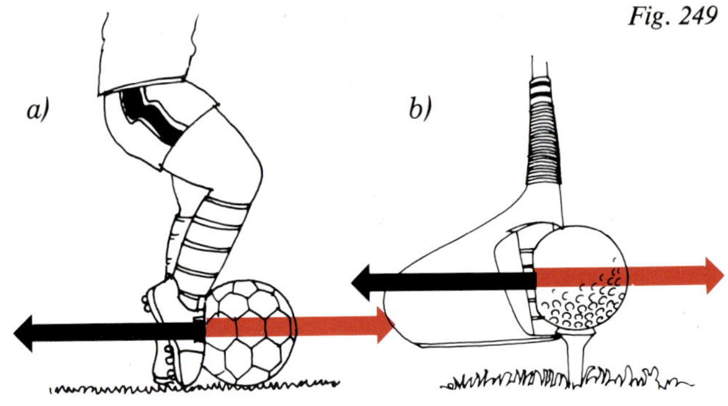

Dans les frappers (pied-balle, club-balle, raquette-balle) on parle aussi de force normale. La force normale qui agit sur une balle est la même grandeur que la force normale qui agit sur le pied. On dit que les forces normales sont des forces d'action et forces de réaction réciproques. La force sur la balle augmente jusqu'à un maximum lorsque la balle est comprimée au maximum, puis elle décroît jusqu'à zéro. Il se produit la même chose avec un club de golf.

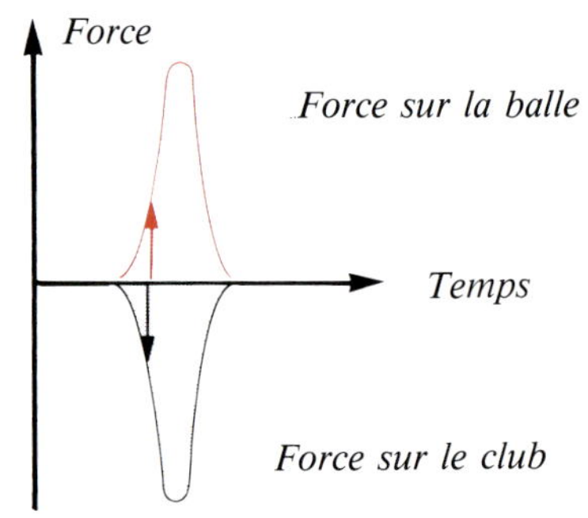

Fig. 250

c) Force de friction

La force de friction est une force qui dépend des arêtes, de petites aspérités qui existent entre sol-chaussure, raquette-balle, ski-neige et doivent être brisées pour permettre le glissement d'un objet sur un autre. La grandeur de la force de friction dépend de l'aspect des surfaces (μ) et de l'intensité avec laquelle elles appuient l'une contre l'autre (N).

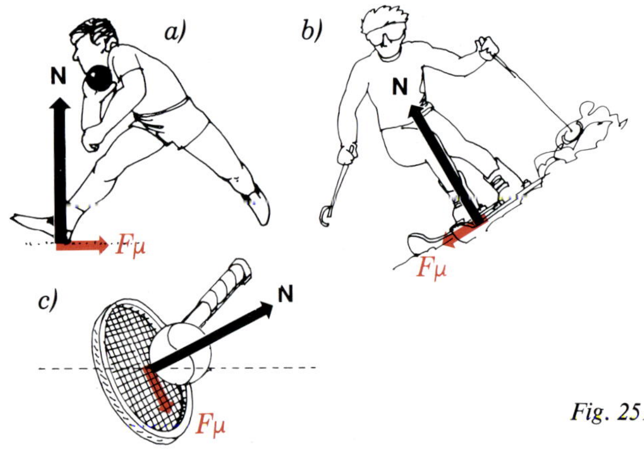

Fig. 251

Exemple 1 : Si une force de 20 N est nécessaire pour permettre en mouvement un corps qui appuie sur le sol avec une force 100 N, on dira que le coefficient de friction est $\mu = \frac{20}{100} = 0{,}2$.

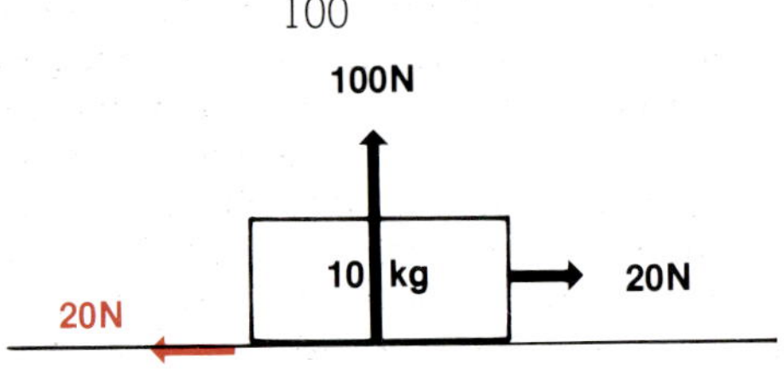

Fig. 252

Exemple 2 : Si un skieur pesant 60 kg glisse sur un plan horizontal, la force de friction le freine tout le temps de 30 N. On dira que le coefficient de friction est : $\frac{30}{600}$ = 0,05.

Fig. 253

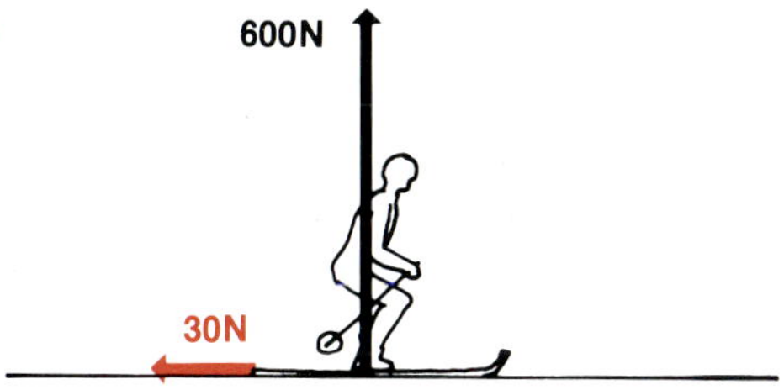

Si μ = 0, il n'y a pas de friction.
Si μ = 1, l'objet en question est immobile.

d) Résistance de l'air ($F\ell$)

Fig. 254

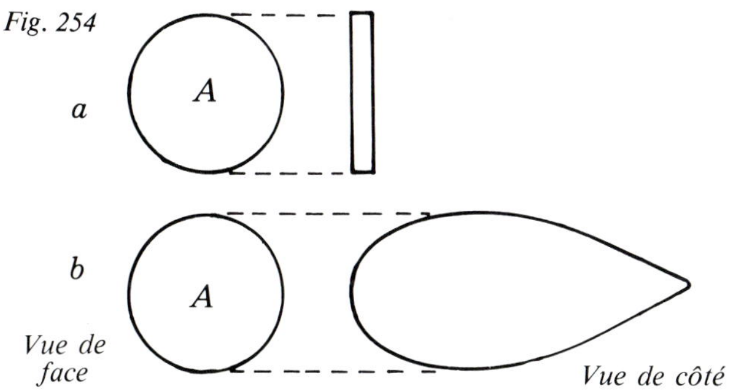

La résistance de l'air ou la résistance de l'eau dépend de la grandeur de la surface (A) qui est dessinée ci-dessus, de la vitesse (v) du corps et de l'aérodynamisme (ou hydrodynamisme) (k) de ce même corps. Deux corps A et B peuvent avoir la même surface vue de face mais un aérodynamisme différent vue de côté.

Fig. 255

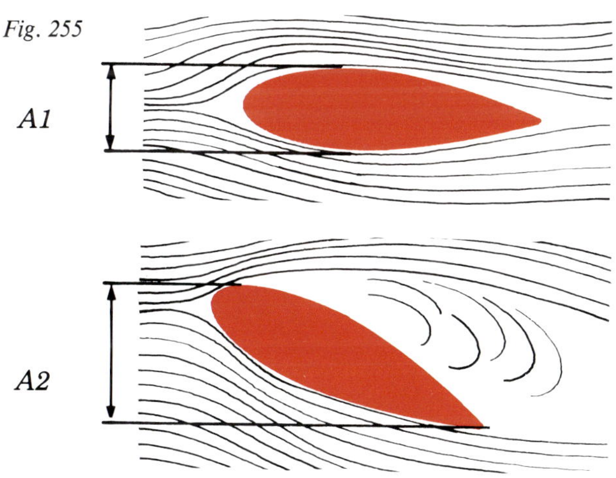

Un changement de position du corps entraîne souvent une variation à la fois de A et de k. On a expérimentalement prouvé que la résistance de l'air (ou de l'eau) dépend des trois facteurs cités précédemment ce qui donne la formule suivante : $F\ell = A.v^2.k$.

Un doublement de la surface provoque un doublement de la résistance. Un doublement de la vitesse provoque un quadruplement de la résistance. Une amélioration de l'aérodynamisme provoque une réduction de la constante (k), c'est-à-dire une moindre résistance de l'air. Dans les exercices sportifs, on essaie de réduire la résistance de l'air, par exemple en saut en longueur, en slalom, en descente à ski, mais surtout en saut à ski. En natation, il est particulièrement important de réduire la résistance de l'eau.

Fig. 256

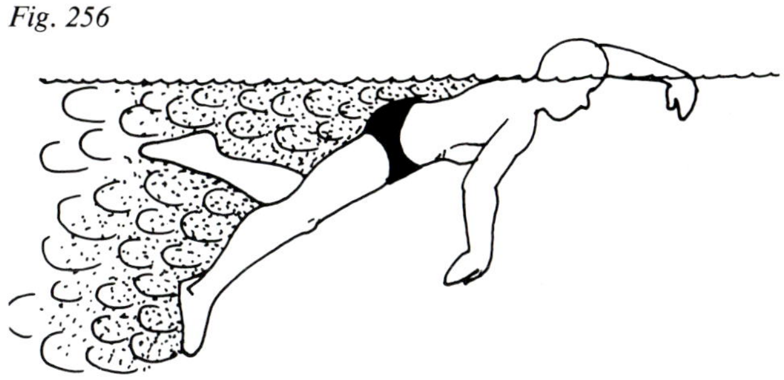

Dans la figure 256, à la fois la surface (A) et l'aérodynamisme (K) sont plus grands que dans la figure 257.

Fig. 257

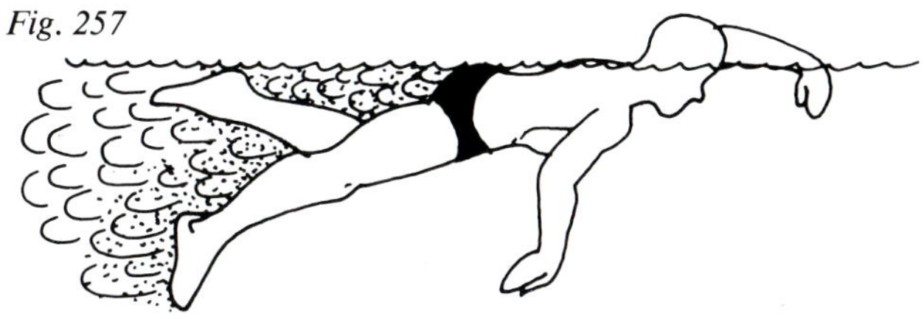

Le mouvement des membres inférieurs lors de la brasse donne une petite surface (A) lors de la remontée des genoux.

Par contre, grande surface (A) lors de la poussée arrière avec les membres inférieurs.

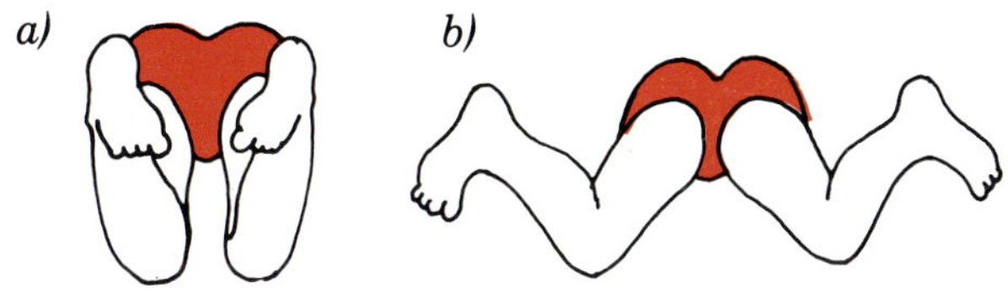

e) Force interne ou force musculaire

La *force musculaire* est ce que l'on appelle la force interne. Afin de résister à la force de gravité, aux forces de friction, le corps utilise les forces musculaires. Les muscles sollicitent leurs insertions avec la même force (fig. 258), c'est-à-dire avec des forces identiques mais opposées.

La grandeur et l'aspect (la place du centre de gravité) de A et de B sont prépondérants pour ce qui se passe. Ce qui se passe dépend aussi du fait que A et B soient libres ou rattachés à une partie du corps d'une quelconque façon.

Fig. 258

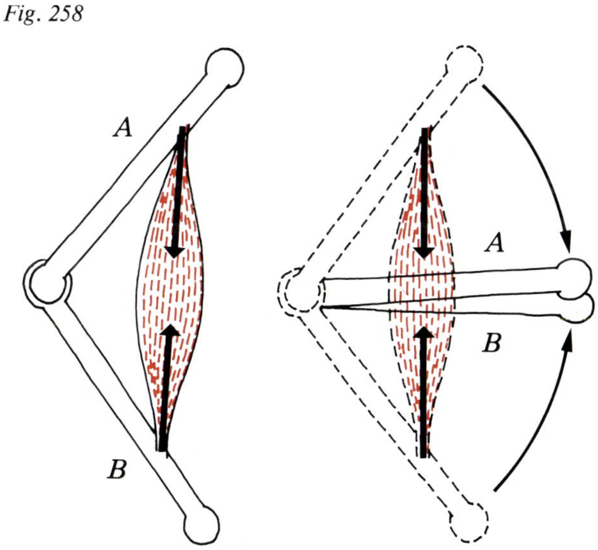

Exemple 1 : Si A est identique à B et que les deux soient libres de tout mouvement, ils viendront se rencontrer comme un couteau pliant. C'est à peu près ce qui se passe si l'on saute le corps droit et qu'ensuite l'on exécute un carpé en fléchissant la cuisse sur le bassin. Les muscles psoas-iliaques tirent les cuisses vers le haut et le tronc vers le bas. Les cuisses se meuvent plus facilement que le tronc ce qui fait qu'elles ont une course un petit peu plus grande que celui-ci. Bouger uniquement les cuisses est impossible.

Fig. 259

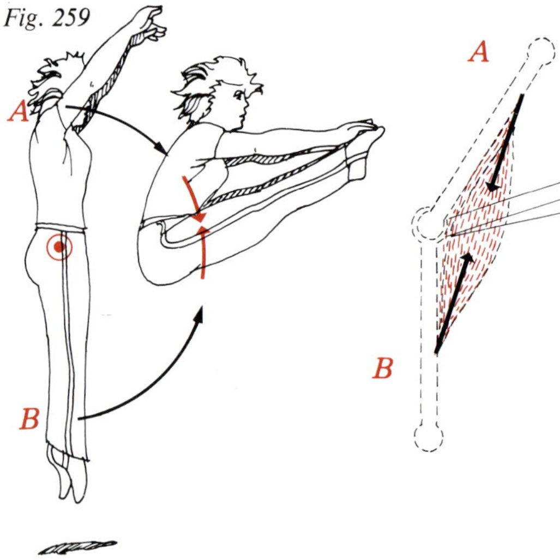

Exemple 2 : Si B est bloqué, le mouvement se fera uniquement du côté de A.

Fig. 260

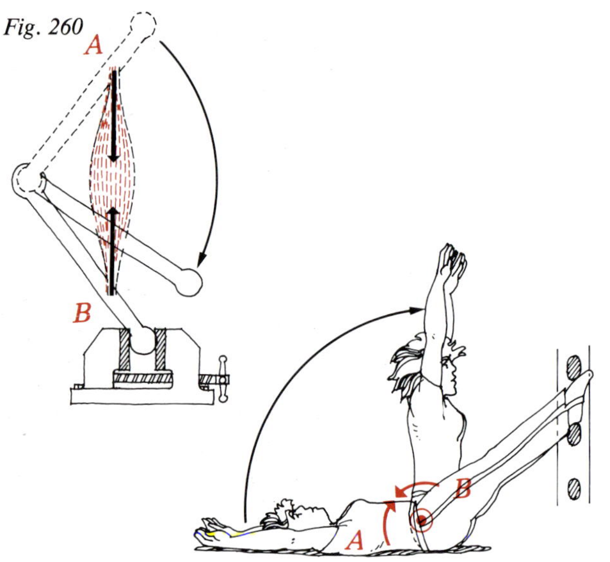

Exemple 3 : Si les deux parties ont le même poids, la partie la plus facile à se mouvoir fera le plus long chemin. La figure ci-dessous montre les situations où les deux parties se meuvent, autour d'une articulation, des deux côtés opposées.

Fig. 261

a)

Si le torse tourne dans un sens, les skis tournent dans l'autre.

b)

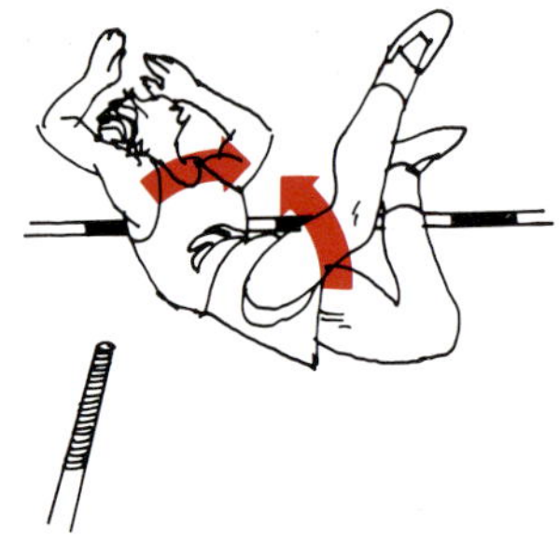

Une extension aux hanches ou des cuisses et un balancement arrière des jambes élèvent le haut du corps au-dessus de la barre en saut à la perche.

c)

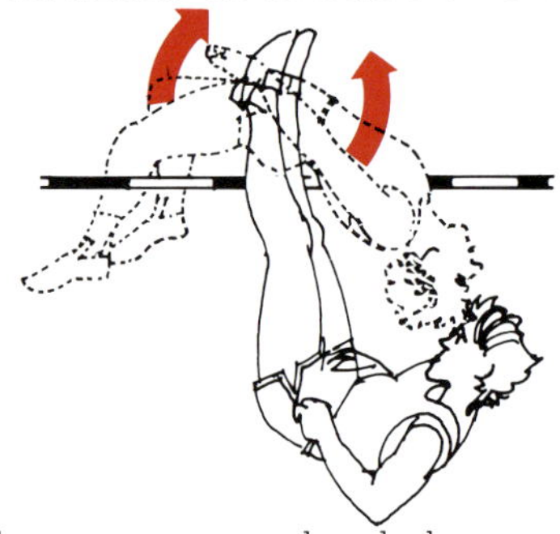

Afin de ne pas accrocher la barre pendant le passage des jambes dans le style « flop », on fléchira puissamment l'articulation des hanches dès que les hanches auront passé la barre. Les bras et les jambes font une rotation aussi loin que possible vers l'arrière, pour empêcher le haut du corps de tourner et d'atterrir sur la nuque.

d)

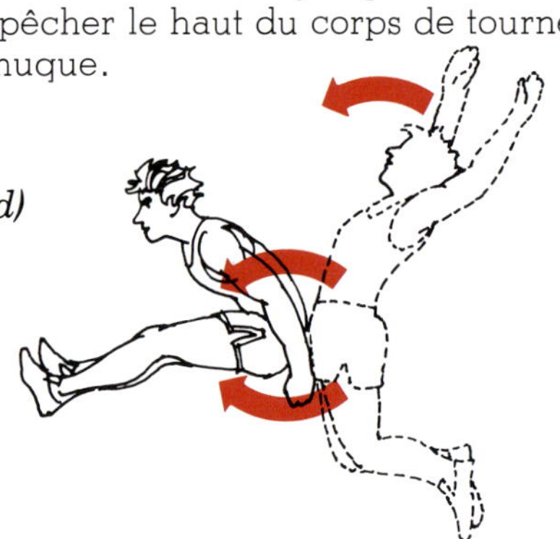

Une flexion avant du haut du corps suivie d'une rotation des bras constitue la phase de réception du saut en longueur. Cette phase comprend aussi des mouvements de balancement opposés des jambes (les jambes agissent ensemble).

e)

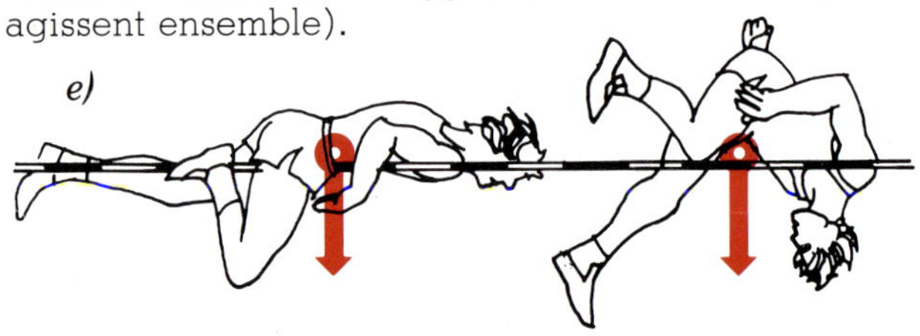

On doit « soulever le genou » afin de ne pas faire tomber la barre avec la dernière jambe dans le rouleau ventral en saut en hauteur. On fait pour cela un puissant carpé des hanches lorsque le corps se trouve au-dessus de la barre.

f)

Dans tous les lancers, on peut remarquer qu'un lanceur doué envoie le bras non lanceur en arrière jusqu'à ce qu'il se trouve presque derrière le corps. Avant le jet, ce mouvement est bloqué, le bras tourne et va dans la direction opposée afin d'augmenter la force de rotation du tronc : ce qui donne ensuite une plus grande vitesse au bras lanceur.

f) Forces des tendons et des ligaments

Les forces des tendons et des ligaments sont des forces internes passives. Elles sont créées par la force des muscles (F_m) ou par les forces extérieures qui chargent les tendons ou les ligaments. Une trop grande charge peut occasionner une rupture du ligament.

Fig. 262

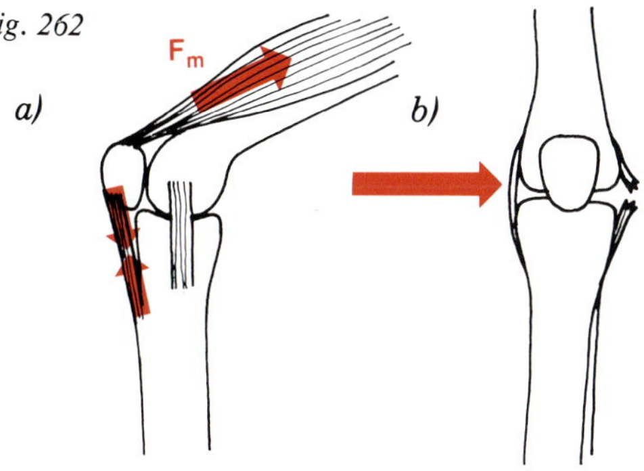

Centre de gravité

Le centre de gravité d'un corps est un point donné par lequel on devrait pouvoir pendre ce corps en équilibre dans n'importe quelle position.

Fig. 263

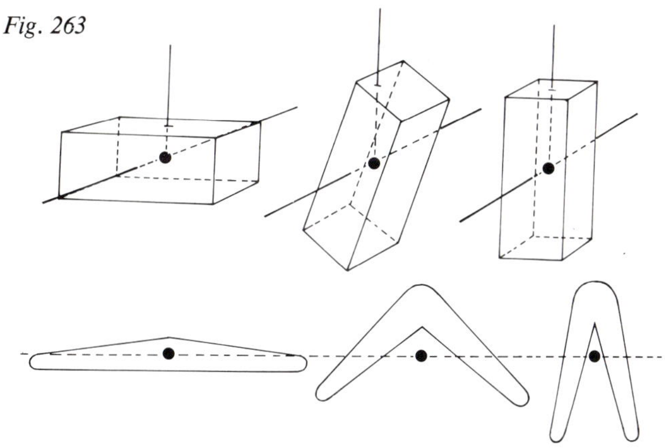

Pour les corps symétriques, il est facile de trouver le centre de gravité. Pour les corps asymétriques c'est plus difficile. Un entraîneur, avec de l'expérience ou de l'intuition, doit déterminer la situation du centre de gravité chez un athlète dans une situation donnée. Ainsi, il pourra donner les instructions correctes pour exécuter le mouvement.

Fig. 264

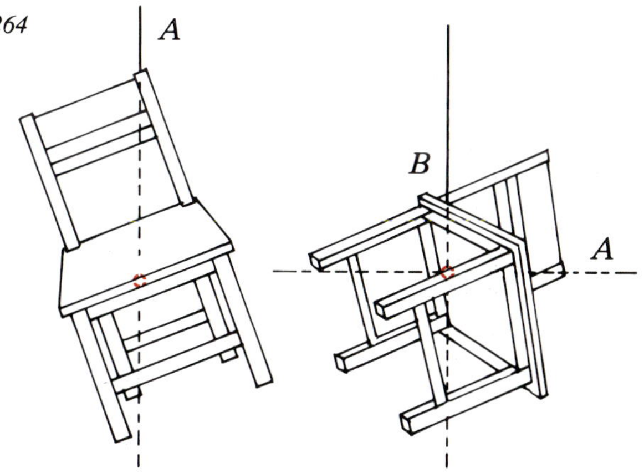

Fig. 265

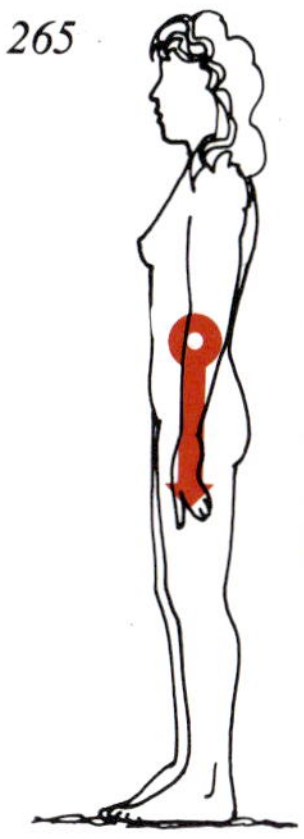

On peut décider expérimentalement de la situation du centre de gravité, en pendant un corps à un point arbitraire A. On sait alors que le corps va se balancer puis s'arrêter avec le centre de gravité passant par la verticale du point de suspension. On sait aussi que le centre de gravité se trouve quelque part au-dessous de A. Ensuite, on peut pendre le corps à un point B et on obtient ainsi une nouvelle verticale. Le centre de gravité se trouve au point d'intersection des deux verticales (fig. 264).

Le centre de gravité d'une personne en position anatomique de base (debout) (fig. 265) se trouve à peu près à la hauteur du nombril quelques cm en avant de la troisième lombaire (L3). La position du centre de gravité varie si l'on élève un bras, une jambe, si l'on se met sur la pointe des pieds, etc... Supposons qu'une personne ait son centre de gravité à 100 au-dessus du sol lorsqu'elle se tient debout. Son centre de gravité s'élèvera de 4 cm si elle lève un bras, de 8 cm si elle lève les deux bras, de 8 cm si elle s'élève sur la pointe des pieds, etc... (fig. 266).

Fig. 266

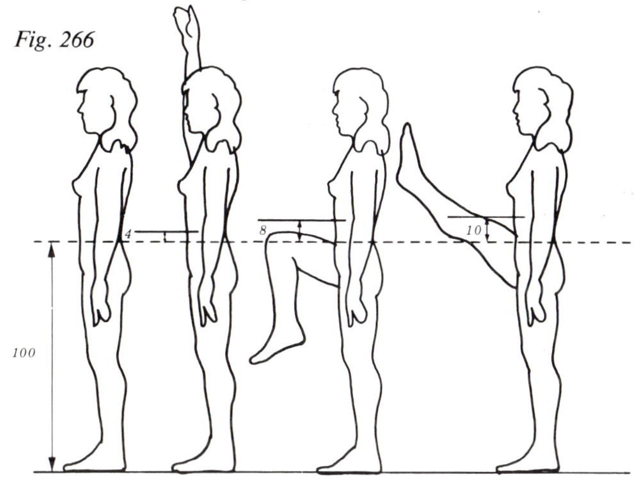

Les figures ci-dessus montrent les variations du centre de gravité par rapport au sol. Si une personne saute en l'air et que son centre de gravité atteigne 150 cm au-dessus du sol (fig. 267), un changement de la position du corps ne parviendra pas à changer la hauteur de son centre de gravité par rapport au sol. Le même saut donne toujours la même hauteur maxima de 150 cm quels que soient les changements de position en l'air.

Fig. 267

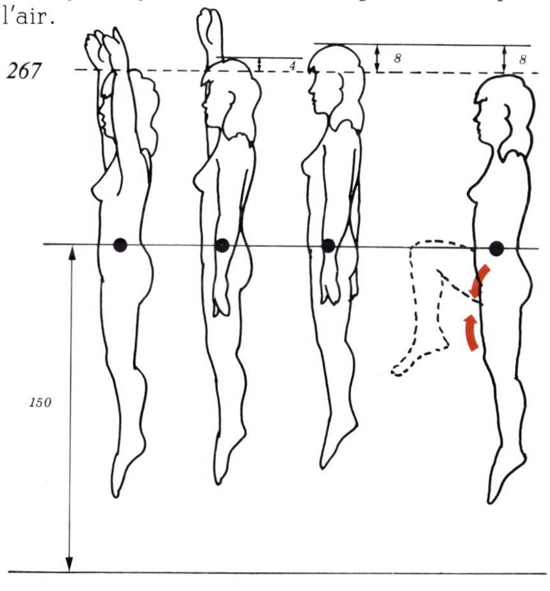

Les figures montrent que le centre de gravité se trouve à la même hauteur mais que la hauteur de la main et de la tête au-dessus du sol varie avec la position finale. Si l'on abaisse les deux bras, le corps s'élève de 8 cm. Si l'on élève une jambe, le reste du corps descend de 8 cm (en comparaison avec la figure précédente). L'explication est très simple ; le groupe musculaire qui élève la jambe vers le haut (par exemple les psoas-iliaques) influence le reste du corps avec la même force mais du côté opposé, c'est-à-dire tire le corps vers le bas.

Fig. 268

Le mouvement type, pour un saut avec shoot en handball, un shoot en basket, un smash en volley-ball, une tête en football, un passage au-dessus de la barre en saut en hauteur, en saut à la perche, un passage de haie, etc... est bâti sur les principes ci-dessus en ce qui concerne la position du centre de gravité. Remarquons que le bras gauche est tout à fait tendu ainsi que les jambes pour que la main puisse atteindre la hauteur maxima au moment du shoot (fig. 268).

Fig. 269

En gardant les deux bras et la jambe droite aussi haut que possible, la jambe gauche atteint le sol le plus vite possible et l'on peut recommencer à courir (fig. 269).

Fig. 270

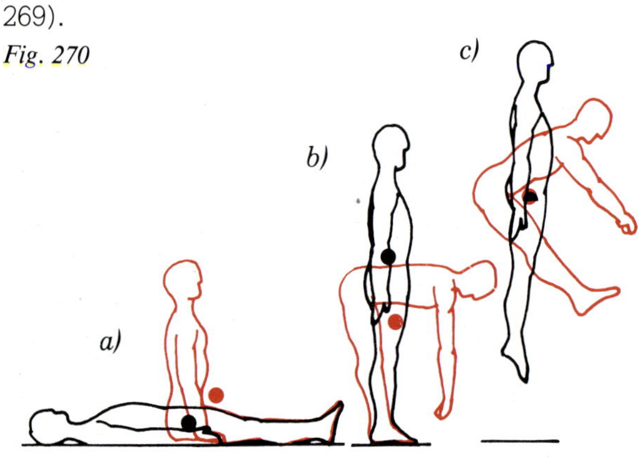

Les figures ci-dessus montrent les variations de la position du centre de gravité. Une flexion des hanches a pour résultat un déplacement du centre de gravité de trois manières différentes en fonction de la situation. La figure 271 a indique la situation du centre de gravité de chaque partie du corps en % par rapport à la longueur de la partie concernée. Par exemple, le centre de gravité du bras se trouve à 40 % de sa longueur (de l'épaule au bras).

La figure de droite indique le pourcentage du poids de chaque partie par rapport au poids total du corps. La tête, par exemple, pèse 7 % du poids total du corps.

Fig. 271

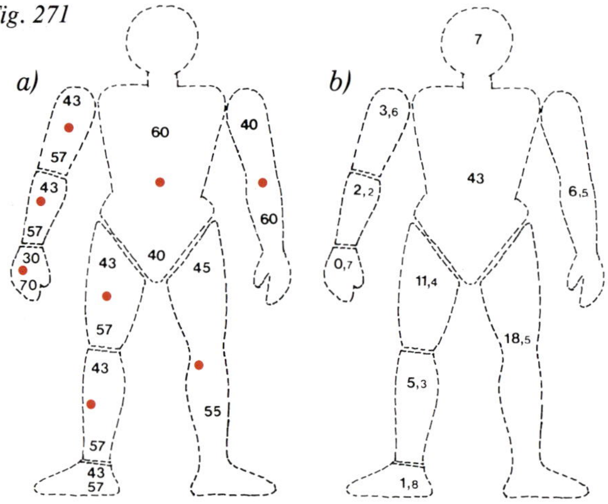

Les figures ci-dessous ainsi que les calculs montrent comment l'on peut faire une analyse complète de quelques exercices différents lorsqu'on connaît le centre de gravité, le moment cinétique et la situation en fonction des muscles.

Fig. 272

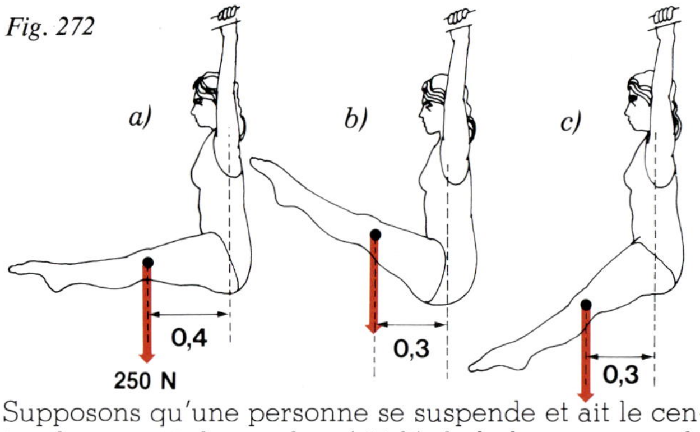

Supposons qu'une personne se suspende et ait le centre de gravité des jambes (45 % de la longueur totale en partant de la hanche) à 0,40 m de la verticale des hanches dans a) 0,30 m, dans b) et dans c). Le poids des membres inférieurs étant de 25 kg (18,5 % du poids total pour chaque jambe) la force de gravité sera 250 N.

Le moment cinétique sera :

a) $M = F.\ell$ b) $M = F.\ell$ c) $M = F.\ell$
$M = 250 \times 0{,}4$ $M = 250 \times 0{,}3$ $M = 250 \times 0{,}3$
$M = 100$ Nm $M = 75$ Nm $M = 75$ Nm

Fig. 273

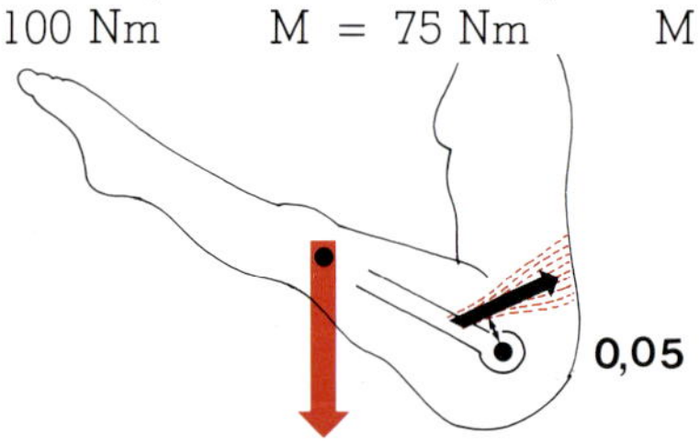

Supposons que les psoas-iliaques qui supportent les jambes soient fixés à 0,05 m de l'axe des hanches. On aura donc :

a) $F.0{,}05 = 100$ b) $F.0{,}5 = 75$ c) $F.0{,}05 = 75$
$F = 2\,000$ N $F = 1\,500$ N $F = 1\,500$ N

Tous ceux qui ont essayé la position b savent qu'il est presque impossible de la maintenir, bien que la force musculaire, dans les cas b et c, soit la même d'après les calculs. Dans la position c, les psoas-iliaques sont plus longs que dans la position b, et sont de ce fait plus

aptes à développer la force nécessaire. Dans b, la distance entre les insertions peut être égale à 50 % de la longueur de repos. De ce fait, le muscle ne peut développer aucune force (p. 16). Une autre raison prouvant qu'il est « impossible » de maintenir les jambes dans la position b est que les « hamstrings » (ischio-jambiers) (p. 41) sont si tendus que l'effet élastique provoque une forte traction qui abaisse les jambes.
Les figures ci-dessous montrent quelques exemples où la coordination entre la force des fléchisseurs des hanches et la souplesse des muscles « hamstrings » est essentielle pour obtenir le mouvement modèle.

Fig. 274

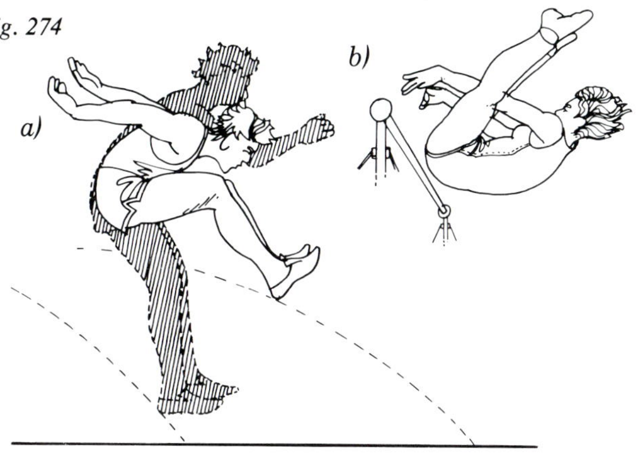

Une chute-avant trop précipitée de l'ensemble jambes-tronc fait que l'on ne pourra pas maintenir les jambes dans la meilleure position pour la réception. Le corps va alors « se déplier » et les pieds toucheront le sol trop tôt. Pour illustrer encore le centre de gravité et sa signification faisons les observations suivantes : si l'on doit soulever un objet, on met en action plusieurs muscles, en fonction de la position que l'on a pour soulever l'objet en question.

Fig. 275

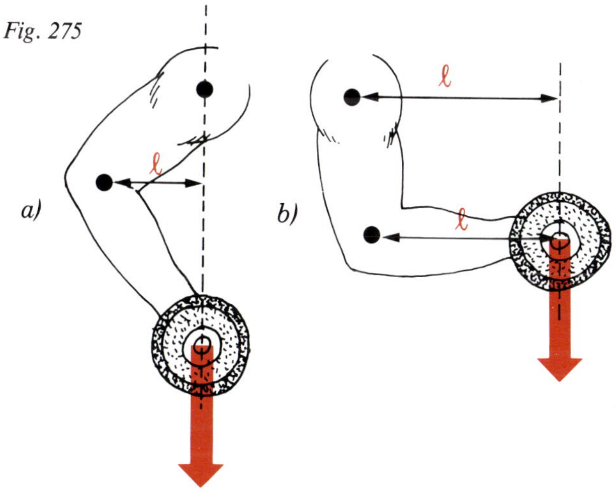

Si l'on soulève comme dans l'exemple a, la charge des fléchisseurs du coude sera moindre que dans l'exemple b (moindre bras de levier ℓ). La charge sur l'axe de l'épaule sera nulle dans l'exemple a mais très importante dans b.

Fig. 276

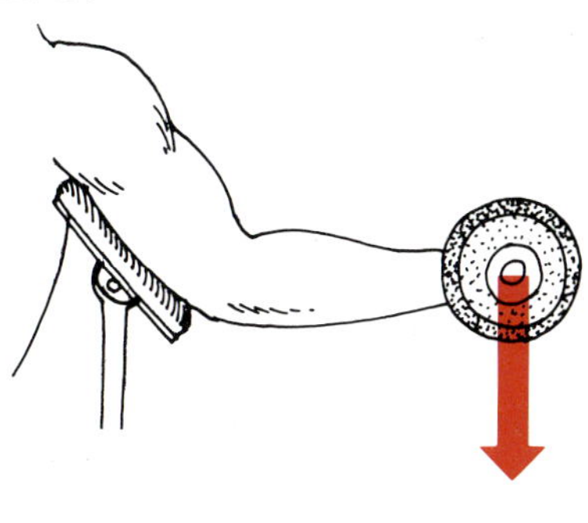

Entraîner la force des fléchisseurs du coude avec une table comme support du bras (fig. 276) oblige ceux-ci à travailler intensément et permet en même temps de décharger les muscles de l'épaule qui autrement limiteraient le choix de la charge.

Fig. 277

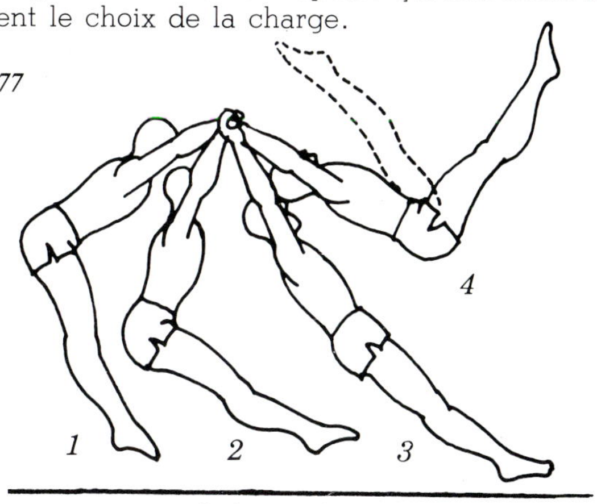

Dans un exercice à la barre fixe, le balancement des hanches en avant doit être tel qu'il soit possible de lever les jambes le plus rapidement et le plus en avant possible. On doit avoir les hanches aussi droites que possible dans les positions 1-4. Si l'on élève déjà les jambes en position 1-2, les jambes tomberont et elles seront en mauvaise position lorsqu'on voudra les soulever.

Fig. 278

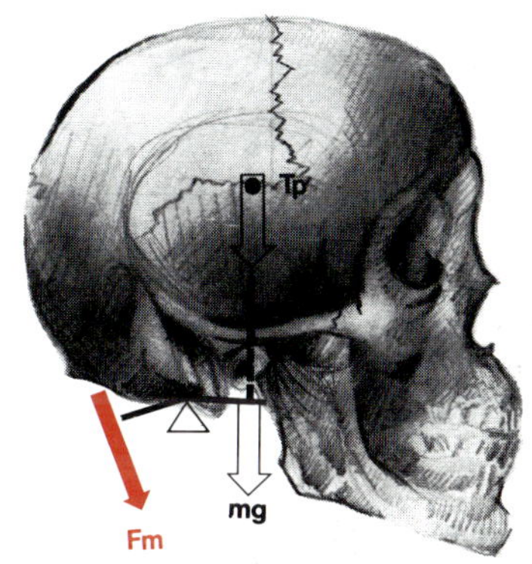

Le centre de gravité de la tête se trouve quelques cm en avant de la première vertèbre cervicale (atlas) ce qui oblige les muscles de la nuque (Fm) à travailler en statique pour maintenir la tête haute. Le centre de gravité du haut du corps se trouve en avant de la colonne vertébrale, ce qui oblige les muscles du dos de travailler en permanence. Tout le poids du tronc appuie en avant des articulations des hanches (ceci est très individuel) ce qui sollicite les muscles fessiers.

Fig. 279

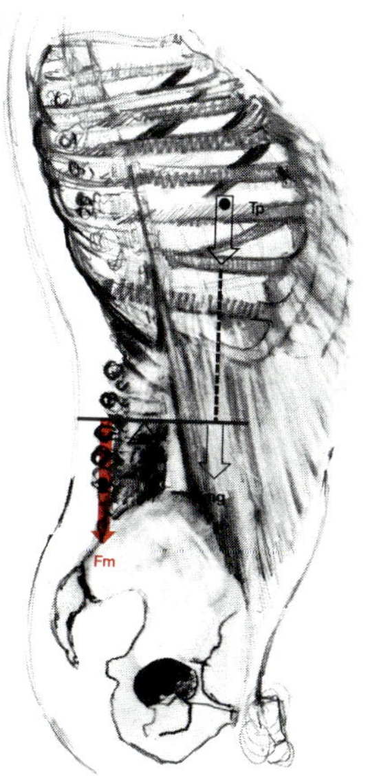

Fig. 280

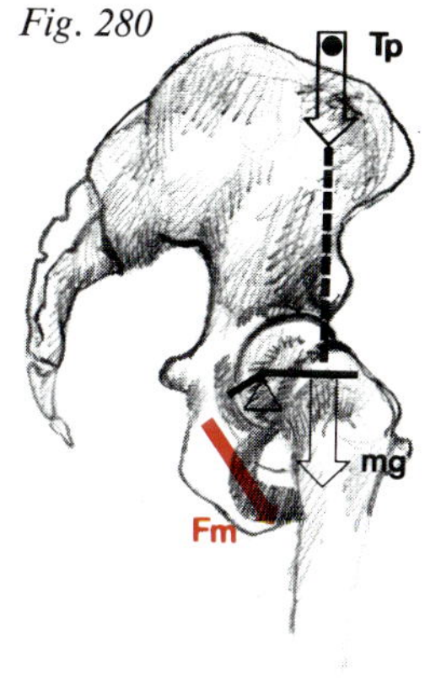

Les quadriceps contrebalancent la tendance du poids du corps à faire fléchir les genoux.

Les muscles soléires (M. Soleus) contrebalancent la tendance du poids du corps de tomber en avant au niveau de l'articulation du pied. Tous ces muscles maintiennent en station verticale et s'appellent pour cela muscles posturaux.

Fig. 281

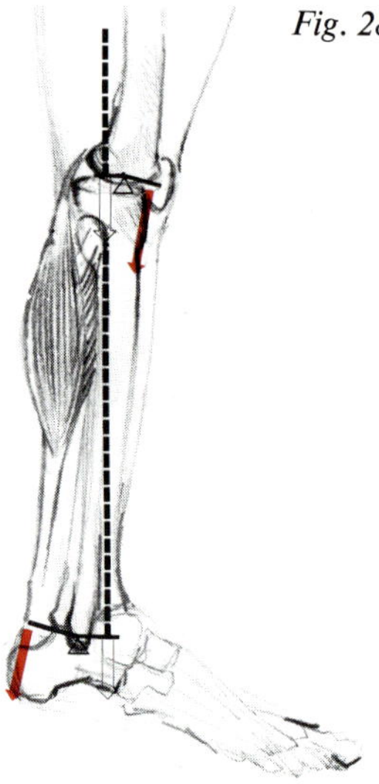

La position du centre de gravité d'une partie du corps a une grande importance pour sa mobilisation. Si l'on doit faire balancer ou faire tourner un objet, nous savons qu'il est d'autant plus facile de le mettre en mouvement que le rayon de rotation est faible. Un marteau avec un rayon de 0,5 m est plus facile à mettre en mouvement qu'un marteau avec un rayon de 1 m. Un marteau qui aurait une chaîne de 3 m serait impossible à mettre en mouvement.

Fig. 282

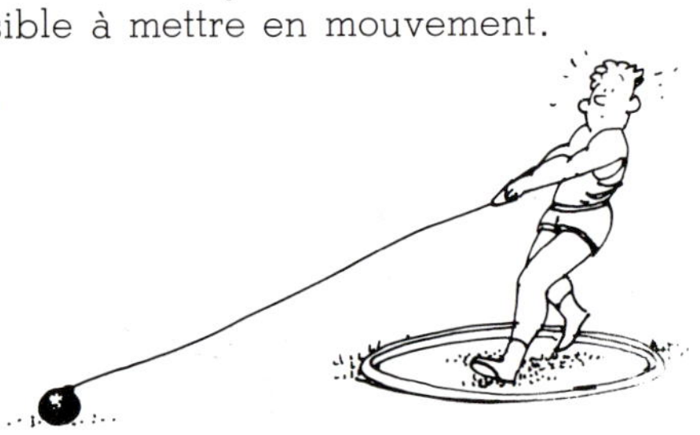

Si l'on doit balancer rapidement une jambe en avant, en course, le rayon du balancement doit être le plus petit possible. On devra attirer le talon vers le haut contre les fesses (3) dès que l'extension de la jambe est terminée (1). Le balancement de la jambe se fait de telle sorte que le centre de gravité soit aussi près que possible de la hanche.

Fig. 283

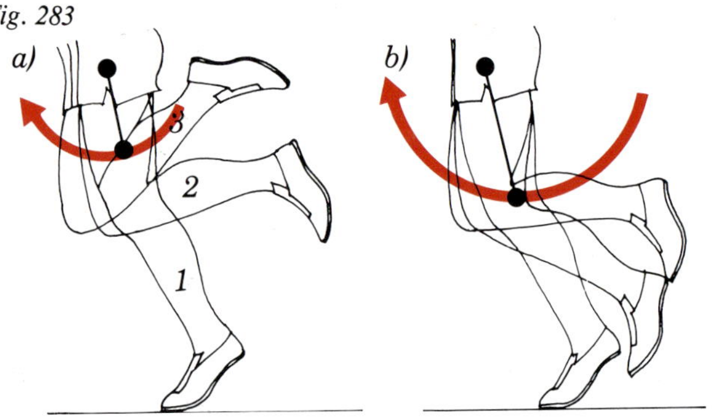

Foulée de sprint *Foulée de fond*

Cette façon de courir est caractéristique pour les sprinters. Pour les courses plus lentes, on ne dépense pas autant d'énergie pour élever les pieds (ce qui met en jeu la force et la rapidité des hamstrings). On laisse la jambe tomber avec l'aide conjointe de la gravité et des fléchisseurs de la hanche.

En ce qui concerne la plupart des lancers, (ou frappers) le bras doit être plié. Le centre de gravité du bras sera aussi près que possible de l'épaule : aussi longtemps que les muscles de l'épaule entraînent le bras, les groupes musculaires seront sollicités dans l'ordre suivant, tronc, épaule, coude.

Fig. 284

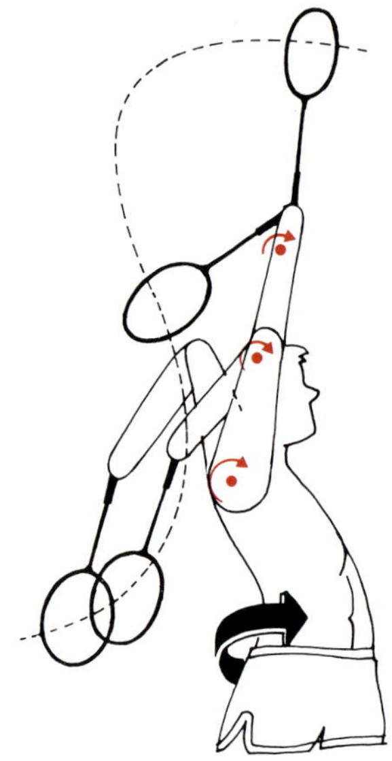

Dans un shoot en football, le principe est le même que pour les jets. Les muscles entrent en action dans l'ordre suivant : tronc, hanche et genou.

Fig. 285

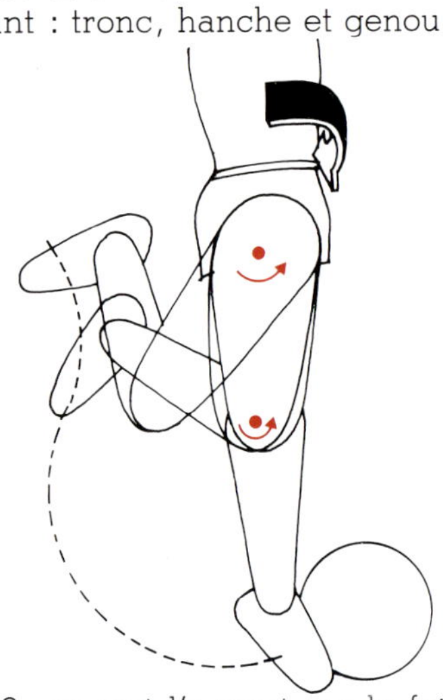

A la page 73, on met l'accent sur le fait que lorsque deux parties de même poids sont attirées l'une vers l'autre le parcours de chacune sera de même longueur. Ceci est seulement vrai si les centres de gravité des deux parties sont situés à la même distance, par rapport à l'articulation.

Fig. 286

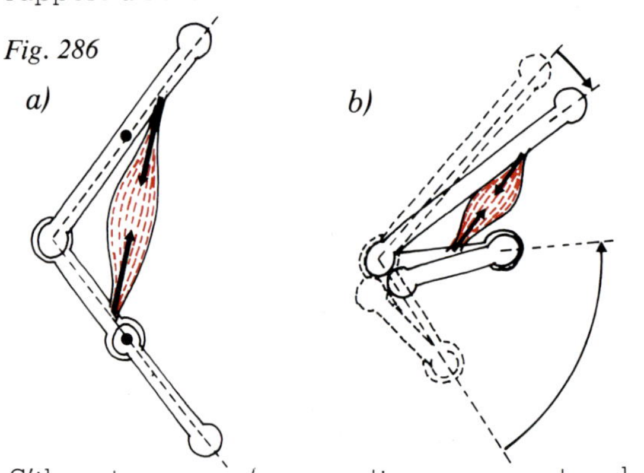

S'il se trouve qu'une partie a son centre de gravité plus éloigné de l'articulation que l'autre partie, la partie ayant le centre de gravité le plus éloigné se déplacera avec un angle plus faible que l'autre partie, on tire avantage de ce phénomène dans beaucoup d'activités sportives. Pour mobiliser efficacement une partie du corps, il est possible « de disposer » cette partie du corps (celle que l'on veut mobiliser) pour que son centre de gravité se trouve près de l'articulation. en même temps on « disposera » l'autre partie du corps pour que son centre de gravité soit éloigné de l'articulation.

Les quatre exemples suivants illustrent ce principe lorsqu'il s'agit de ramener rapidement la jambe en avant :

Fig. 287

a)

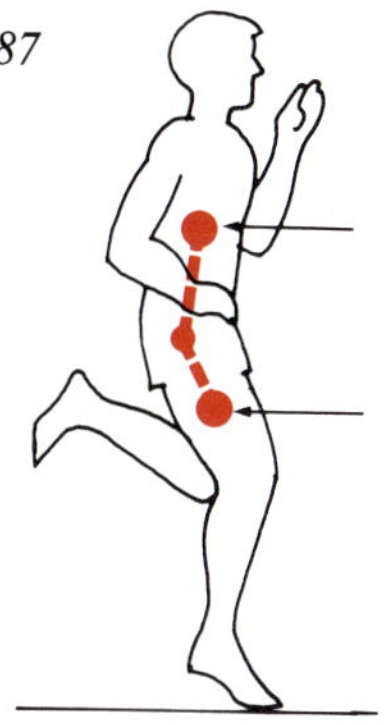

Exemple a : Une flexion maxima du genou place le centre de gravité de la jambe plus près de l'articulation de la hanche. La jambe peut de cette manière plus facilement être ramenée en avant. Le centre de gravité du haut du corps doit en principe être maintenu loin de l'articulation de la hanche. On peut ainsi avoir les bras relativement fléchis.

b)

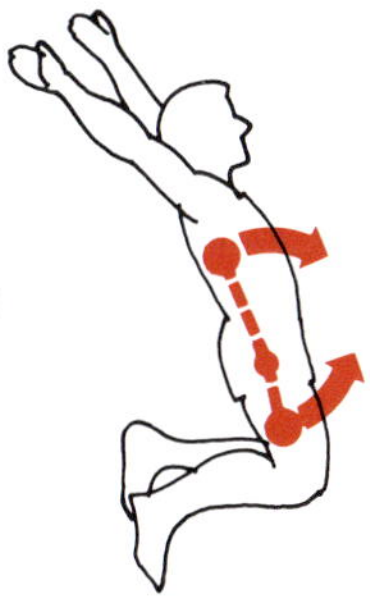

Exemple b : Dans le ramener des jambes en saut en longueur, on plie celles-ci au maximum (centre de gravité près des hanches) en même temps que les bras sont maintenus au-dessus de la tête (centre de gravité loin des hanches).

c)

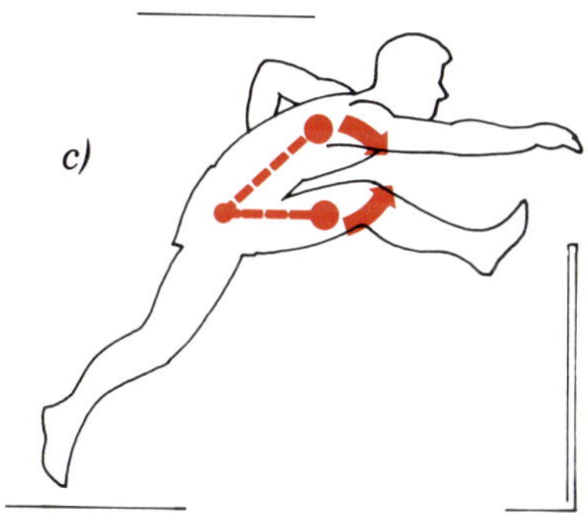

Exemple c : Dans le passage de haie, on s'efforce d'avoir les deux bras aussi loin que possible des hanches (bras droit tendu et bras gauche très fléchi) pour que la puissance musculaire des fléchisseurs des hanches puissent profiter à la jambe. La jambe droite sera maintenue pliée pendant le balancement avant et sera allongée le plus tard possible.

Exemple d : Lors d'une tête en football, si l'on veut que le haut du corps se déplace rapidement, il faut que le centre de gravité du haut du corps puisse être rapproché des hanches (les bras seront le long du corps). Le centre de gravité des jambes devra lui être éloigné des hanches (jambes tendues) lorsque la tête rencontre la balle. Pensez à ce que serait l'efficacité de la tête si on obligeait le joueur à exécuter cette tête dans la position de l'exemple b.

d)

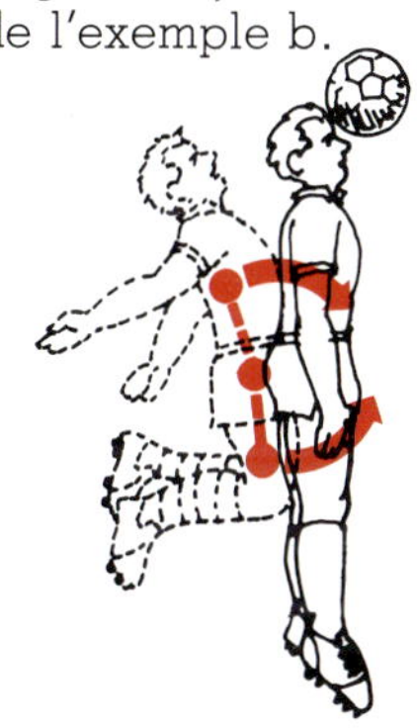

L'exemple suivant nous montre la position du corps lors de la mobilisation de l'épaule.

Exemple a : Si un bras tendu décrit un arc de cercle en avant du corps, le corps réagira en faisant une rotation dans l'autre direction. Si le bras est plié, le mouvement du corps sera moins important. On peut facilement observer ces réactions sur une plate-forme mobile ou plus simplement sur un fauteuil tournant de bureau.

Fig. 288

a)

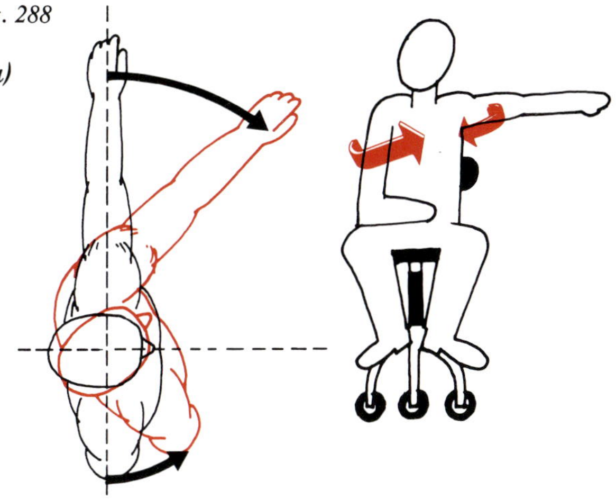

Exemple b : Si l'on veut passer la deuxième jambe (la gauche) au-dessus de la barre en rouleau ventral, on doit tirer le bras droit du côté opposé. Remarquons le changement de position du bras droit et sa rotation vers le haut et en arrière du dos sur les figures 2 et 3. Le bras doit demeurer entièrement tendu et éloigné du corps.

b)

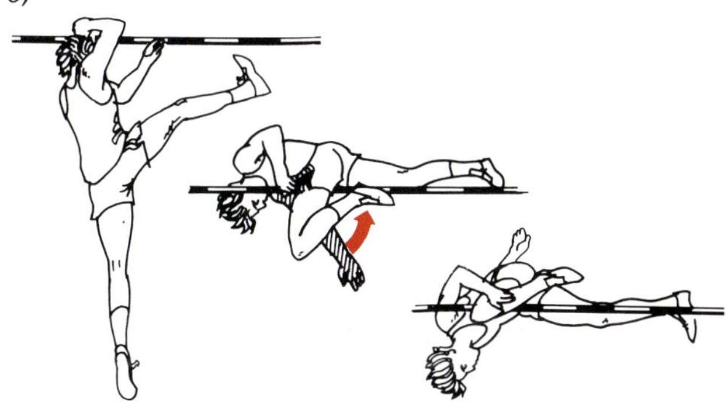

Exemple c : Un bras tendu qui se bloque et tourne en rotation est plus efficace pour un lancer qu'un bras plié qui seulement tire de côté.

c)

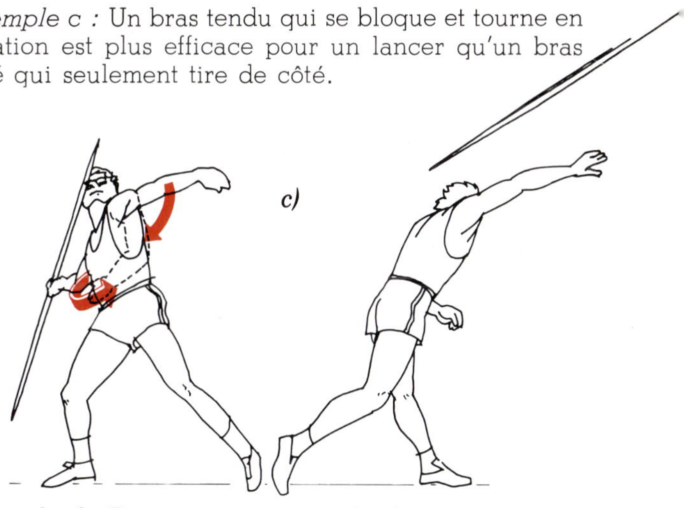

Exemple d : Dans une réception, les bras envoyés *en arrière* et *vers le bas* font que le corps tourne du côté opposé.

d)

(Le mouvement des bras peut aussi augmenter la vitesse de rotation déjà acquise par le corps.) Le résultat fait que les pieds atterrissent plus à gauche sur la figure d que ce qui serait advenu sans mouvement de bras.

Exemple e : Si les bras sont ramenés en bas et *en avant du corps,* les pieds viendront atterrir plus à la droite sur la figure e, ceci grâce au mouvement contraire des bras. Les muscles qui abaissent les bras viennent de la cage thoracique et doivent pour cela « soulever » le corps. Les bras tendus produisent un plus grand mouvement d'opposition sur le corps, que pliés. L'élévation et l'abaissement des bras ne modifient pas la rotation du corps.

Fig. 289 e)

Le moment d'inertie

Les exemples ci-dessus ont montré que plus le centre de rotation se trouve éloigné du centre de gravité du corps, plus la force musculaire est nécessaire pour accélérer celui-ci. La masse de la partie du corps (poids) est, bien sûr, essentielle dans la relation. Plus la partie du corps est lourde, plus la force pour la freiner doit être grande.

En physique, on emploie l'appellation *Moment d'Inertie* pour désigner en même temps le poids du corps et l'éloignement entre l'axe de rotation et le centre de gravité du corps. On montre sur les figures de gauche les différentes parties du corps qui ont un moment d'inertie réduit. Les figures de droite montrent les parties du corps correspondant à un plus grand moment d'inertie.

Fig. 290

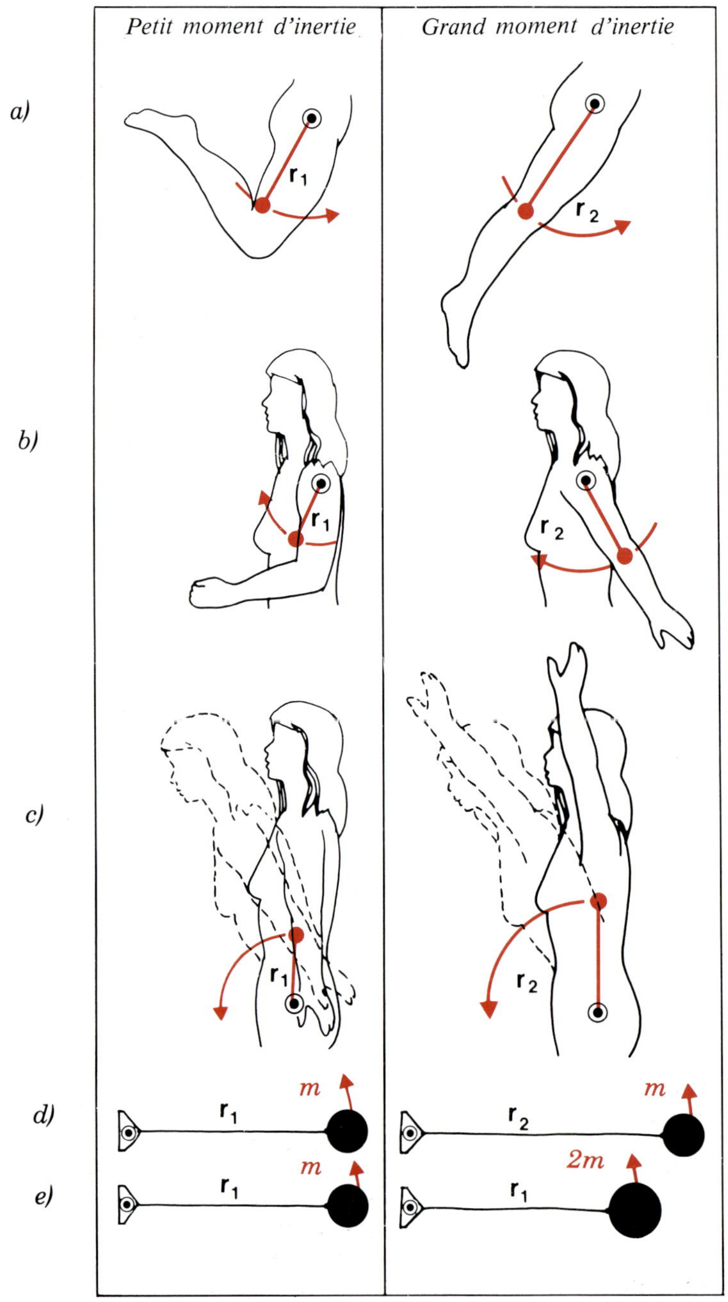

On emploie en physique la lettre I pour désigner le moment d'inertie. Si l'on veut calculer la grandeur du moment d'inertie, on doit connaître la masse du corps (m) et le rayon de rotation (r). Le moment d'inertie se calcule ainsi :

$m \cdot r \cdot r.$

$I = mr^2$

Fig. 291

a)

$r = 3$ mètres $m = 5$ kg $I = 5 \cdot 3^2 = 5 \cdot 9 = \underline{45\ kgm^2}$

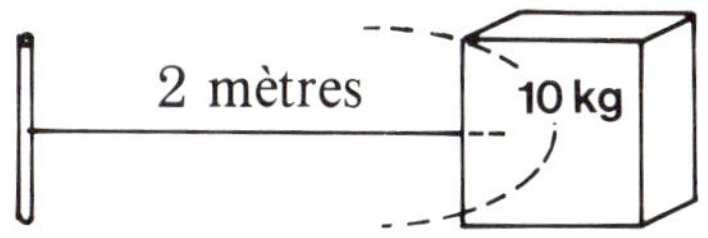

b)

$r = 2 \quad m = 10 \quad I = 10 \cdot 2^2 = 10 \cdot 4 = \underline{40\ kgm^2}$

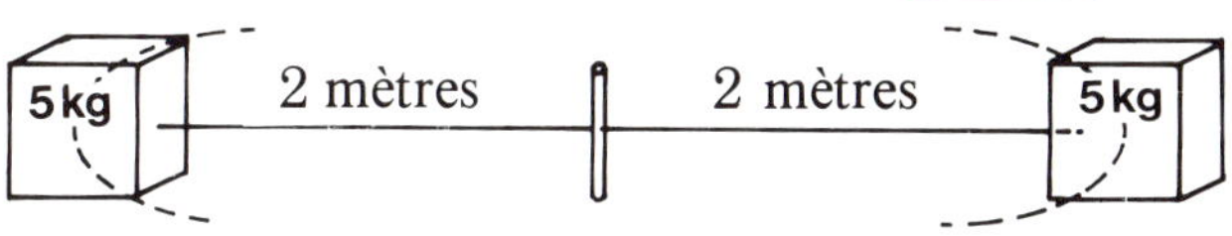

$I = 5 \cdot 2^2 + 5 \cdot 2^2 = 5 \cdot 4 + 5 \cdot 4 = \underline{40\ kgm^2}$ *c)*

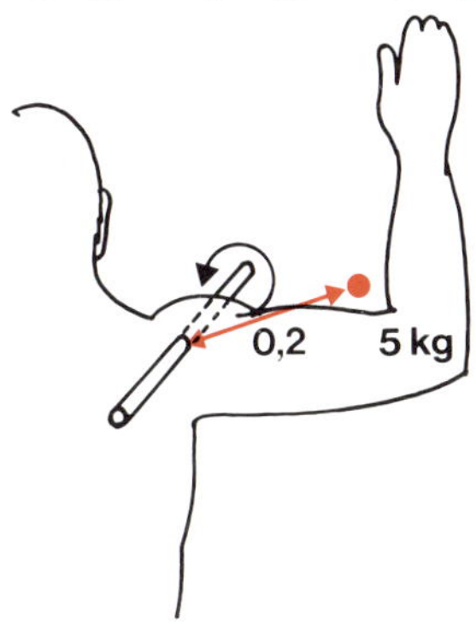

d)

$I = 5 \cdot 0{,}2^2 = 5 \cdot 0{,}04 = \underline{0{,}20\ kgm^2}$

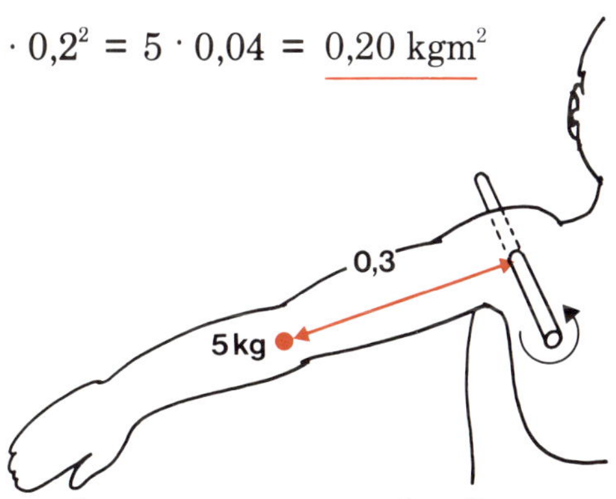

e)

$I = 5 \cdot 0{,}3^2 = 5 \cdot 0{,}09 = \underline{0{,}45\ kgm^2}$

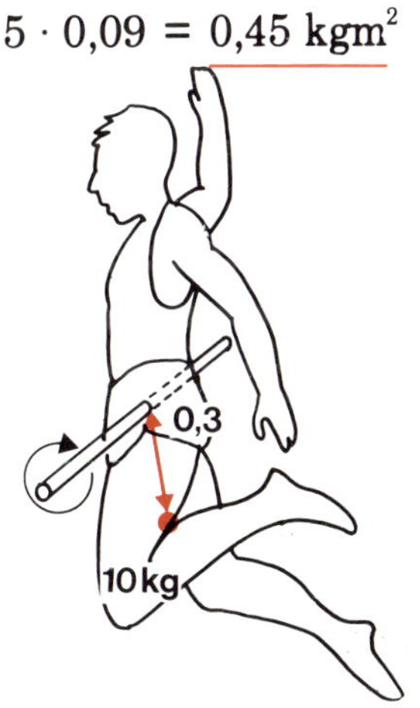

f)

$I = 10 \cdot 0{,}3^2 = 10 \cdot 0{,}09 = 0{,}9\ kgm^2$

Les chiffres ci-dessous donnent une idée de la grandeur de la force qui doit être développée pour pouvoir accélérer les différentes parties du corps de la même manière. Si l'on veut calculer le moment d'inertie pour un corps qui tourne autour de son propre centre de gravité (c'est le cas de toutes les formes de lancers) on procède de la manière suivante :

Fig. 292

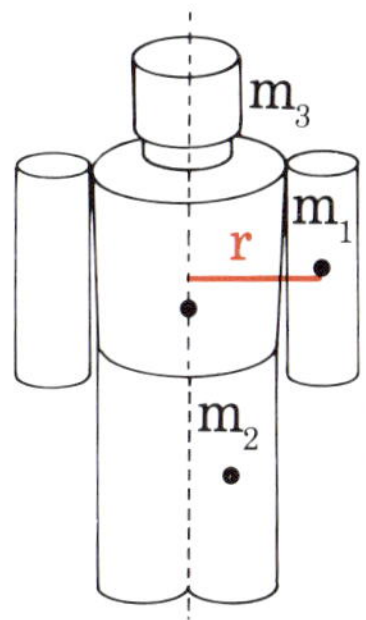

I bras $= m_1 \cdot r_1^2$
I jambe $= m_2 \cdot r_2^2$
I de la moitié de la tête $= m_3 \cdot r_3^3$
I total = I du bras + I de la jambe + …

Il a été montré par ce système de calcul que le moment d'inertie dans les rotations autour de l'axe vertical du corps varie en fonction des différentes positions du corps en prenant comme référence la position anatomique de base (I) :

Fig. 293

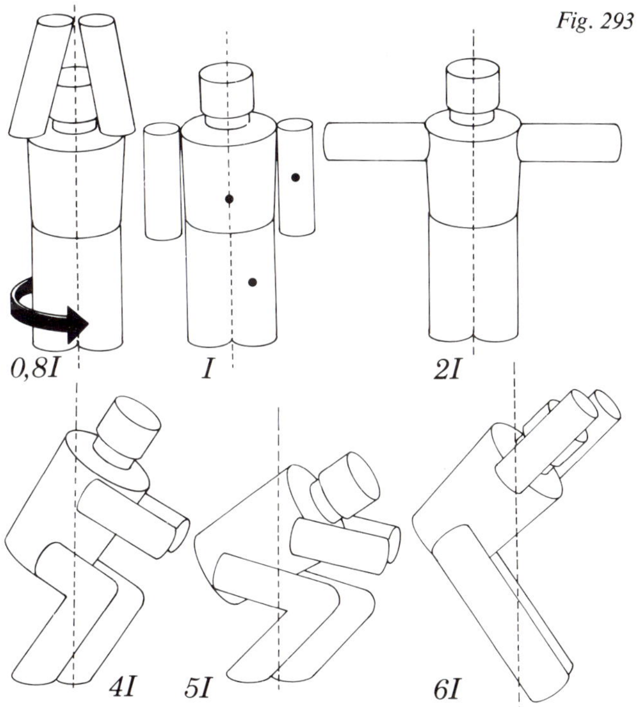

Le moment d'inertie augmente de plus en plus lorsque plusieurs parties du corps s'éloignent de l'axe de rotation. Le moment d'inertie dans les rotations avant ou arrière (voltes) varie à peu près comme dans l'exemple ci-dessous :

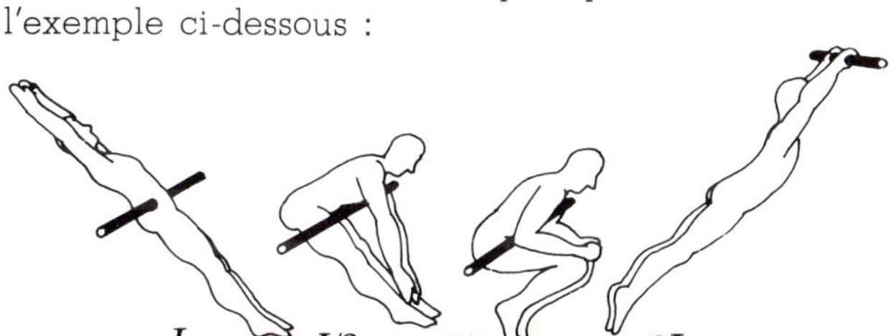

Fig. 294

On a montré expérimentalement que si un corps est mis en rotation avec une certaine force et laissé sans l'influence de forces externes, la vitesse de rotation (ω) va dépendre de la position de ce corps. On dit que le moment d'inertie multiplié par la vitesse de rotation ne change pas. $I \times \omega$ = constante. Ceci a les conséquences suivantes :

Fig. 295

Exemple 1 : Si une personne fait une pirouette avec les bras sur le côté (1), elle aura une certaine vitesse de rotation (ω). Si elle soulève les bras, la vitesse de rotation sera réduite de moitié (ω/2). Le moment d'inertie sera passé de 1 à 2I par ce changement de position. Si elle s'abaisse en position demi-assise, I peut atteindre 4I car la vitesse (ω) se réduit à 1/4 (ω/4). Ces changements font partie, par exemple, d'un enchaînement de saut, pirouette, réception.

Fig. 296

Exemple 2 : Dans différents types de virages en ski, le skieur part de la position accroupie (par ex. 4I) et se redresse pendant le virage (2I) ; il va de cette manière augmenter la rotation en doublant à peu près la vitesse qu'il avait auparavant.

Fig. 297

Exemple 3 : Dans la sortie d'un virage, on peut, afin de ralentir (de 2I à 4I) diminuer la vitesse de rotation de moitié. Ainsi, peut-on plus facilement reprendre les bonnes traces.

Fig. 298

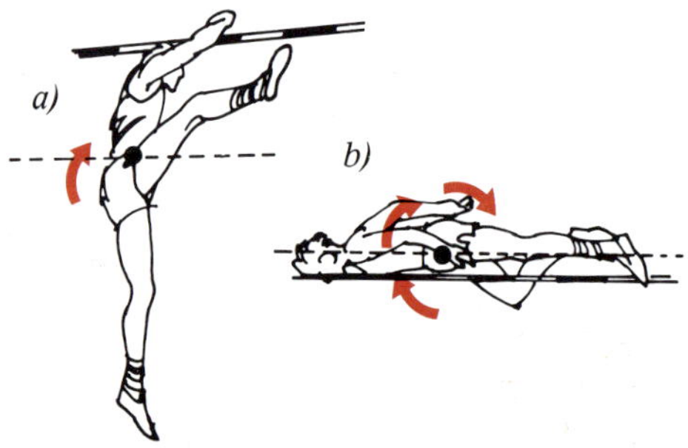

Exemple 4 : En saut en hauteur, en rouleau ventral, le corps est dans une position où le moment d'inertie est très grand pour la rotation autour d'un axe qui est parallèle à la barre (fig. a). Si le sauteur ne peut changer rapidement sa position, il risque d'accrocher avec la dernière jambe : ceci à cause d'une rotation trop lente. Lorsque la dernière jambe aura passé la barre, il s'agira pour le sauteur d'avoir le maximum de vitesse de rotation, c'est-à-dire un moment d'inertie aussi faible que possible. Il l'obtient en gardant le corps droit et les bras le long du corps (fig. b).

Fig. 299

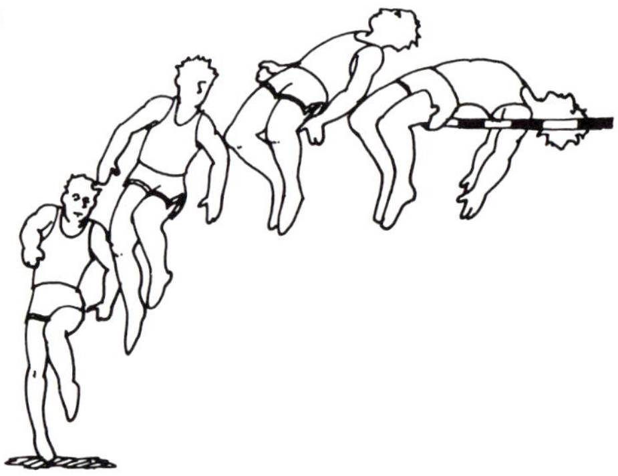

Exemple 5 : Un sauteur (qui utilise le rouleau dorsal) tourne plus rapidement s'il a une position cambrée que s'il garde le corps droit. Il a une meilleure stabilité (et évite la rotation sur le côté) en gardant les bras écartés que plaqués au corps.

Fig. 300

Exemple 6 : Un lanceur augmente sa vitesse totale de rotation du corps (et par là la vitesse du bras lanceur) de la manière suivante : à la phase finale du jet le lanceur qui avait une position relativement basse se relève et toutes les parties de son corps, autre que le bras lanceur, se recentrent autour de l'axe de rotation.

Fig. 301

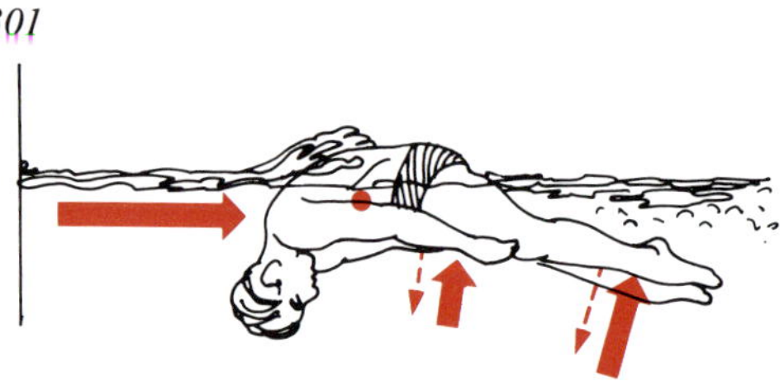

Exemple 7 : Un nageur qui amorce une culbute prend d'abord appui en pressant les pieds vers le bas (la pression de l'eau agit sur le nageur suivant les flèches de force). Les mains appuient également « du mauvais côté ». Un « mouvement carpé » au niveau des hanches fait que l'eau exerce une pression sur le dos du nageur, aidant ainsi l'exécution de la volte. Ces trois actions ont donné au nageur une certaine vitesse de rotation (ω). A ce moment, lorsqu'il se groupe au maximum, le nageur double à peu près la vitesse de rotation qu'il avait acquise.

Fig. 302

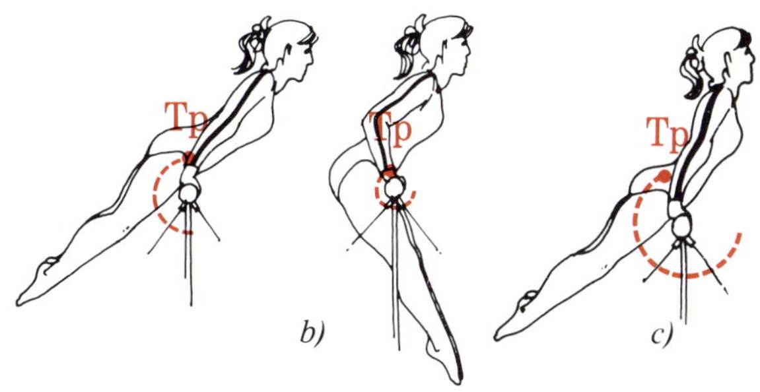

Exemple 8 : Une gymnaste qui doit tourner autour d'une barre fixe (roue) a plus de difficultés si son corps est entièrement tendu (a) que si elle a un léger carpé au niveau des hanches (b). La culbute est plus facile si le centre de gravité du corps se trouve en dehors de celui-ci, au niveau de la barre. Si l'on essaie de tourner en gardant la tête en arrière, en cambrant légèrement, les difficultés seront plus grandes (c).

Exemple d'analyse de mouvement

Dans le texte ci-dessous, nous donnons un exemple d'analyse d'une prestation sportive, en utilisant les connaissances en anatomie et les lois mécaniques. En dehors d'une telle analyse, l'entraînement de la musculation et l'entraînement à la mobilité doivent se mettre en place et s'adapter aux nécessités des différents pratiquants sportifs. Nous prendrons comme exemple l'analyse du saut en longueur. Nous verrons dans l'ordre : a) la course d'élan, b) l'appel, c) le passage en suspension, d) la réception. Pour chaque phase, nous préciserons les muscles qui agissent et leur genre de travail (concentrique, excentrique, statique). Nous déterminerons aussi les muscles qui doivent avoir la plus grande amplitude et dont il faut entraîner la mobilité.

Fig. 303

Course d'élan

Regardez la manière de poser le pied afin de réduire les risques de blessures telles que celles de la partie externe du talon (partie qui rencontre le sol la première). Veillez à ce que le pied soit dirigé droit vers l'avant dans l'axe de la course. Le positionnement de tout le pied ou de la partie antérieure de la plante ou des pieds en dehors provoque en général des lésions douloureuses des jambes (périostite p. 46). Une bonne foulée nécessite une puissante musculature des extenseurs du genou (quadriceps fémoral p. 38) pour la poussée mais surtout pour le positionnement du pied. Dans la poussée, les fléchisseurs de la hanche (psoas-iliaques p. 34) devront être aussi longs et relâchés que possible afin de ne pas empêcher l'exécution d'une poussée correcte, c'est-à-dire une extension de la hanche avec bascule du bassin en avant. Dans la poussée, on se tient sur la partie antérieure du pied, c'est pourquoi le triceps sural (p. 43) doit être très puissant pour que le pied ne retombe pas « en arrière » quand le genou et les extenseurs de la hanche travaillent. Les muscles du mollet travaillent en statique pendant une partie de la poussée et en concentrique pendant la phase finale. Pendant la phase de retour, le talon sera ramené vers les fesses aussi rapidement que possible, ce qui entraîne un travail concentrique des fléchisseurs du genou (hamstring p. 41) et le relâchement des extenseurs du genou (quadriceps p. 38) afin que le moment d'inertie de la jambe soit aussi réduit que possible pendant son retour. La rapidité du retour de la jambe dépend aussi de la force des fléchisseurs de la hanche et de ceux du genou, de même que de la mobilité des extenseurs du genou. En fonction de ces considérations, l'entraînement devra être concentré sur :

1. Musculation des psoas-iliaques, des hamstrings, des quadriceps et dans triceps sural.
2. Etirement des psoas-iliaques, des quadriceps.

Fig. 304 a)

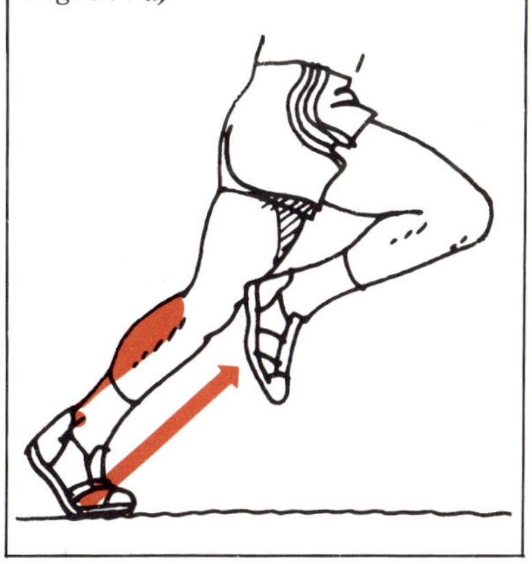

Fig. 304 b)

Appel

Dans la prise d'appel, le corps a sa vitesse maximale. Pour qu'un corps, animé d'une vitesse, aille aussi loin que possible, la trajectoire de départ, dans le saut en longueur est théoriquement d'environ 45°. En pratique, le sauteur pour s'élever doit effectuer un contre appui (à terre) c'est-à-dire réduire sa vitesse. Mais pour obtenir un angle de saut de 45° la force de contre appui est si grande et tellement dirigée en arrière que la vitesse totale après la prise d'appel devient trop faible. La difficulté dans la prise d'appel est, par conséquent, d'obtenir une hauteur suffisante sans trop réduire la vitesse de progression. En théorie, on peut réussir une prise d'appel sans freiner la vitesse de progression, uniquement si la force d'appel est dirigée verticalement. Ceci nécessite une détente extrêmement rapide partant d'une position basse.

Fig. 305

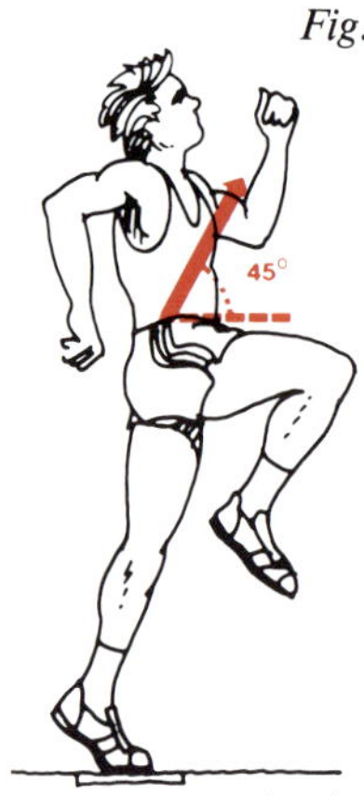

Fig. 306

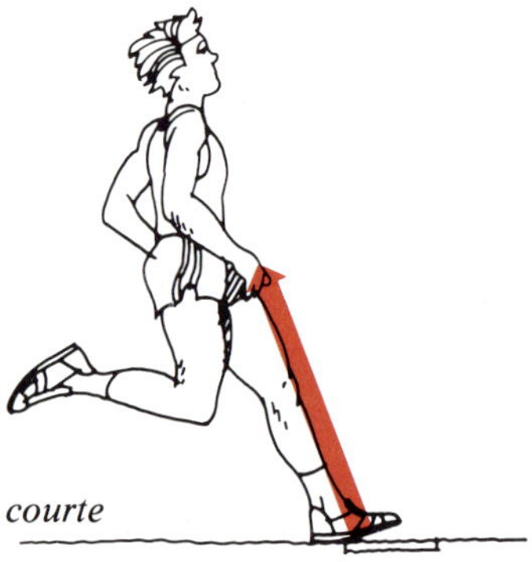

Dernière foulée courte

Plusieurs styles de prise d'appel visent à abaisser le centre de gravité avec un long *avant - avant-dernier pas* et un dernier pas relativement court et à hisser le plus haut possible le pas du contre appui (fig. 306). On recherche d'obtenir de cette manière une élévation sans perdre de vitesse : il en résulte un angle d'appel d'environ 20 à 25° avec une chute de vitesse d'environ 30 %. Ce style nécessite une poussée explosive de la hanche, du genou et de la cheville.

Fig. 307

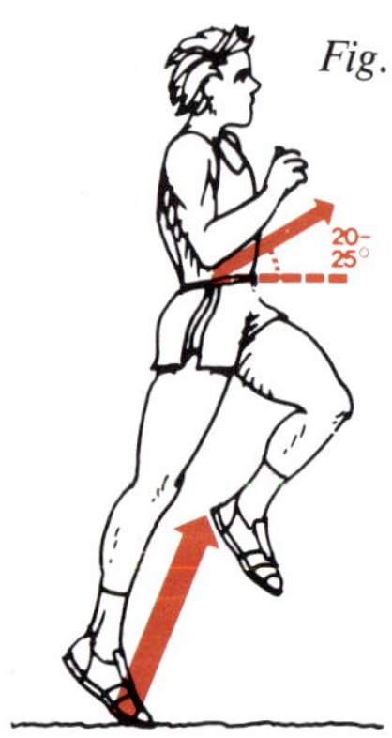

Fig. 308

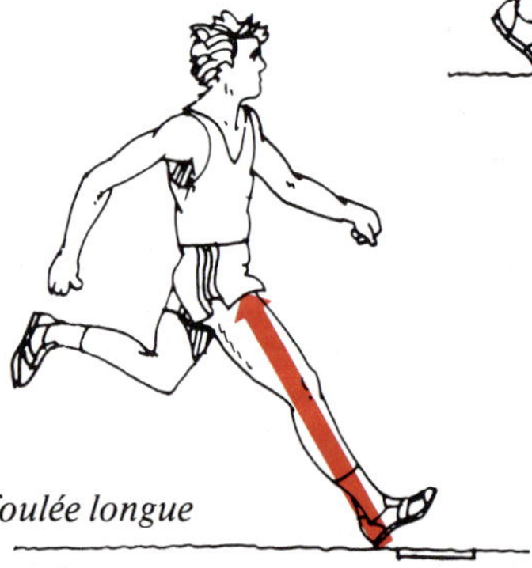

Derrière foulée longue

On peut faire aussi — pour s'élever — un contre appui avec la jambe d'appel avec un *dernier pas* long. La jambe est maintenue ici plus tendue et les muscles actifs sont plus ceux de la hanche (fessiers) (p. 31) que les extenseurs du genou. Les différents styles d'appel du saut en longueur peuvent être comparés avec ceux du saut en hauteur : le rouleau ventral avec une plus grande flexion du genou et un balancement des bras et des jambes : le Fosbury flop avec une plus grande vitesse et un contre appui plus grand dans la prise d'appel, où la puissance dans les hanches est décisive. On peut également faire des comparaisons avec l'appel en volley-ball par exemple (la tête en football), où l'on a successivement une faible puis une grande vitesse.

Passage en suspension

Dans le passage en suspension dans l'air, avec les différents styles de prise d'appel, on aura une rotation vers l'avant plus ou moins grande. On doit « vaincre » cette rotation en employant soit le style (a) de saut en extension ou (b) le saut en ciseau.

Fig. 309 a)

a) Si le sauteur a une forte rotation vers l'avant, il doit se redresser en l'air afin de ne pas basculer trop et atterrir dans une position désavantageuse. La vitesse de rotation est dirigée par le moment d'inertie du corps (p. 80). Plus le sauteur est accroupi plus la rotation sera rapide. Moins il y aura de rotation, plus tôt le sauteur pourra prendre une position avantageuse en fonction de la résistance de l'air.

Fig. 309 b)

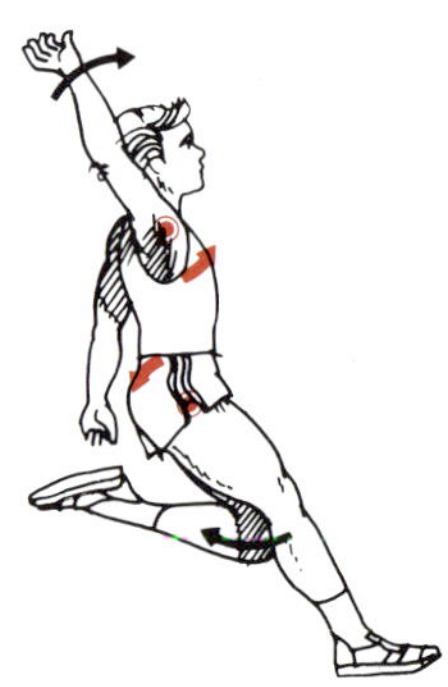

b) Si la rotation est « trop importante », elle doit être annulée par des mouvements opposés c'est-à-dire que les bras et les jambes doivent exécuter des rotations en sens inverse. Un mouvement de bras dans le sens de la flèche → fait que le corps se mobilise dans le sens inverse au niveau de l'épaule, c'est-à-dire s'oppose à la rotation vers l'avant. Un balancement arrière de la jambe suivant la flèche ← fait que le bassin bascule dans l'autre sens au niveau des hanches, c'est-à-dire qu'il s'oppose à la rotation vers l'avant.

Réception

Celle-ci nécessite une bonne mobilité des « Hamstrings » (ischio-jambiers) et du rachis lombaire. Un carpé maximal avant la chute exige des ischio-jambiers longs pour que les talons ne touchent pas le sol inutilement tôt. La longueur maximale est atteinte quand les talons touchent le point où devrait atterrir le centre de gravité. Si les talons touchent trop loin le sauteur tombe sur les fesses. Si les talons touchent trop près de la marque d'appel, le résultat est pire et le sauteur bascule en avant lors de la réception.

Fig. 310

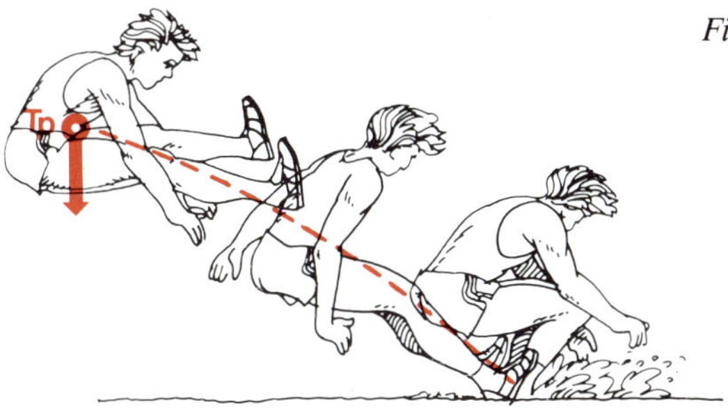

Dans une réception parfaite, le sauteur se replie, en accordéon, ce qui entraîne une contrainte élevée des genoux. Un entraînement comprenant des flexions profondes est nécessaire pour prévenir des lésions aiguës.

Chapitre VII

QUELQUES CONSEILS SUR LE « STRETCHING »

A la fin de l'étude de chaque partie du corps, des exercices de musculation et d'étirement ont été décrits pour différents groupes musculaires. Les figures suivantes sont une classification complémentaire des positions possibles : c'est une méthode pratique pour augmenter la longueur des muscles et, ainsi, la mobilité des différentes parties du corps. Plusieurs positions sont parfois décrites pour un même groupe musculaire afin que vous puissiez choisir la ou les positions qui conviennent le mieux. Si vous êtes raide, certaines positions suffiront. Si vous êtes déjà assez souple, vous devrez en choisir d'autres. Essayez-les vous-mêmes.

Pages 21 et 22 sont décrites quelques variantes de l'entraînement de la mobilité, à savoir les tractions balistiques, le stretching et la méthode PNF. On doit remarquer que dans toutes ces formes d'entraînement de la mobilité, le but est d'obtenir un corps plus mobile, c'est-à-dire que les étirements jusqu'à une position extrême sont un but final. Le stretching est une méthode excellente pour retrouver une longueur normale d'un muscle raccourci (après blessure ou mauvais entraînement). Lorsque le muscle a retrouvé sa longueur normale, les exercices d'assouplissement et de tractions sont une manière « d'apprendre » au muscle à travailler vraiment efficacement.

Des danseurs ont pendant des centaines d'années entraîné leur mobilité avec des exercices d'étirement, c'est une excellente preuve que la méthode donne de bons résultats. Cela ne prouve certes pas que l'échauffement est important pour augmenter les prestations athlétiques : on peut augmenter la température des muscles que l'on contracte très certainement par des contractions statiques (qui font partie de la méthode PNF), mais pour obtenir une réelle augmentation de température, de même que pour solliciter entièrement les différentes articulations du corps, on doit démarrer toute activité sportive par un « programme bien préparé de course et de gymnastique ».

1. Employez des exercices de stretching dans l'échauffement, avant par exemple un entraînement de football ou de gymnastique. Ne changez pas l'échauffement contre le stretching. N'ayez pas peur après, par exemple 30 secondes de stretching de faire une légère traction jusqu'à la position extrême du muscle. Les fuseaux neuromusculaires (p. 19) réagissent à la fois à la position (stretching) et à la vitesse (traction) et le muscle doit s'habituer à venir en position extrême avec une vitesse modérée.
2. Utilisez le stretching ou la méthode PNF dans des séances d'entraînement spéciales dans le but d'augmenter la longueur de quelques groupes musculaires particuliers. Ces séances d'entraînement concernent chaque pratiquant sportif, qui après s'être instruit, pourra lui-même organiser les séances (3 fois par semaine pour augmenter la mobilité et 1 à 2 fois par semaine pour la maintenir). Ceci n'empiètera pas sur le temps d'entraînement de l'équipe par exemple.
3. Utilisez le stretching après une dure séance d'entraînement pour éliminer les raideurs, les douleurs et les séquelles que l'on ressent le jour suivant. Dans un même ordre d'idée, le stretching agit comme un léger massage pour les muscles.

Ayez, tout le temps, comme objectif principal d'obtenir un corps plus mobile.

Positions de stretching et de traction :

Partie antérieure de l'articulation du pied

(muscles extenseurs p. 45)

But : tendre la cheville ou la mettre en hyperextension.

Fig. 311

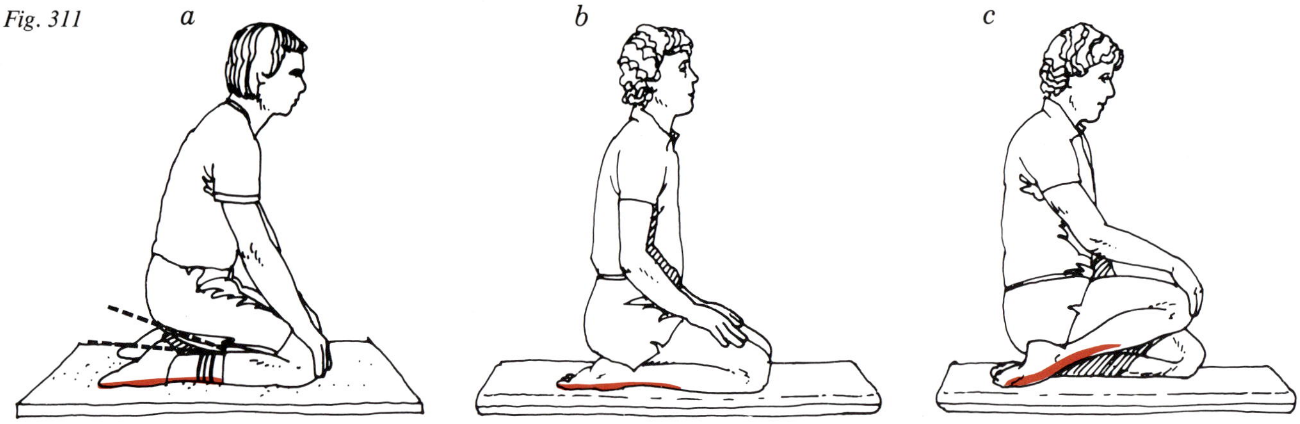

Si vous avez des difficultés à vous asseoir commodément sur les talons, cela vient de vos genoux. N'essayez pas de les plaquer au sol si vous en souffrez.

Partie postérieure de l'articulation du pied

(muscles fléchisseurs p. 45)

But : Les muscles du mollet ne doivent pas diminuer la mobilité naturelle de l'articulation de la cheville. Des mollets courts provoquent aussi de fortes tensions dans les muscles antérieurs de la partie tibiale de la jambe, d'où l'apparition de « périostites ».

Fig. 312

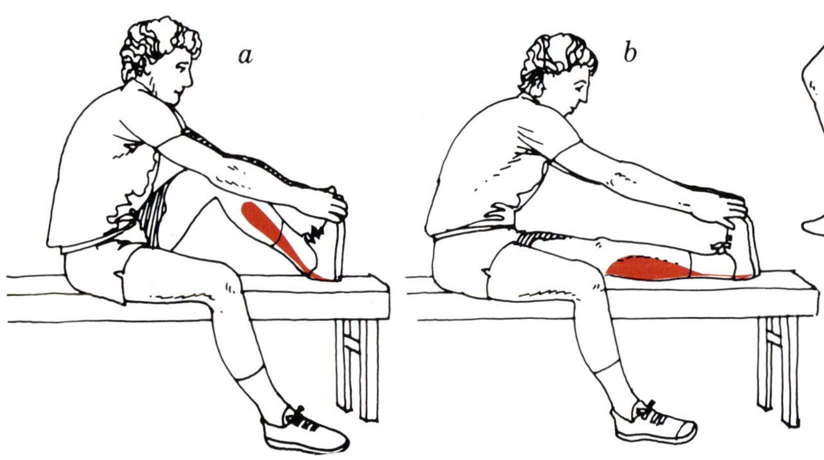

Face antérieure du genou et de la hanche

(quadriceps fémoral et psoas-iliaques p. 34 et 38)

But : Pouvoir effectuer un balancement avant de la jambe (pour — par exemple — une course rapide, un shoot en football) en partant d'une position jambe en arrière.

Fig. 313

Face postérieure de l'articulation du genou

(Hamstrings p. 41)

But : Obtenir une mobilité telle que les « flexions » avant puissent se faire au niveau des articulations des hanches et non par un blocage inutile au niveau du dos. Des muscles courts à la face postérieure des cuisses provoquent en général l'apparition de douleurs rachidiennes.

Fig. 314

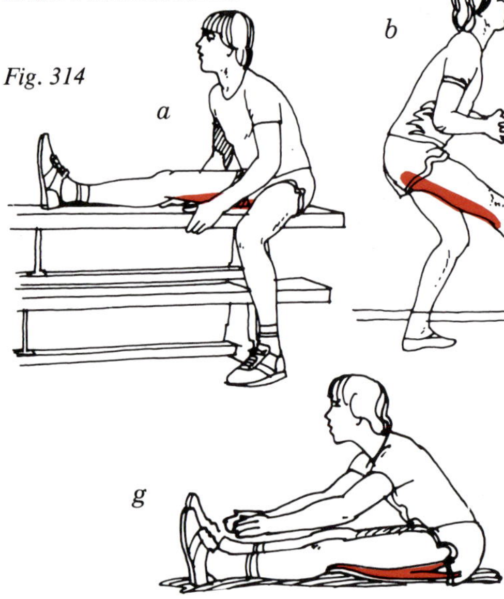

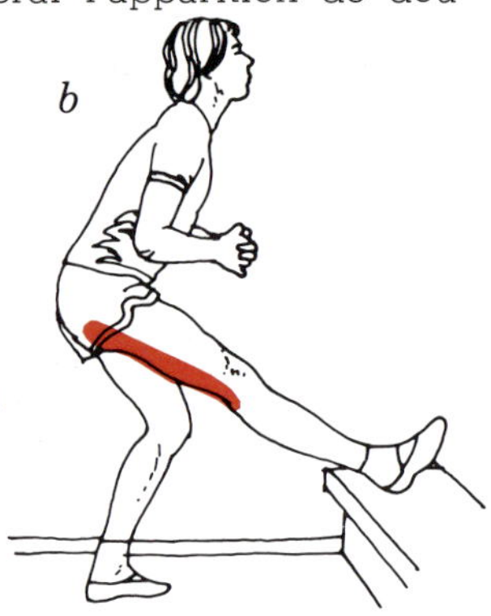

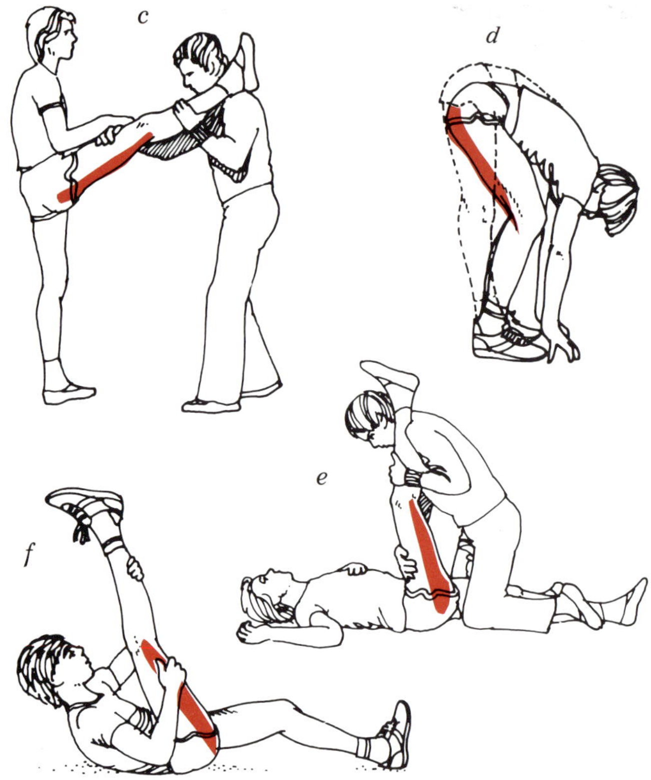

Face externe de la hanche (muscles abducteurs p. 31)

But : Augmenter la mobilité des hanches et étirer le ligament qui va de l'os de l'os iliaque jusqu'à la face externe du genou (Tractus Ilio-tibialis fig. 90). Un ligament trop tendu, peut provoquer des lésions par friction contre le condyle externe du fémur chez les coureurs de fond par exemple (« runners knee »).

Fig. 315

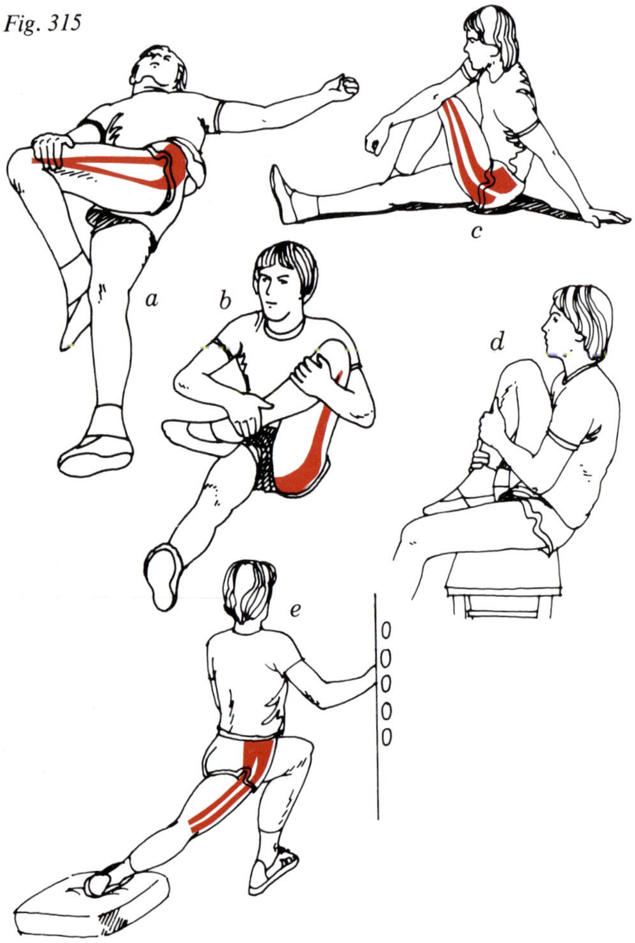

Face interne de la hanche (muscles adducteurs p. 32, 33)

But : Augmenter la mobilité afin d'éviter les blessures de l'aine. L'augmentation de la mobilité permet une foulée plus ample, une meilleure poussée pour les skieurs de fond, un plus grand pas d'arrêt, par exemple pas latéraux au tennis, au badminton...

Fig. 316

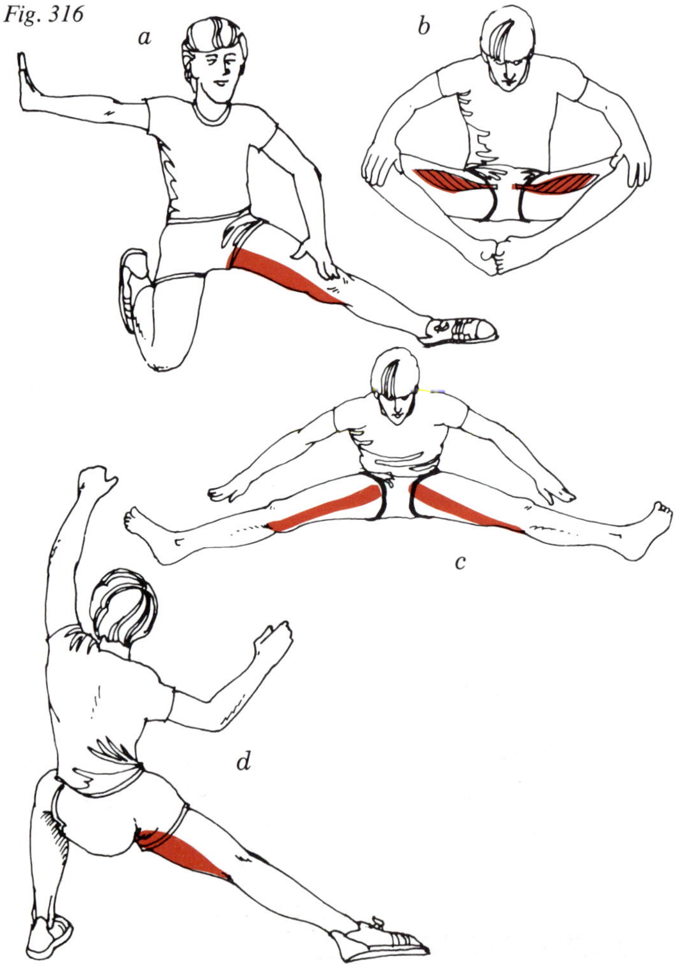

Dos et abdomen (Erector spinae et muscles abdominaux p. 51 et 52)

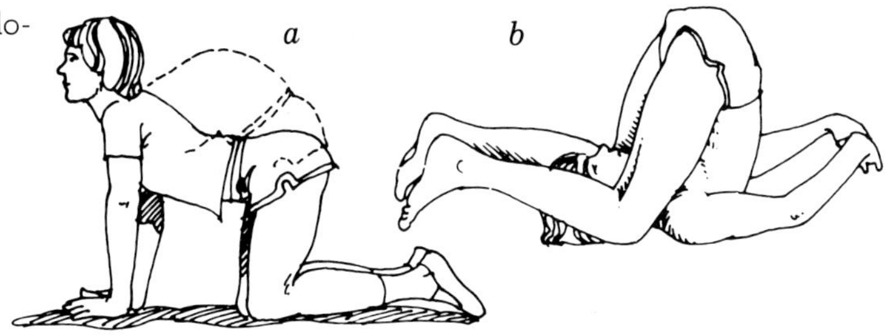

Fig. 317

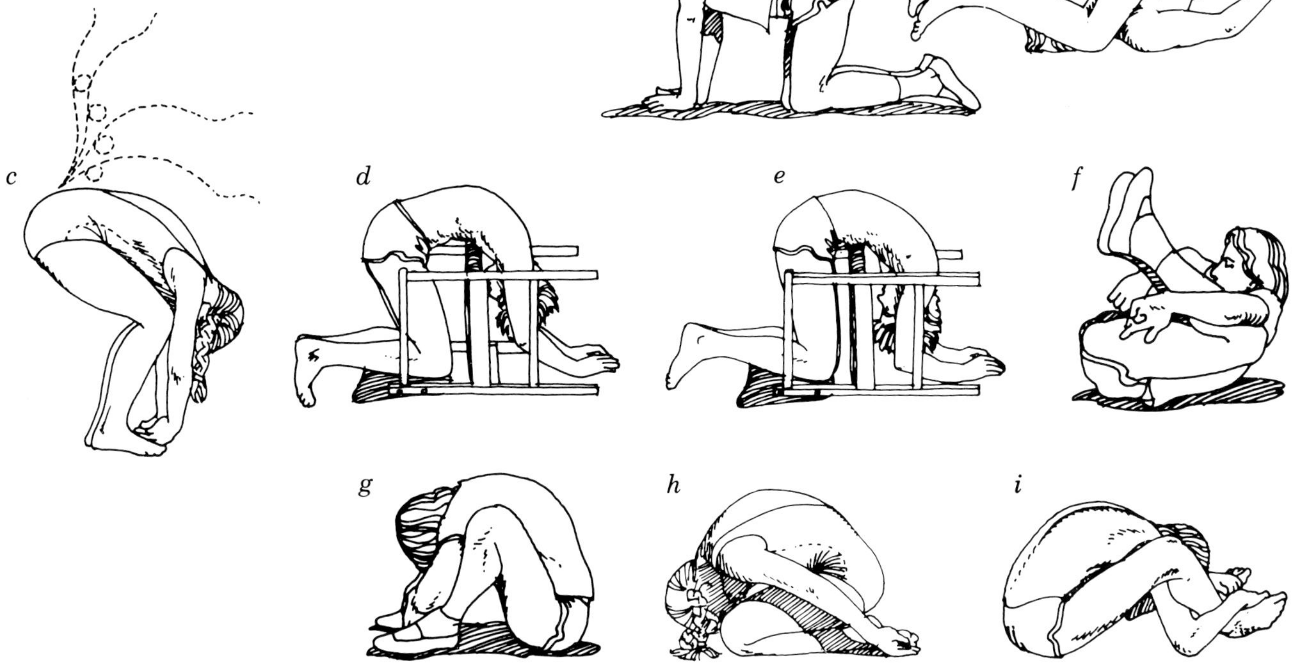

But : Les figures ci-dessus montrent les positions permettant d'augmenter la mobilité dans la flexion avant du rachis. Les positions rendent possible d'alterner les étirements et les relâchements légers. Les figures ci-dessous montrent des tractions et des mises en tension latérale ainsi que des rotations du dos.

Fig. 318

Articulation de l'épaule (p. 58-63)

But : Augmenter la mobilité de l'épaule ce qui est le plus souvent très utile par exemple en badminton, en tennis, en golf, en handball, en natation...

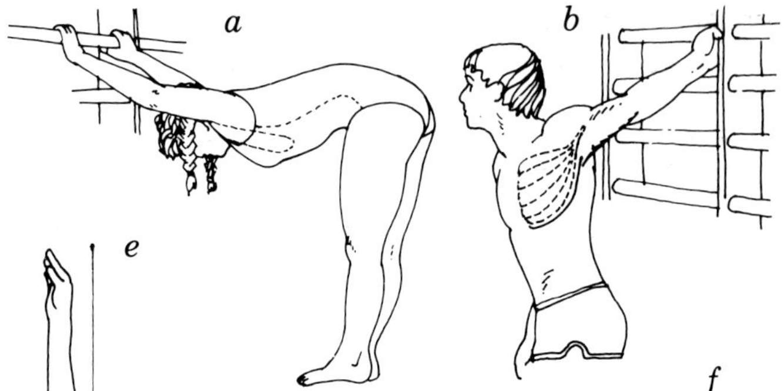

Fig. 319

Poignet (p. 69)

But : Mobilité avant tout en flexion arrière. Ce qui convient aux sports de raquette en particulier.

Fig. 320

Programme « avec la serviette »

Avec l'aide d'une serviette, on peut réaliser un bon entraînement pour développer la force et la mobilité musculaire. Les quatre exercices ci-dessous sont des exemples qui montrent comment, par un travail dynamique, on peut s'étirer afin d'augmenter la force et la mobilité de l'épaule. La position de l'exercice 3 est bonne pour parvenir à étirer le triceps brachial. Les muscles qui vont à l'articulation du coude n'ont en général pas besoin d'exercices de stretching.
Avec un peu d'imagination, vous trouverez vos propres exercices. Travaillez si possible avec un partenaire. Vous pourrez rapidement trouver des exercices de musculation où un partenaire offre une résistance à l'autre.

Fig. 321

Exercice 1.

Tenez la serviette tendue et « essuyez-vous » derrière la nuque. Veillez à avoir un écartement tel qu'un bras tire l'autre un peu plus chaque fois. 20 à 30 mouvements d'essuyage.

Fig. 322

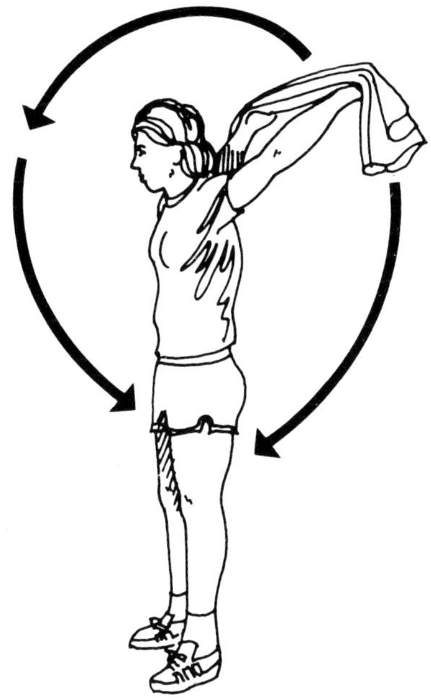

Exercice 2.

Tenez la serviette écartée de sorte que l'on puisse passez en même temps les deux bras tendus au-dessus de la tête. Faites une rotation des bras pour que la serviette aille de la face antérieure à la face postérieure des cuisses. Les bras et la serviette devant être toujours tendus. Répétez l'exercice 20-30 fois.

Fig. 323

Exercice 3.

« Essuyez-vous de dos », tirez le bras supérieur à l'aide du bras inférieur. Tirez ensuite le bras inférieur à l'aide du bras supérieur « un peu plus » chaque fois. 10 fois avec le bras gauche en haut et 10 fois avec le droit en haut.

Fig. 324

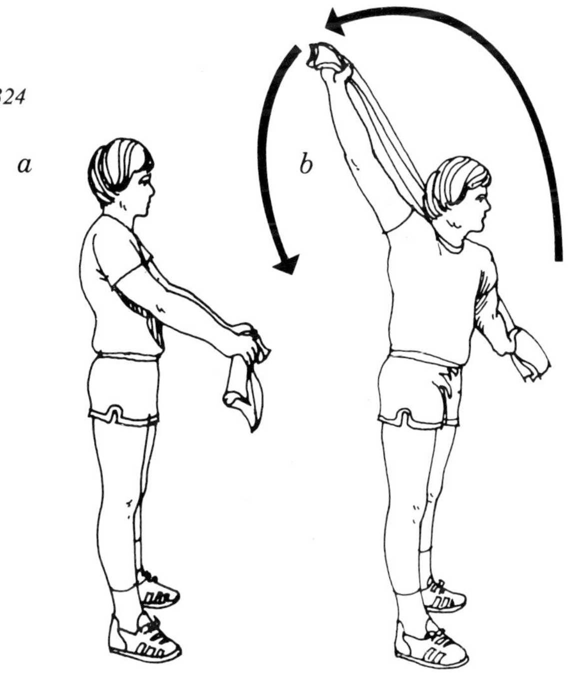

Exercice 4.

Tenez la serviette avec un large écartement comme sur b. Avec les bras tendus, vous pouvez tirez la serviette alternativement devant et derrière le corps. Avec un mouvement de « dos crawlé » faites circuler la serviette dans le dos. Un mouvement de l'autre côté et vous ramenez la serviette dans la position initiale. Faites le mouvement 20 fois avec chaque bras.

Chapitre VIII

LES MUSCLES DU CORPS

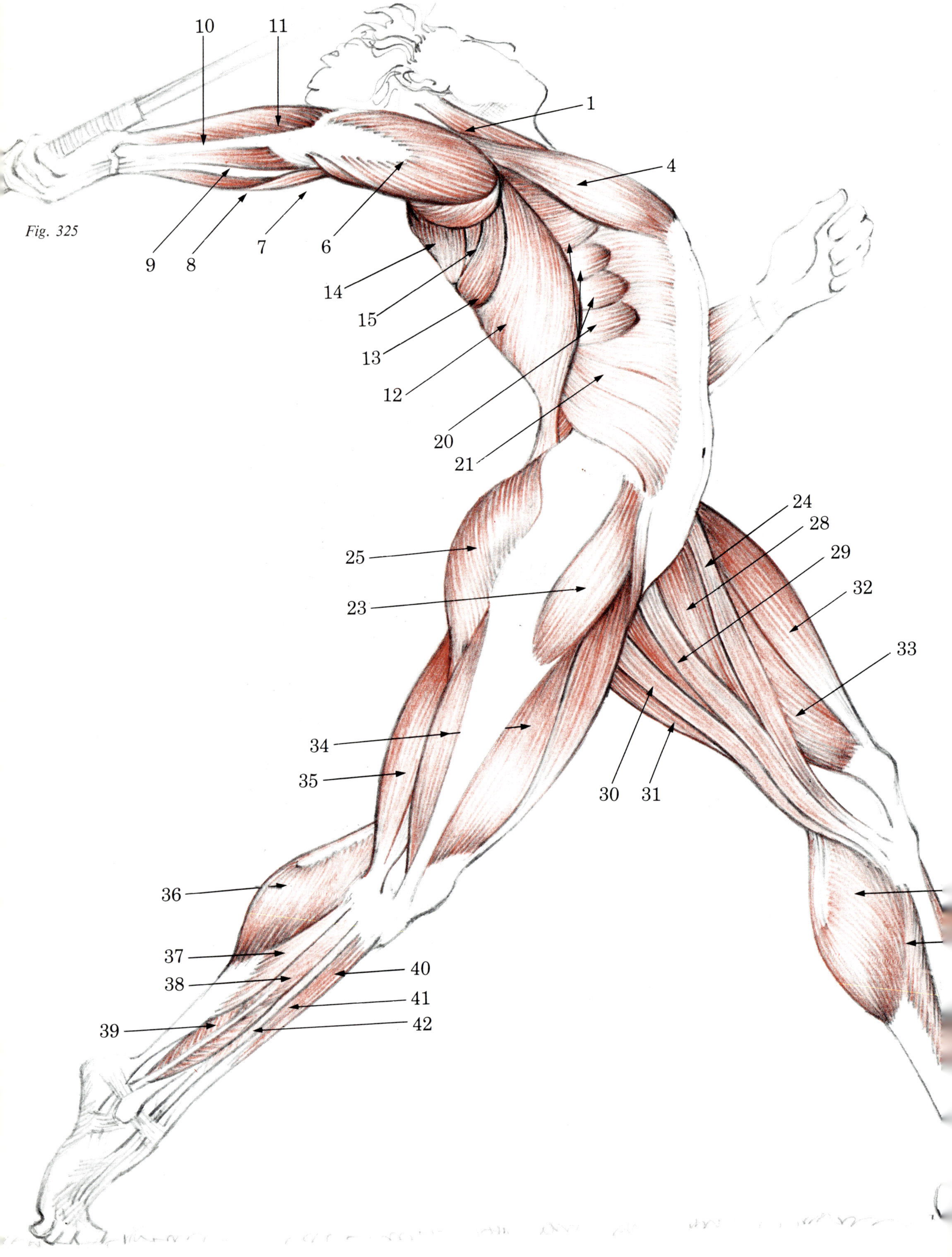

Fig. 325

LISTE DES MUSCLES
FIGURES 325, 326 ET 327

Termes français	Termes latins
1 Sterno-cléïdo-mastoïdien	1 Muskulus Sternocleidomastoideus
2 Trapèze	2 M. Trapezius
3 Deltoïde	3 M. Deltoideus
4 Grand pectoral	4 M. Pectoralis major
5 Biceps brachial	5 M. Biceps brachi
6 Triceps brachial	6 M. Triceps brachi
7 Brachial antérieur	7 M. Brachioradialis
8 Radial postérieur	8 M. Extensor carpi radialis
9 Extenseurs des doigts	9 M. Extensor digitorum
10 Cubital postérieur	10 M. Extensor carpi ulnaris
11 Cubital antérieur	11 M. Flexor carpi ulnaris
12 Grand dorsal	12 M. Latissimus dorsi
13 Grand rond	13 M. Teres major
14 Sous-épineux	14 M. Infraspinatus
15 Petit rond	15 M. Teres minor
16 Sus-épineux	16 M. Supraspinatus
17 Grand rhomboïde	17 M. Rhomboideus major
18 Petit rhomboïde	18 M. Rhomboideus minor
19 Angulaire de l'omoplate	19 M. Levator Scapulae
20 Grand dentelé	20 M. Serratus anterior
21 Grand oblique de l'abdomen	21 M. Obliqus externus abdominis
22 Droit de l'abdomen	22 M. Rectus abdominis
23 Tenseur du fascia lata	23 M. Tensor fascia latae
24 Couturier	24 M. Sartorius
25 Grand fessier	25 M. Gluteus maximus
26 Psoas-iliaque	26 M. Iliopsoas
27 Pectiné	27 M. Pectineus
28 Long adducteur	28 M. Adductor longus
29 Droit interne	29 M. Gracilis
30 Semi-tendineux	30 M. Semitendinosus
31 Semi-membraneux	31 M. Semimembranosus
32 Droit antérieur	32 M. Rectus femoris
33 Vaste interne	33 M. Vastus medialis
34 Vaste externe	34 M. Vastus lateralis
35 Biceps fémoral	35 M. Biceps femoris
36 Jumeau	36 M. Gastrocnemius
37 Soleaire	37 M. Soleus
38 Long péronier latéral	38 M. Fibularis longus
39 Court péronier latéral	39 M. Fibularis brevis
40 Tibial antérieur	40 M. Tibialis anterior
41 Extenseur du 1er orteil	41 M. Extensor hallucis longus
42 Extenseur des orteils	42 M. Extensor digitorum
43 Tibial postérieur	43 M. Tibialis posterior
44 Long fléchisseur du 1er orteil	44 M. Flexor hallucis longus
45 Fléchisseurs des doigts	45 M. Flexor digitorum

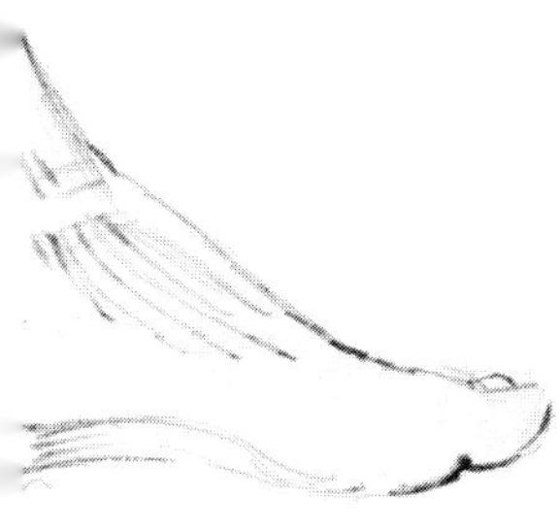

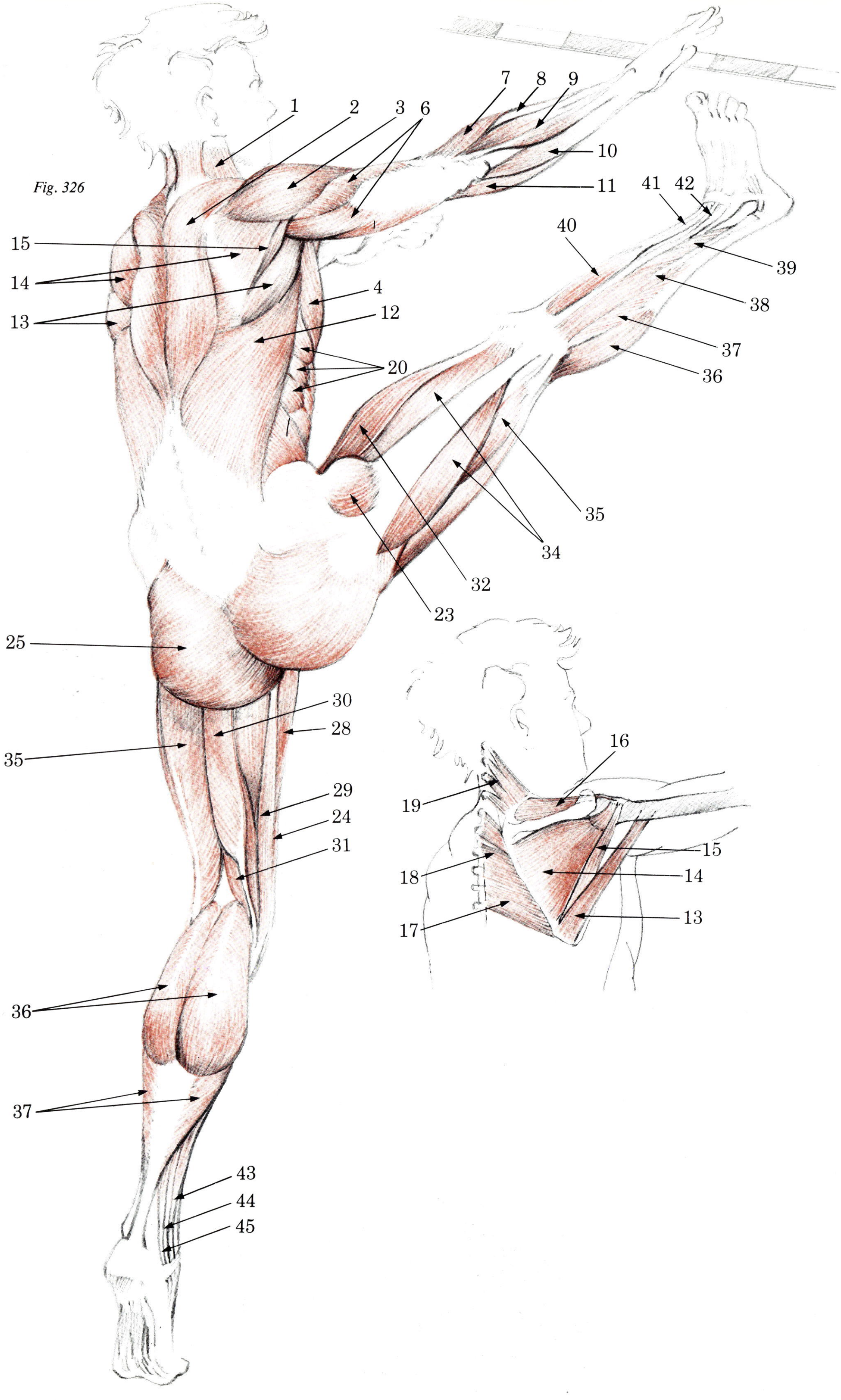

1
2
3
6
7
8
9
10
11
15
14
13
4
12
20
41
42
40
39
38
37
36
35
34
32
23
25
30
28
35
29
24
31
36
37
43
44
45
16
19
15
18
14
17
13

Fig. 326

Fig. 327

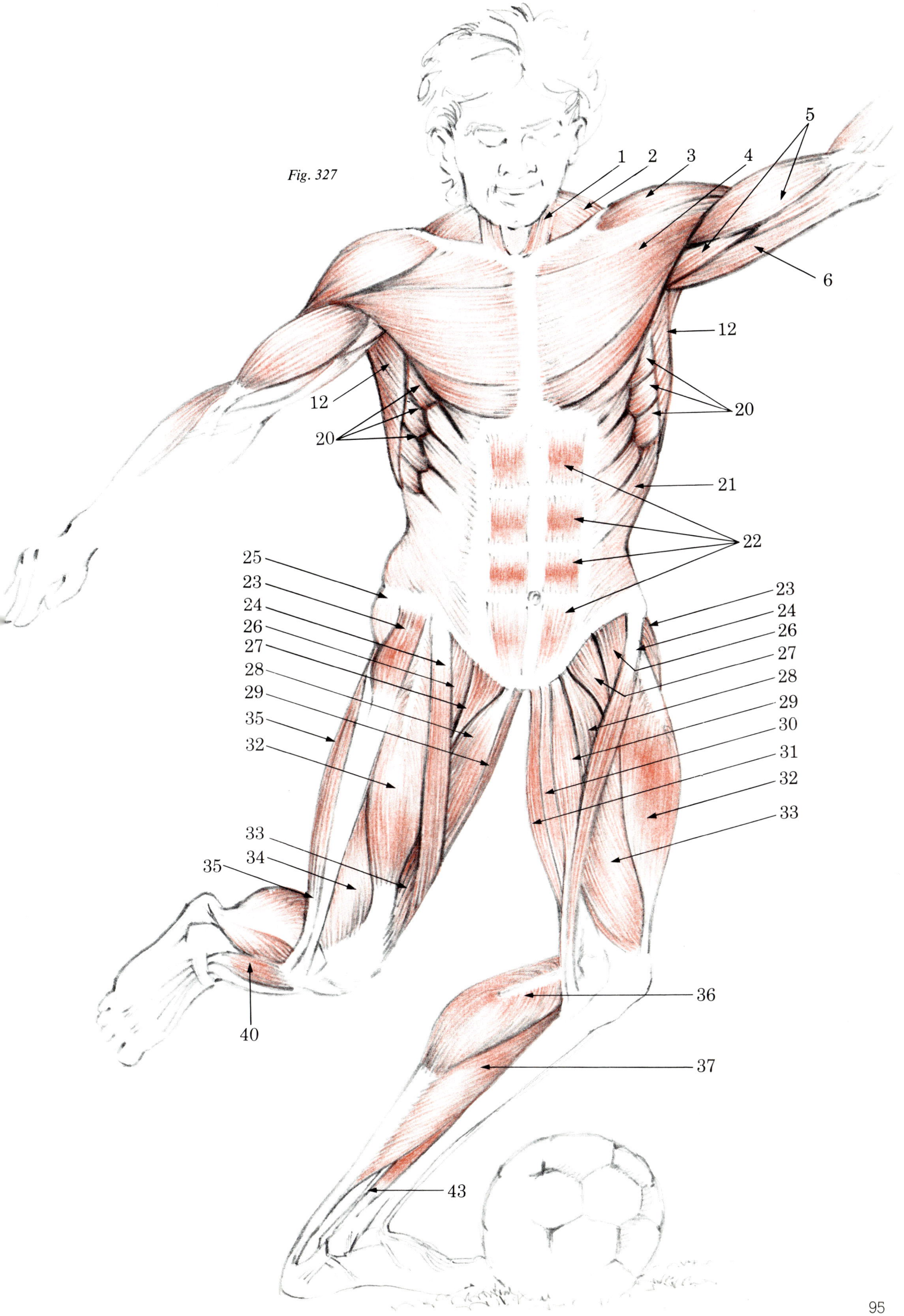

1
2
3
4
5
6
12
12
20
20
21
22
25
23
24
26
27
28
29
35
32
23
24
26
27
28
29
30
31
32
33
33
34
35
36
37
40
43

Origines - Terminaison et fonction des principaux muscles

Muscles qui mobilisent seulement à la hanche (p. 31-34)

Muscles	**Origine**	**Terminaison**	**Fonction**
Grand fessier (gluteus maximus)	Partie postérieure de la crête iliaque du sacrum	Face supérieure du trochander Bandelette ilio-tibiale	Extenseur de hanche Rotateur externe du fémur Extenseur partiel du genou
Moyen fessier (gluteus medius)	Face supérieure de l'ilion	Grand trochanter	Participe à tous les mouvements sauf adduction Est surtout abducteur
Petit fessier (gluteus minimus)	Face supérieure de l'ilion juste au-dessous du moyen fessier	Grand trochanter	Comme le moyen fessier. Les deux muscles sont actifs dans la marche comme stabilisateur de la hanche
Pectiné (pectineus)	Branche ilio-pubienne	En haut sur la face postérieure du fémur (ligne pectinée)	Adducteur, fléchisseur, rotateur externe de hanche
Cour adducteur (Adductor brevis)	Branche ischio-pubienne	Ligne âpre	Adducteur, rotateur externe de hanche
Moyen adducteur (Adductor longus)	Près de la symphyse pubienne	Ligne âpre	Adducteur de hanche
Grand adducteur (Adductor magnus)	Partie du pubis et ischio	Ligne âpre et condyle fémoral interne	Adducteur et peut-être extenseur et rotateur interne de hanche
Grand psoas (Psoas major) Iliaque (Iliacus)	Bords de D12 et de L1 à L5 Tout le bord interne de la fosse iliaque	Ces muscles portent le nom commun de psoas iliaque Ils se terminent sur le petit trochander	Fléchisseurs de hanche Rotateur externe Fléchisseur latéral du râchis

Muscles qui mobilisent à la fois la hanche et le genou (p. 38-41)

Muscles	**Origine**	**Terminaison**	**Fonction**
Grand droit (Rectus femoris)	Epine iliaque antéro-supérieure	Rotule par le tendon rotulien	Fléchisseur de hanche Extenseur du genou
Droit interne (Gracilis)	Pubis	Condyle tibial interne	Adducteur de hanche Fléchisseur et rotateur interne du genou
Tenseur du fascia lata (Tensor fascia latae)	Partie supérieure de l'épine iliaque antéro-supérieure	Bandelette ilio-tibiale	Fléchisseur et abducteur de hanche et fléchisseur du genou
Biceps fémoral (Biceps femoris)	Tubérosité ischiatique et ligne âpre	Tête du péroné	Extenseur de hanche Fléchisseur et rotateur externe
Semi-tendineux (Semitendinosus)	Tubérosité ischiatique	Face interne du tibia en haut de la tubérosité tibiale	Extenseur de hanche Fléchisseur et rotateur interne du genou
Semi-membraneux (Semimembranus)	Tubérosité ischiatique	Condyle interne (3 attaches)	Extenseur de hanche Fléchisseur et rotateur interne du genou
Couturier (Sartorius)	Epine iliaque antéro-supérieure	Face interne du tibia en haut de la tubérosité tibiale	Fléchisseur, abducteur et rotateur externe de hanche Fléchisseur et rotateur interne du genou

Muscles qui mobilisent seulement le genou (p. 38)

Muscles	Origine	Terminaison	Fonction
Vaste interne (Vastus medialis)	Face postérieure du tibia	Rotule, tibia	Constituent le quadriceps Extenseur du genou Fléchisseur de hanche
Droit antérieur (Vastus intermédius)	Face postérieure du tibia	Rotule, tibia	
Vaste externe (Vastus lateralis)	Face postérieure du tibia	Rotule, tibia	
Poplité (Popliteus)	Face postérieure du condyle interne	Face postérieure du condyle interne	Fléchisseur et rotateur interne du genou

Muscles qui mobilisent le genou et le pied (p. 43)

Muscles	Origine	Terminaison	Fonction
Jumeaux (Gastrocnemius)	Face postérieure des condyles fémoraux	Tubérosité calcanéenne	Fléchisseur du genou Extenseur du pied (fléchisseur plantaire)

Muscles qui mobilisent seulement le pied (p. 45-46)

Muscles	Origine	Terminaison	Fonction
Soleaire (Soleus)	Tête du péroné et face postérieure du tibia	Calcanéum Tendon commun avec les jumeaux	Fléchisseur plantaire
Jambier antérieur (Tibialis anterior)	Partie supérieure de la face interne du tibia	2e cunéiforme Base du 1er métatarsien	Flexion dorsale et supination
Extenseur du 1er orteil (Extensor hallucis longus)	Péroné et membrane inter-osseuse	Gros orteil	Flexion dorsale Pronation du pied Extenseur du 1er orteil
Long extenseur des doigts (Extensor digitorum longus)	Membrane inter-osseuse	Tous les doigts sauf le 1er	Flexion dorsale Pronation extenseur des orteils
Long péronier latéral (Fibularis longus)	Partie supérieure du péroné	Tendon en arrière de la malléole interne Terminaison à la face interne du pied	Creuse la plante du pied Flexion plantaire et pronation du pied
Court péronier latéral (Fibularis brevis)	Partie inférieure du péroné	5e métatarsien	Flexion plantaire et pronation du pied
Long fléchisseur du 1er orteil (Flexor hallucis longus)	Face postérieure du péroné	Face inférieure du gros orteil	Flexion plantaire Supination et flexion du 1er orteil
Long fléchisseur des orteils (Flexor digitorum longus)	Face postérieure du tibia	Face inférieure des 2e, 3e, 4e, 5e métatarsiens	Flexion plantaire et supination Flexion des orteils
Jambier postérieur (Tibialis posterior)	Face postérieure tibia et péroné	Scaphoïde	Flexion plantaire Supination

Fig. 328

O = origine (rouge foncé)
T = terminaison (rouge clair)

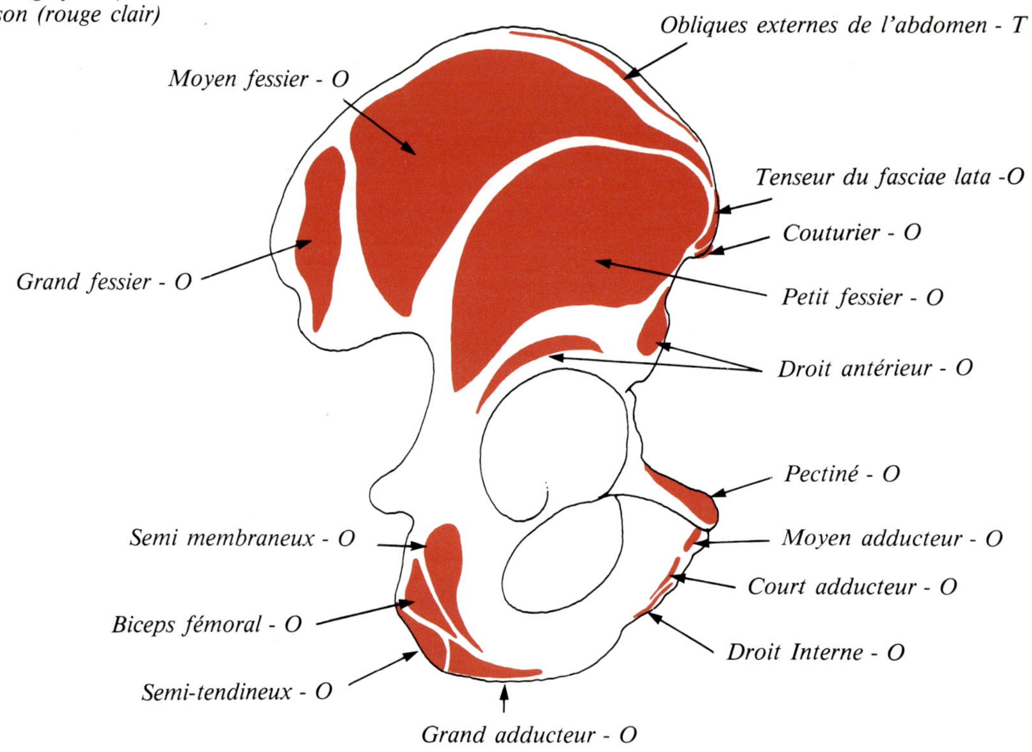

Aile iliaque droite Vue latérale externe

Fig. 329

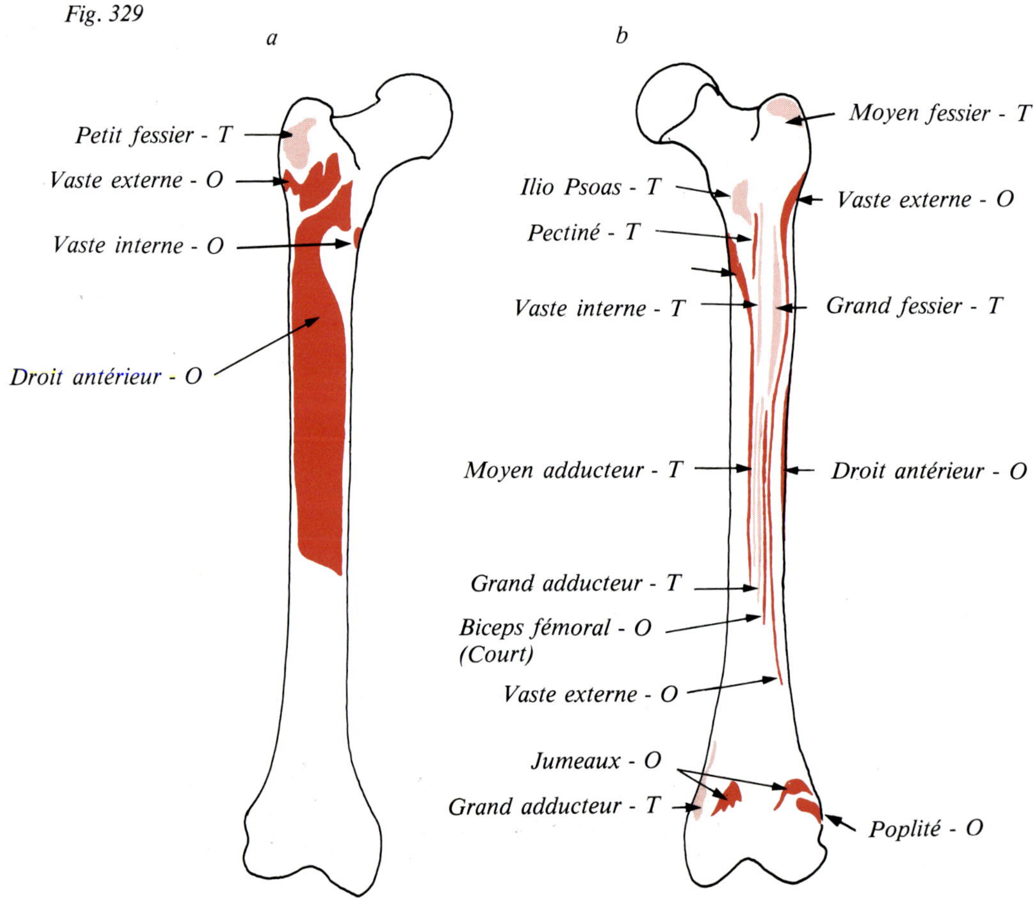

Vue antérieure Fémur droit Vue postérieure

Fig. 330

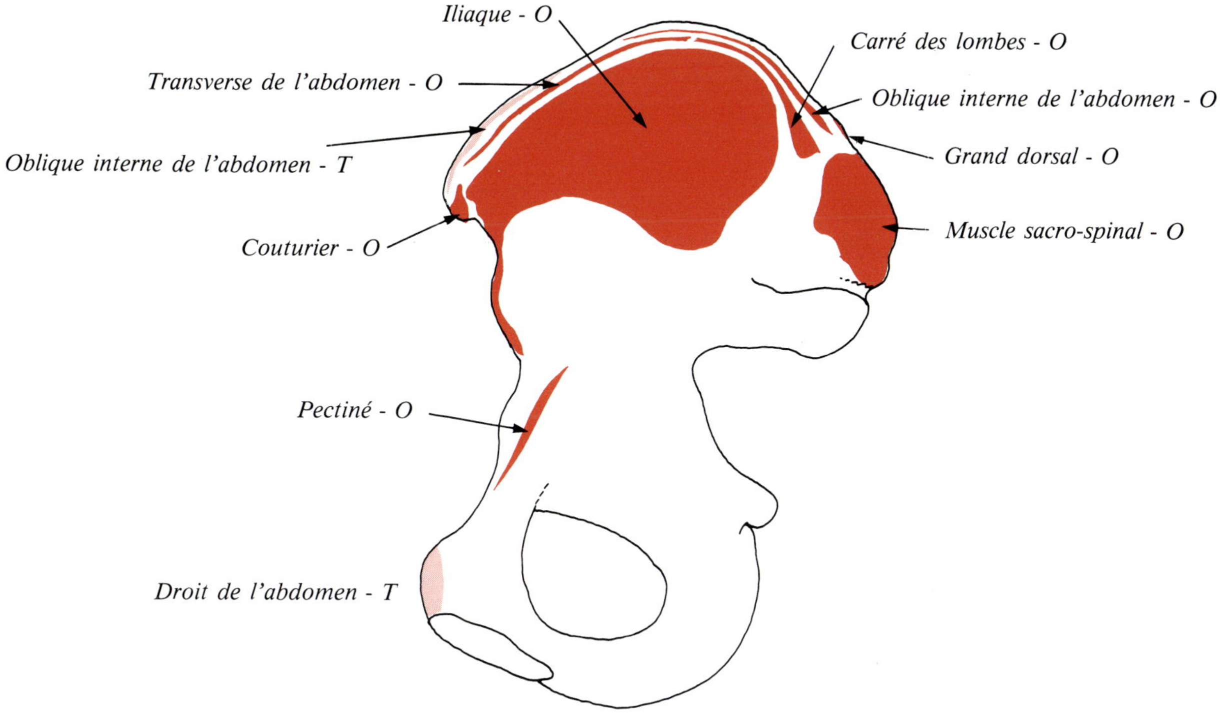

Aile iliaque droite *Vue latérale interne*

Fig. 331

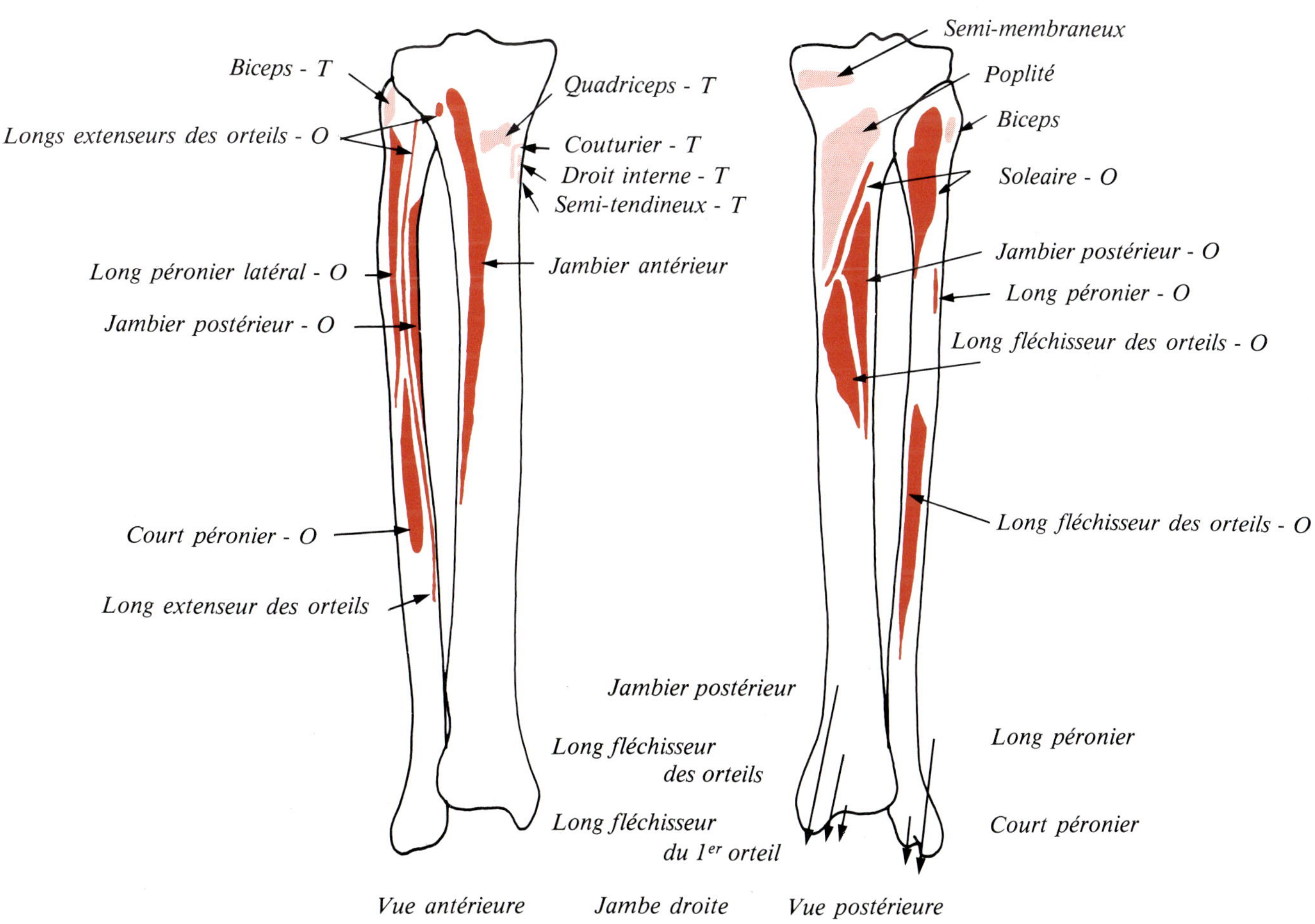

Vue antérieure *Jambe droite* *Vue postérieure*

Muscles du râchis et de l'abdomen (voir p. 51-57)

Muscles qui ont leur origine à l'épaule et se terminent au bras (p. 59-60)

Muscles	**Origine**	**Terminaison**	**Fonction**
Sus-épineux (Supraspinatus)	Fosse sus-épineuse	Grand trochanter	Abduction Rotation interne du bras
Grand rond (Teres major)	Angle inférieur de l'omoplate	Face antérieure du bras	Adduction Rotation interne du bras Muscle de secours pour le râchis
Sous-épineux (Infra spinatus)	Fosse sous-épineuse	Grand Trochanter	Rotation externe du bras
Petit rond (Teres minor)	Bord externe de l'omoplate	Grand trochanter	Rotation externe du bras
Sous scapulaire (Subscapularis)	Fosse sous-scapulaire	Petit trochanter	Rotation interne du bras

Muscles qui ont leur origine sur le tronc et se terminent à l'omoplate (p. 60-61)

Muscles	**Origine**	**Terminaison**	**Fonction**
Angulaire (levator scapulae)	Vertèbres cervicales 1 à 4	Angle supérieur de l'omoplate	Elève l'omoplate
Rhomboïde (Rhombodeus)	Vertèbres cervicales 6-7 Vertèbres dorsales 1-4	Bord interne de l'omoplate	Adduction Rotation externe de l'épaule Rotation de la tête
Trapèze (Trapezius)	Partie postérieure de l'occiput, des vertèbres cervicales et dorsales	Epine de l'omoplate Partie externe de la clavicule	Adduction Rotation externe de l'omoplate Tourner la tête et flexion de la nuque en arrière
Grand dentelé (Serratus anterior)	Côtes 1-9	Bord interne de l'omoplate	Stabilise l'omoplate quand la main appuye contre un objet

Muscles qui ont leur origine sur le tronc et se terminent sur le bras (p. 61-63)

Muscles	**Origine**	**Terminaison**	**Fonction**
Grand pectoral (Pectoralis major)	Partie interne de la clavicule, du sternum, cartilage costal	Sous la tubérosité externe du bras	Adduction Rotation interne du bras Toutes les posisions du bras en avant du thorax
Deltoïde (Deltoideus)	Partie externe de la clavicule et de l'épine de l'omoplate	Face externe du bras (tubercule deltoïdien)	Participe à tous les mouvements du bras
Grand dorsal (Latissimus dorsi)	Vertèbres dorsales 6-12 Sacrum Côtes 9-12	Sous la tubérosité externe du bras (Crista tuberculi minoris)	Rotation interne Balancement postérieur
Petit pectoral (Pectoralis minor)	Côtes 3-5	Apophyse coracoïde	Bascule l'omoplate
Coraco brachial (M. Coracobrachialis)	Apophyse coracoïde	Face interne du bras	Balancement arrière du bras

Muscles qui mobilisent l'épaule et le coude (p. 64-66)

Muscles	Origine	Terminaison	Fonction
Biceps brachial (Biceps brachi)	Apophyse coracoïde Tubercule sus glénoïdien	Tubérosité radiale Cubitus	Flexion Supination du bras Balancement avant de l'épaule
Triceps brachial (Triceps brachi)	Tubercule sous glénoïdien Face postérieure du bras	Olécrane et capsule articulaire	Extenseur du coude Tension de la capsule

Muscles qui mobilisent seulement le coude (p. 67-68)

Muscles	Origine	Terminaison	Fonction
Brachial antérieur (Brachialis)	Grande partie de la face postérieure du bras	Apophyse coronoïde	Flexion du coude
Long supinateur (Brachioradialis)	Epicondyle	Apophyse Styloïde du radius	Fléchit le coude Peut faire pronation et supination
Anconé (M. Anconeus)	Face postérieure du bras	Face postérieure du coude	Extenseur du coude
Court supinateur (M. Supinator)	Epicondyle	Face externe du radius	Supination de l'avant-bras
Rond pronateur (M. Pronator teres)	Epitrochlée	Face externe du radius	Pronation de l'avant-bras

Muscles qui mobilisent l'avant-bras et la main (p. 68-69)

Muscles	Origine	Terminaison	Fonction
Extenseur des doigts (Extensor digitorum)	Epicondyle	Face postérieure des phalanges des doigts sauf le 1er	Extension des doigts Flexion cubitale de la main
1er et 2e radiaux (Extensor carpi radialis longus et brevis)	Epicondyle	Face postérieure des 2e et 3e métacarpiens	Flexion dorsale et radiale de la main
Cubital postérieur (Extensor carpi ulnaris)	Epitrochlée	Face postérieure du 5e métacarpien	Flexion dorsale et cubitale de la main
Grand palmaire (Flexor carpiradialis)	Epitrochlée	Face postérieure des 2e et 3e métacarpiens	Flexion du coude Flexion palmaire et radiale de la main
Fléchisseurs communs superficiels du doigt (Flexor digitorum superficialis)	Epitrochlée	Les phalanges des doigts	Flexion du coude et des doigts Flexion palmaire et cubital de la main
Cubital antérieur (Flexor carpi ulnaris)	Epitrochlée	Os pisiforme	Flexion palmaire et cubitale de la main

O : origine (rouge foncé)
T : terminaison (rouge clair)

Fig. 332

Omoplate - Vue postérieure

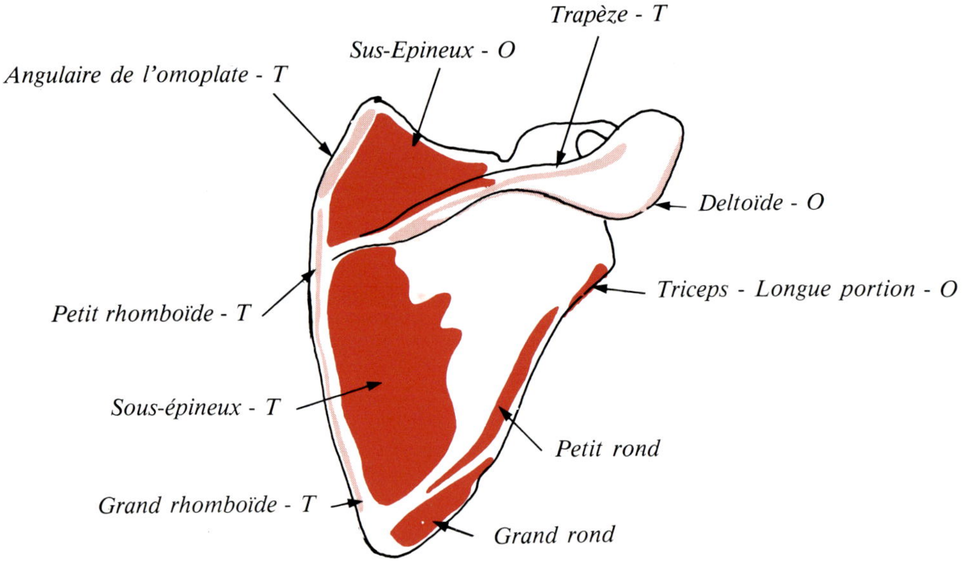

Fig. 333

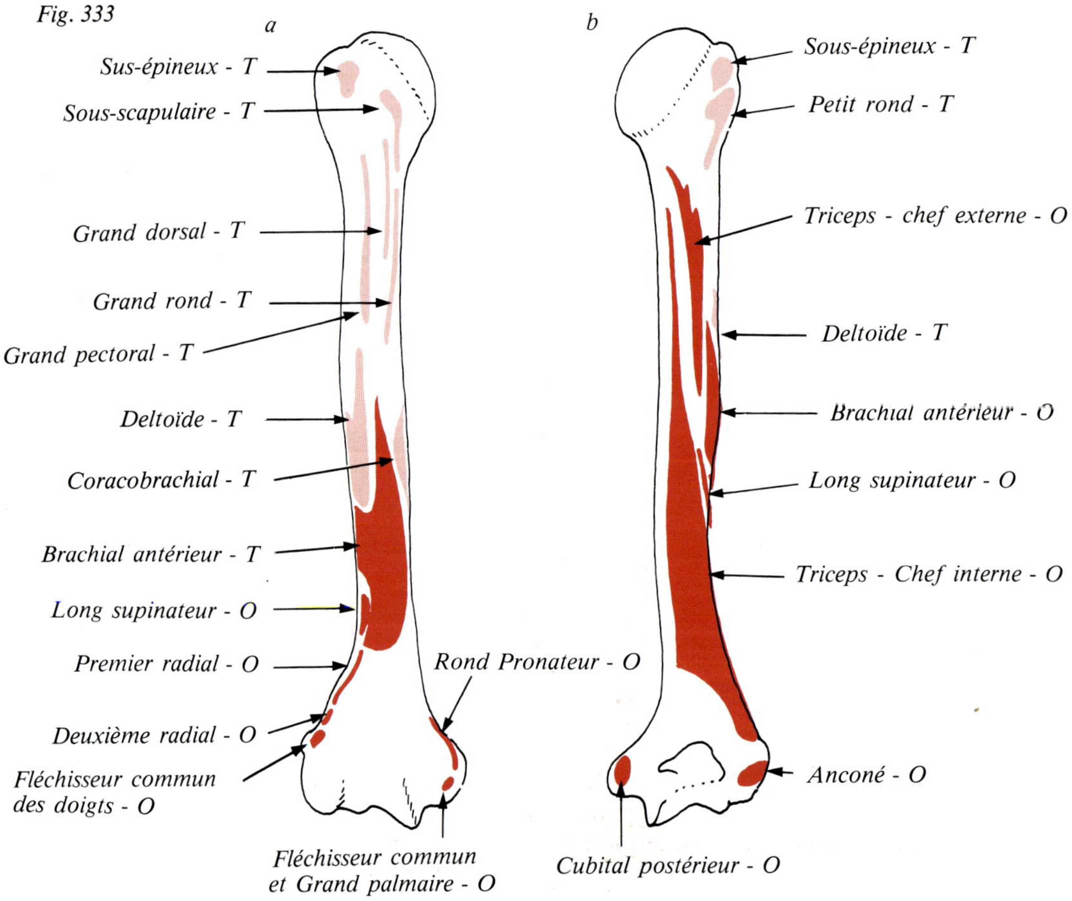

Vue antérieure *Avant-bras droit* *Vue postérieure*

Fig. 334

Omoplate - Vue antérieure

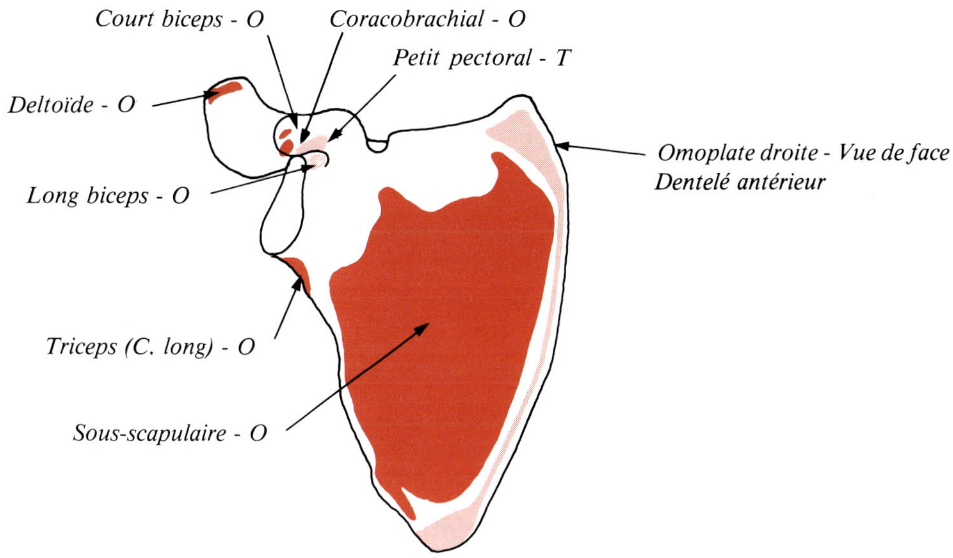

Clavicule - Vue supérieure

Fig. 335

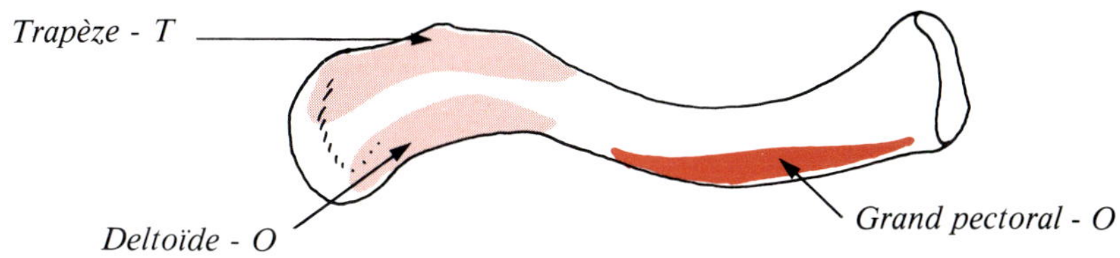

Fig. 336

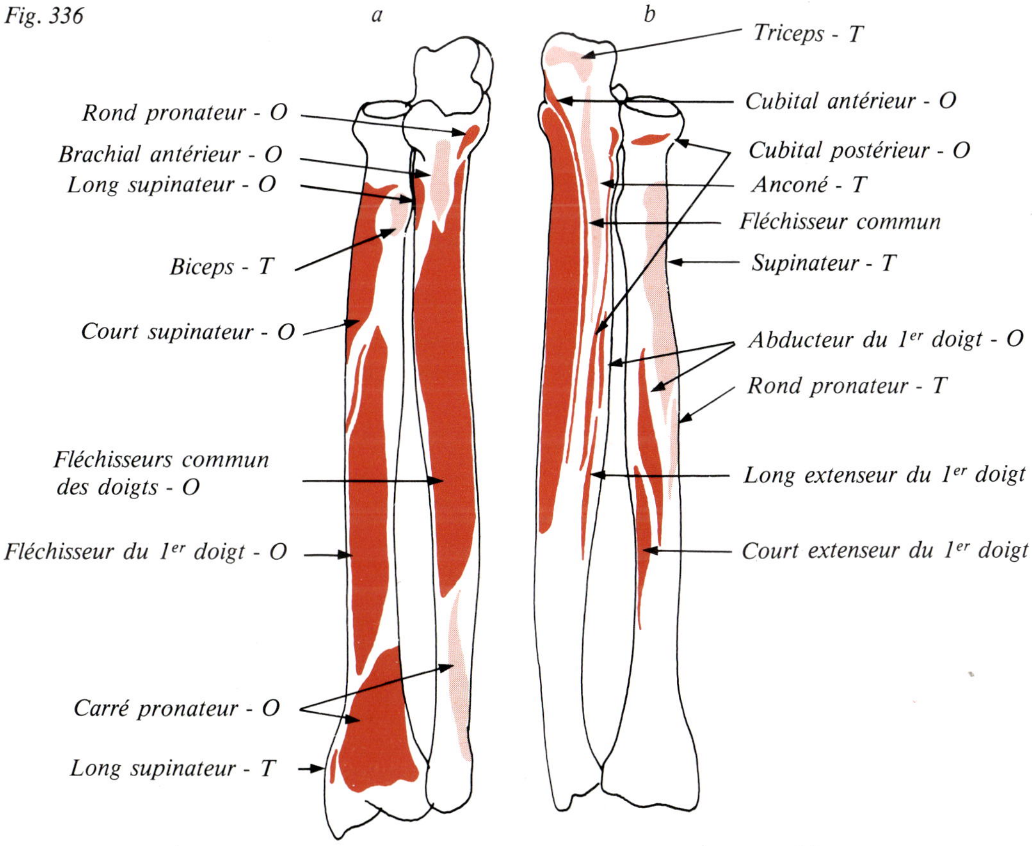

Vue antérieure Avant-bras droit Vue postérieure

Chez le même éditeur :

Collection *Sport + Enseignement* sous la direction de R. Thomas

d'Arripe/Lamour - *CAPEPS et agrégation d'EPS* (n°152)
Bakker/Whiting/Van der Brug - *Psychologie et pratiques sportives* (n°136)
Barreau/Morne - *Sport, expérience corporelle et science de l'homme* (n°72)
Battista/Vivès - *Exercices de gymnastique. Souplesse et force* (n°16)
Bayer C. - *L'enseignement des jeux sportifs collectifs* (n°25)
Bayer C. - *Handball. La formation du joueur* (n°63)
Bettoli B. - *Fiches d'exercices et de jeux pour l'école et le club* (n°132)
Billi E. - *1000 exercices et jeux de rugby* (n°141)
Bini/Cochin/Leroux - *Le football des très jeunes* (n°135)
Bontemps L. - *Danse sur glace* (n°116)
Boulgakova N. - *Sélection et préparation des jeunes nageurs* (n°123)
Bosc/Grosgeorges - *L'entraîneur de basket-ball* (n°23)
Brunet-Guedj - *Le genou du sportif en pratique courante* (n°58)
Caja/Mouraret - *Guide de préparation au BEES 1er degré* (n°99)
Cathelineau/Target - *Manuel de pédagogie sportive* (n°125)
Chazaud P. - *Sports accidents et sécurité* (n°41)
Chazaud P. - *BEES 1er et 2e degré. Sciences humaines* (n°88)
Chesneau/Duret - *Fiches techniques de football* (n°113)
Chollet D. - *Natation sportive, approche scientifique*
Counsilman J.E. - *La natation de compétition* (n°86)
Costill D.L. *La natation* (n°154)
David F. - *Patinage artistique à roulettes* (n°91)
Dechavanne/Paris - *Éducation physique de l'adulte* (n°54)
Dechavanne N. - *L'éducateur sportif d'activités physiques pour tous* (n°128)
Deléris C. - *Rugby. un combat commun à l'école et au club* (n°150)
Delignières D./Duret P. - *Lexique thématique en sciences et techniques des activités physiques et sportives* (n° 162)
Demey - *La gymnastique vertigineuse à l'école* (n°157)
Dessons/Drut/Hébrard/Hubiche/Lacour/Maigrot/Monneret - *Les courses* (n°3)
François G. - *BEES 1er et 2e degré. Sciences juridiques* (n°94)
Fröhner B. - *Volley-ball. L'entraînement par les jeux* (n°146)
Got/Alazard - *Le sport sans risque* (n°98)
Hinz L. - *Les lancers* (n°144)
Hotz A. - *Apprentissage psychomoteur* (n°89)
Houvion/Prost/Raffin-Peyloz - *Les sauts* (n°5)
Kaneko A. - *Gymnastique olympique* (n°35)
Keller J. - *Activités sportives et motricité de l'enfant* (n°138)
Lambert G. - *L'haltérophilie* (n°27)
Lambert G.- *La musculation* (n°28)
Lamour H. - *Traité thématique de pédagogie de l'EPS* (n°93)
Letzelter H. et M. - *Entraînement de la force* (n°129)
Malamas J.-P. - *Apprendre la plongée. Un jeu d'enfant* (n°80)
Marchal J.-C. - *Jeux traditionnels et jeux sportifs* (n°124)
Mayer J.F. - *Cyclisme. Entraînement, pédagogie* (n°110)
Meunier-Fromenti J. - *Musique et mouvement* (n°130)
Missoum G. - *Psychopédagogie des activités du corps* (n°32)
Mombaerts E. - *Entraînement et performance collective en football* (n° 165)
Monneret J. - *Les politiques sportives des collectivités territoriales* (n° 169)
Mussou/Sarremejane - *Annales du CAPEPS et de l'agrégation* (n°167)
Néaumet P. - *Annales et historique du CAPES* (n°55)
Noret A. - *Le dopage* (n°46)
Osth/Fellke - *Comment gagner au tennis de table* (n° 159)
Pelon G. - *Situations éducatives de jeux collectifs pour l'école élémentaire* (n°142)
Perès/Fleury - *La formation aux métiers sportifs de la montagne* (n°104)
Peys J.P. - *Rugby total et entraînement* (n°119)
Piard C. - *Fondements de la gymnastique. Technologie et pédagogie* (n°59)
Piard C. - *Éducation gymnique féminine* (n°156)
Pociello C. - *Sports et société* (n°49)
Pozzo/Studeny - *Théorie et pratique des sports acrobatiques* (n°103)
Robinson J. - *Éléments du langage chorégraphique* (n°51)
Schmidt R. - *Apprentissage moteur et performance* (n°145)
Seners P. - *Enseigner des APS : activité physique et sportive* (n°168)
Seners P. - *L'enseignement de l'athlétisme en milieu scolaire et son évaluation* (n°118)
Seners P. - *La leçon d'EPS* (n°147)
Seners P. - *L'EPS : des domaines à l'évaluation* (n°164)
Seners P. - *L'athlétisme en EPS : Didacthlétisme 2* (n° 166)
Thill/Thomas/Caja - *Manuel de l'éducateur sportif (Préparation au BEES)* (n°12)
Thomas R. et coll. - *Annales du BEES* (n°40)
Thomas R. - *Préparation psychologique du sportif* (n°133)
Thomas R. - *Le sport et les médias* (n°151)
Vayre D. - *Le VTT à l'école, l'école du VTT* (n°161)
Vayer/Roncin - *Le corps et les communications humaines* (n°92)
Verger M. - *Perfectionnement et entraînement en natation sportive* (n°143)
de Vincenzi J.-P. - *Fiches techniques de basket-ball* (n°155)
Wadler/Hainline - *L'athlète et le dopage* (n°148)
Waehner K. - *Outillage chorégraphique* (n°149)
Weineck J. - *Manuel d'entraînement* (n°65)
Weineck J. - *Biologie du sport* (n°131)
Wirhed R. - *Football : s'entraîner pour gagner* (n°153)

Collection *1000 exercices et jeux de*

Bachmann E. - *1000 exercices et jeux de volley-ball*
Billi E. - *1000 exercices et jeux de rugby*
Brugger L./ Schmid A./ Bucher W. - *1000 exercices et jeux d'échauffement*
Bruggmann B. - *1000 exercices et jeux de football*
Bucher W./ Messmer C./ Salzmann F. - *1000 exercices et jeux de natation*
Bucher W. - *1000 exercices et jeux de tennis*
Bucher W. - *1000 exercices et jeux de tennis de table*
Bucher W. - *1000 exercices et jeux sportifs par spécialités*
Choque J. - *1000 exercices et jeux de gymnastique récréative pour les enfants*
Fluri H. - *1000 exercices et jeux de vacances*
Gautier G./ Millot T. - *1500 exercices et jeux de ski alpin*
Guilbert L. - *1000 exercices et jeux de musculation*
Kissling R. - *1000 exercices et jeux de handball*
Malamas J.-P. - *1000 exercices et jeux en natation sous-marine et en plongée*
Murer K./ Bucher W. - *1000 exercices et jeux d'athlétisme*
Spöhel V. - *1000 exercices et jeux de gymnastique aux agrès*
Vary P. - *1000 exercices et jeux de basket-ball*

Sport ouvrages généraux

Carrasco R. - *Gymnastique aux agrès. L'activité du débutant*
Einsingbach - *Physiothérapie sportive et rééducation*
Heipertz W. - *La médecine du sport*
Peterson/Renström - *Manuel du sportif blessé*
Riché D. - *Guide nutritionnel des sports d'endurance*
Rouillon O. - *Le strapping. Tome 1. Contentions adhésives membre inférieur*
Thompson U.W. - *Initiation à l'anatomie du mouvement*
Wirhed R. - *Anatomie et science du geste sportif*

Collection *Sport + Initiation* sous la direction de R. Thomas

Bosc/Grosgeorges - *Guide pratique du basket-ball*
Bosc G. - *Le basket-ball. Jeu et sport simple*
Piard C. - *Gymnastique et enseignement programmé*
Piégelin - *Enseignement de la voile*
Schmidt M. - *Nager. De la découverte à la performance*
Selinger/Ackermann/Blount - *Power volley-ball*
Thiel/Hecker - *Handball. Le gardien de but*

Achevé d'imprimer sur les presses de l'Imprimerie CHIRAT
42540 Saint-Just-la-Pendue
Dépôt légal février 1998 N° 4915